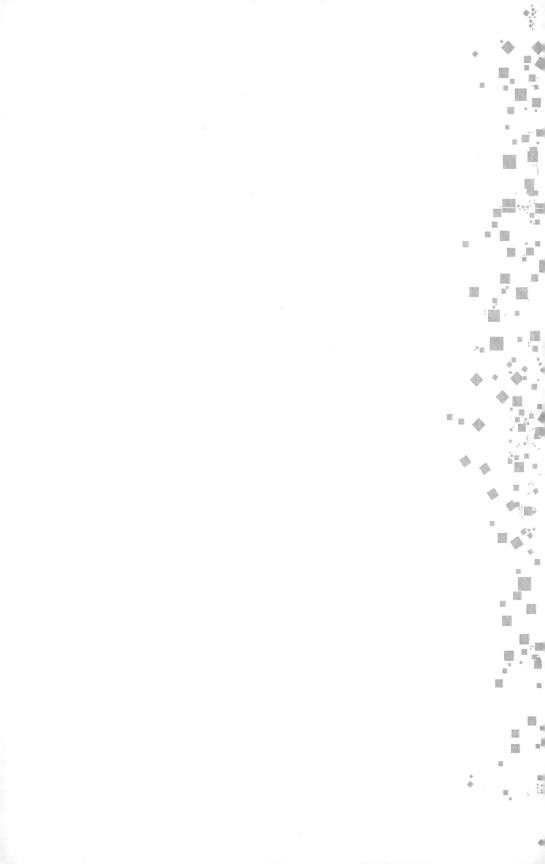

从经典到前沿

TALKS WITH MASTERS

欧美传播学大师访谈录

COMMUNICATION STUDIES IN UNSETTLING TIMES

常 江　邓树明　编著

北京大学出版社
PEKING UNIVERSITY PRESS

图书在版编目(CIP)数据

从经典到前沿:欧美传播学大师访谈录/常江,邓树明编著.—北京:北京大学出版社,2020.8
　ISBN 978-7-301-31512-5

Ⅰ.①从… Ⅱ.①常… ②邓… Ⅲ.①传播事业—名人—访问记—世界—现代 Ⅳ.①K815.42

中国版本图书馆CIP数据核字(2020)第143725号

书　　　　名	从经典到前沿:欧美传播学大师访谈录 CONG JINGDIAN DAO QIANYAN: OUMEI CHUANBOXUE DASHI FANGTANLU
著作责任者	常　江　邓树明　编著
责 任 编 辑	武　岳
标 准 书 号	ISBN 978-7-301-31512-5
出 版 发 行	北京大学出版社
地　　　　址	北京市海淀区成府路205号　100871
网　　　　址	http://www.pup.cn
新 浪 微 博	@北京大学出版社　　@未名社科-北大图书
微信公众号	ss_book
电 子 信 箱	ss@pup.pku.edu.cn
电　　　　话	邮购部 010-62752015　　发行部 010-62750672 编辑部 010-62753121
印 刷 者	北京虎彩文化传播有限公司
经 销 者	新华书店
	730毫米×980毫米　16开本　23印张　313千字 2020年8月第1版　2023年5月第5次印刷
定　　　　价	72.00元

未经许可,不得以任何方式复制或抄袭本书之部分或全部内容。
版权所有,侵权必究
举报电话:010-62752024　电子信箱:fd@pup.pku.edu.cn
图书如有印装质量问题,请与出版部联系,电话:010-62756370

从"一对多"到"多对多":学术访谈成为隔空的对话想象(代序)

陈昌凤

由衷祝贺常江教授和邓树明总编编著的《从经典到前沿:欧美传播学大师访谈录》出版!作为一名学者、教师,笔者之前已经在《新闻界》逐期拜读并从中国知网下载了其中的多篇文章,分享给博士生和硕士生网络学堂上的同学们。如今它们结集出版,极大地便利了我们这些教研工作者以及莘莘学子,也令之前仅窥一斑的我们得见"全豹",从而帮助我们构建了一幅当今新闻学、传播学与媒体研究领域的大图景,其中既有国家和学派的体系形貌,又贯串着历史的逻辑隐线和隔空的隐性对话——看起来,这是一对一、一对多的访谈结集,其实还收到了多对多的同台研讨之良效。

新闻学与传播学的学习者过去主要依赖传播学经典著作,来学习、理解相关领域的理论和思想。近年,一些大学的博士生课程都加大了文献阅读课程的比重,比如中国人民大学、复旦大学、清华大学等均开设了新闻学与传播学的文献阅读课程。文献阅读课程加强了学生的专业基础,加深了其对这个领域的历史、理论和方法的理解。不过,随着社会生态和新闻传播实践的大变革,新闻学和传播学的理论建树、学术范式和研究内容均在不断深入和拓展,一些经典理论甚至被其创始人自行修订、改写;对一些重要的理论,无论经典还是前沿,学习者只见树木,不见森林;对理论形成的语境以及提出者的思想走向、思维特点,学习者和研究者常常缺乏深入的了解;学者的思想是发展的,文献中的理论或范式却常常是静止的;等等。这些困境,如今通过对一位位学者大师的深入访谈,可以很好地化解了。从一些著名的学者那里,我们甚至可以感受到一个时代过去了,或者说又一个时代开启了!因此,这部访谈录寓含历史性的总结、昭示着一个时代的开启。

第一,这部视野广阔的访谈录,是新闻学与传播学发展到一个重要历史节点的成果,对走到新路口的"学科"的反思有重要的启发意义。

新闻学、传播学到底是否应该独立成学科?身在其中的学者通常是避讳它们的非学科化的,因为那样似乎就意味着新闻无学、传播无学,其正当性将会受到质疑。但是在本书中,这些大师有自己的思考,他们在更宏大的学术视野下开拓"学科"、不囿于狭小的一隅,通过"非学科化"给予新闻学、传播学更广阔的发展空间和前景。

新闻学的学科化问题,一直受到学界关注。哥伦比亚大学教授、媒介社会学研究范式的重要代表人物迈克尔·舒德森坚持新闻学的非学科化,反对美国学界目前呈现出来的将新闻学视为传播学的一个分支学科的趋势;他担心一旦"新闻学"变成一个独立的学科,学者们就会陷入自己狭小的领域,而忽视其他学科提供的视角,不能从各个学科中汲取养料。舒德森强调"新闻学的非学科化",即在新闻业与其他社会因素的互动关系中讨论其存在方式与价值,建构新闻理论;真正的新闻研究者也应当让自己跳出新闻业,从更高的层面去观察和研究。宾夕法尼亚大学教授芭比·泽利泽则认为新闻是众多学科的研究对象,新闻研究在不同学科产生了一系列分散的学术影响,但我们至今无法对新闻至关重要的共享知识进行归纳。新闻正被学者们装进不同的"口袋",每一个口袋都将新闻的一个方面与其他方面分割开来,其结果是新闻研究内部互相攻讦,进而导致新闻教育者与新闻研究者分离,人文主义取向与社会科学取向分离。新闻学应当是一门解释性的学科,而历史学和社会学是最有效的解释性学科,会比其他学科更加有助于界定新闻的内涵及其存在方式,决定什么类型的研究可以进行。我们需要不断思考如何在保持新闻学学科想象力的基础上,努力使其成为一个整体、一个真正的学科。

《对空言说:传播的观念史》的作者耶鲁大学教授约翰·彼得斯是著名的媒介史与传播理论家,他坚持传播学的非学科化,建议学者持更加开放的态度,主张在打通各学科、各文明体系的边界的基础上,探索出一种全人类共同的传播观念体系。彼得斯给了我们一些警示:我们习以为常的一些学术观念,比如大而化之地区分流派与范式,或许需要进一步审辨。他不认同"范式"、不认同划分传播学流派的行为,他将传播观念视为一种一般性的哲学理念而非特定的专业领域加以考察,认为传播学昭示了其作为人类思想"跨学科重组"先驱的潜力,传播思想和传播理论实际上是关于人类观念变迁和文明塑造的一般思想和一般理论。他的研究跨越人类学、动物学、神学、天文学、科技史、文化史、哲学和文学等十几个学科。

第二,这部访谈录在学术大图景中寻求逻辑和学术脉络,努力还原情境化的学术思想,建构起一条历史的逻辑隐线。

理论和思想都有其产生的语境,历史潮流尤其会对理论和思想产生影响。但是,在学习和借鉴中时常出现去语境化(decontextualized)的情形,从而造成对理论理解的偏差。这一系列访谈通过还原情境,为学习者提供了非常有益的帮助。当访谈者常江追问舒德森外界对其学术思想的"文化中心主义"的批评时,舒德森坦承这一批评的公允性,并阐释了其出现的历史原因——20世纪70年代,他是为了纠正当时美国左派学者将一切归结于经济因素(有时是技术)的倾向,才用文化因素与之相颉颃的。亨利·詹金斯则以文化决定论与技术决定论相颉颃——因为当今时代似乎处于将一切归结于技术因素的倾向中,哪怕单纯是为了追求一种平衡。他在技术决定论和文化决定论二者之中,也更倾向于选择文化决定论。在历史的脉络中思考,我们是不是可以提出这样的问题:如果将时间向前溯至第二次世界大战到20世纪70年代,是什么样的武器在对抗当时的何种传播研究时潮(如政治或意识形态)?在近50年里,传播研究的时潮从以经济(市场)为中心转向以技术为中心,而一些学者在努力对抗时潮,为什么文化中心论成为他们最终选择的武器?文化中心论又何以成为不同时代的对抗者最后的利器或者避风港?

尽管研究风格、话语、"学派"大相径庭,但文森特·莫斯可的思想也与舒德森、詹金斯相呼应,他也相信很多人认为资本主义能够借由新媒体变得万能,能够终结历史、突破地域限制、改变政治,即秉持技术决定论。但是,他认为人们的政治和信仰体系反对将一切都归结为单一性的思考和行为方式,人们会寻求多样性、寻求复杂性。

托伊恩·范戴克在研究新闻话语和种族主义问题上做出了巨大的贡献,但是常江在新的语境中审视其成果,认为媒体已不似20世纪80年代和90年代那样强大,种族主义也有了新的内涵和表现形式,因此他想了解传统的新闻媒体在塑造种族主义话语方面是否仍然具有强大的影响力。范戴克在回应中深入探讨了理论的旧语境和新发展,认为如今最常见的话语是"文化种族主义"或新种族主义。丹尼尔·哈林研究比较媒介制度,与其高中时代所感知的正在发生的越南战争对他的影响有关,因此他重视用语境化的思维方式去研究媒介与战争、媒介制度。

第三,这部访谈录中有关技术与传播的内容,特别具有内在的张力。访谈中,技术的话题贯串于新闻与传播、媒介文化和批判传播学全部三编之中,每位学者都论述了其关于技术的观点,内容相当丰富、有衍生力,彼此之间甚至可以形成一种隔空的对话和想象。

对理查德·约翰、弗雷德·特纳、劳拉·穆尔维、大卫·莫利、亨利·詹金斯、格雷厄姆·默多克、文森特·莫斯可、克里斯蒂安·福克斯、珍妮特·瓦斯科等的访谈，或者可以被设想为这些学者隔空进行的一次学术交流，他们以不同的思路对技术与传播进行了深入的思考，虽然路径不一，但是指向非常明确。

新媒体研究的泰斗伊莱休·卡茨反思了自己的乐观论述，而舒德森在回应一些批评者说他对传统新闻业的未来持有一种过度乐观的态度时，却强调他对新闻业在社会生活中的重要性始终持乐观积极的态度。克利福德·克里斯琴斯建议学者们努力超越对当下历史时期的一些特定技术导致的某些问题的纠结，而去关注人类行为在整个技术历史发展的总体过程中所发挥的作用。

舒德森在回应不少同行批评他的研究没有足够重视技术的重要性时，认可技术正在改变新闻机构和人们的公共生活，但是认为传统的新闻采集报道仍有不可替代的地位；卡茨始终认为法国社会学家塔尔德的"过程"理论是奠基性的、具有长远的意义；大卫·莫利则坚持无论媒介技术如何变化，总是有常识存在，新的媒介环境并不必然意味着新的媒介知识；克里斯蒂安·福克斯用马克思主义研究数字劳工，研究用户生产内容的价值、社交媒体上的剥削；彼得斯没有智能手机，使用老式的只有少数频道的电视机，却一直在做传播哲学的研究；莫斯可将由自己完善的研究范式应用于分析最新的技术与传播实践……这些看似固守既有传统的"保守者"，为何取得的成果却是前沿而深刻的？是不是有一种社会科学的理论具有恒定的价值？新闻传播领域有哪些知识堪称常识？能不能脱离具体的技术形态而探求传播哲学？为什么？这些问题发人深省。

第四，作为传播实践的跨文化对话，其蕴含的普适性学术话语和本土化的学术框架，本身就显示了智慧的研究"范式"，是人类文明的对话。

在整部访谈录中，时时可见学者们对于人类、对于世界的认识格局和思考。比如：令詹金斯特别兴奋的是，数字技术帮助人类获得了更多文化生产和流通的手段；令莫斯可特别高兴的是，传播政治经济学研究领域正逐渐走向全球化，一个全球性的传播政治经济学共同体在逐渐成形，传播政治经济学走入了欧洲、拉丁美洲以及亚洲和非洲的大学，这些大学纷纷开设了"批判媒介研究"或"公共媒体研究"一类的课程；令克利福德·克里斯琴斯特别投入的是，将"团结全人类"作为伦理学的原型，超越"信息"和"媒介"等具体框架的限制，在更广阔的认知空间内实现与人类的行为基础伦理的对话，他志在世界范围内建构传播（媒介）伦理学学术体系，热心于推动学术交流与对话，希望学者们具有一种全球视野。

　　本书的访谈对象均为欧美传播学大师，涵盖面相当广阔，涉及不同国籍、不同学派、不同研究面向等多元化、宽视域的学术成就。这些学者是在传播、新闻、媒介等领域有重要理论建树的大学问家，访谈者提出的问题既从各位学者的研究领域出发，又紧密联系前沿实践、学术争鸣和最新发展，通过巧妙而不乏批判性的追问，将学术拓展到更深层面，甚至引发访谈对象的自我反思。在这些专业造诣深厚的、有思想和建树的访谈对象中，不乏有个性的、偏好独处的资深学者，常江作为一位"80后"访谈者，始终以平等的同行身份、以探求真理的坦诚风格，精心设计问题、层层展开追问。学术无国界，但观念有地域。中国学者与欧美学者对话，本身就有一种特殊的地域敏锐感。正是这种敏锐感帮助访谈者获得了更多的交流成果。例如：

　　　　您曾经提到，您对美国新闻业的历史与规律的研究，也许未必适合其他社会形态，比如中国。请问您认为自己的研究在总体上是"西方式"的吗？（对舒德森的访谈）

　　　　您在著作中曾向许多社会和文化理论的先驱致敬。但是在这些先驱中，您似乎对美国本土的超验主义者和实用主义者持有特别的好感……您觉得自己的思想更倾向于他

从"一对多"到"多对多":学术访谈成为隔空的对话想象(代序) / 007

们的观点吗?您是否认为自己是一个典型的美国理论家? (对彼得斯的访谈)

还是有不少学者对您提出的分析框架的适用性问题提出了批评。您所考察的18个国家均为欧美国家,这些国家在经济发展水平、政治制度和文化习俗上,有着较强的同质性。您如何看待这种批评?(对哈林的访谈)

一些追问环环相扣,目的是更深入地探寻未竟的研究,使得访谈对象有机会补充多层面的论述,并且在无禁忌的学术探讨中体现了大师们的虚怀若谷。例如:

不过,您的研究的确较少关注技术的维度,这在技术的影响力日趋强大的今天,是否有些不合时宜?(对舒德森的访谈)

还有一些批评指出,您对传统新闻业的未来持有一种过度乐观的态度。您对此认同吗?(对舒德森的访谈)

从这本书出版的时间来看,数字技术和互联网在媒介制度的形成中已经扮演了很重要的角色,但是新媒体机构并未被纳入您的分析框架。原因何在?(对哈林的访谈)

这些锐利的、具有挑战性的问题,恰恰带来了大师们对访谈者常江的敬意。笔者多次从相识的访谈对象那里听到他们亲切而怀着敬意地谈及"Dr. Chang"或者"Jiang",于是,常江在我心目中也从2001年以吉林省文科"状元"考进北京大学、在我课堂上的少年才子,俨然成长为能与国际大师平等对话的新锐学者、青出于蓝而胜于蓝的杰出同行。这些提问既体现了常江对新闻学与传播学的广泛涉猎和深入理解,又展示了他对理论与业务的洞察力及在此基础上生出的学术关切。庄重和平等的对话彰显了学术交流的意义;情境化的追问闪烁着思想的光辉。能找到这些著名的学术大师、能令大师们产生对话的兴趣和对访谈者的信任,本身就彰显了常江探寻真理的精神、担当和能力。

访谈中还特别提及了各位学者给予中国同行的研究建议,内容多元,颇具启发性。另有一些不经意间获得的借鉴意义,如对舒德森的访谈彰显了教研相长的逻辑:他有几本著作是"教学衍生"成果,是在教学中与学生互动时发现的问题或做出的回应。这样的研究不仅能够紧密联系现实,而且体现了研究范式、学术逻辑。

在此也特别向邓树明总编致敬。他有着卓越的学术话题的策划能力!他在未与常江谋面之时,就以文识才,邀请常江逐期开设或主持专栏,他也最早为新闻传播学界博士生的成果开辟专版,为学界做出了重要贡献!

相信这部内容丰富、思想深邃、表述精练的访谈录,不仅能令学者同人获益,而且会成为新闻学与传播学研究的历史性篇章。

2020 年 7 月 7 日于南太平洋岛

目　录

第一编
新闻与传播

迈克尔·舒德森
新闻学不是一个学科
　　——历史、常识祛魅与非中心化／003

约翰·杜伦·彼得斯
传播研究应当超越经验
　　——传播学的技术史视角与人文思想传统／015

伊莱休·卡茨
新媒体加速了政治的日常化
　　——媒介使用、政治参与和传播研究的进路／029

托伊恩·范戴克
批判话语研究是一种政治立场
　　——新闻、精英话语与意识形态／041

芭比·泽利泽
新闻学应当是一个解释性的学科
　　——新闻研究的文化路径／055

丹尼尔·哈林
传播研究应当追求语境化的思维方式
　　——比较媒介制度研究及拓展／067

克利福德·克里斯琴斯
用存在伦理学替代理性伦理学
　　——媒介伦理研究对个体理性的"抵制" / 081

理查德·约翰
技术从未置身于历史与政治之外
　　——传播史研究的当代价值 / 095

弗雷德·特纳
技术乌托邦主义是一种失败的社会变革方案
　　——民主诉求下的传播技术批判 / 107

特里·弗卢
国家仍是媒介研究的核心维度
　　——制度比较分析中的新自由主义迷思 / 121

第二编

媒介文化

约翰·哈特利
从文化研究到文化科学
　　——文化理论对当代知识的破坏性建构 / 137

洪美恩
文化研究是超越国族的世界主义
　　——不确定时代的身份迷思 / 155

劳拉·穆尔维
流媒体技术使文化民主成为可能
　　——女性主义电影理论的当代面向 / 167

安吉拉·麦克罗比
流行文化导致性别平等的幻象
　　——重返伯明翰的女性主义政治 / 179

大卫·莫利

新媒体带来了新的排斥形式

　　——社交媒体时代的霸权分析 / 191

亨利·詹金斯

社会的发展最终落脚于人民的选择

　　——数字时代的叙事、文化与社会变革 / 209

劳伦斯·格罗斯伯格

美国的大学建制导致文化民粹主义

　　——文化研究的美国化及相关启示 / 225

阿曼达·洛茨

未来的电视是一种非线性文化

　　——数字时代的电视与电视研究 / 239

第三编

批判传播学

格雷厄姆·默多克

马克思是一切社会分析的起点

　　——技术迷思、媒介化与道德诘问 / 253

托德·吉特林

学术与政治从来不是割裂的

　　——新左派运动的学术镜像 / 267

罗伯特·麦克切斯尼

"富媒体，穷民主"法则依然有效

　　——民主化媒介的理念与实践 / 279

文森特·莫斯可

资本主义的内在矛盾将导致其自身的衰败

　　——马克思主义视野下的技术批判 / 293

克里斯蒂安·福克斯
互联网没有改变资本主义的本质
　　——马克思主义视野下的数字劳动 / 307

尼克·库尔德利
数据殖民主义是殖民主义的最新阶段
　　——马克思主义与数字文化批判 / 321

珍妮特·瓦斯科
新闻不是言之无物的信息碎片
　　——数字信息霸权批判 / 337

后　记 / 353

第一编

新闻与传播

迈克尔·舒德森

新闻学不是一个学科
—— 历史、常识祛魅与非中心化

迈克尔·舒德森（Michael Schudson）是当今美国新闻传播学领域具有重要影响力的学者之一。他任教于纽约的哥伦比亚大学（Columbia University），是享有盛誉的哥大新闻学院的四位博士生导师之一，兼任哥大社会学系教授。在全职任教于哥大之前，他曾在哈佛大学（Harvard University）获得硕士及博士学位，并先后任教于芝加哥大学（The University of Chicago）（1976—1980）与加州大学圣迭戈分校（University of California, San Diego）（1980—2009）。舒德森被视为媒介社会学（media sociology）研究范式的重要代表人物，他的学术著作和大量学术论文在主题上涵盖了媒介与社会关系的方方面面，并以此为切入口，深入探讨美国当代公共生活。

在同辈学者中，舒德森以理论著述丰富著称。迄今为止，他出版过多部学术著作，其中7部有中译本，这是舒德森的理论观点在中国新闻传播学界产生较大影响力的关键原因。其中，尤以4部与新闻业关系密切的著作最为重要，分别是：《发掘新闻：美国报业的社会史》（Discovering the News: A Social History of American Newspapers）、

Michael Schudson

《新闻的力量》(*The Power of News*)、《新闻社会学》(*The Sociology of News*),以及《为什么民主需要不可爱的新闻界》(*Why Democracies Need an Unlovable Press*)。除此之外,《好公民:美国公共生活史》(*The Good Citizen: A History of American Civic Life*) 虽不直接考察新闻业,却也对新闻传播学领域的研究产生了影响。此外,舒德森还发表了大量有影响力的学术论文,广泛讨论新闻与民主、社会变迁、文化体系之间的关系。

舒德森的著述虽探讨内容不尽相同、表面关联性也并不强的议题,却有一个共通之处,那就是始终坚持"新闻业的非中心化"和"新闻学的非学科化",即在新闻业与其他社会因素的互动关系中讨论其存在方式与价值,进行新闻理论的建构。舒德森是全球新闻学研究版图中社会学范式和文化路径的代表人物,其新闻理论以新闻业和社会文化的互动机制为骨架,独树一帜,对新闻学学科体系产生了深远的影响。

通过历史进行祛魅

通过对舒德森的基本学术思想做出归纳，我们不难发现其关注的议题较为庞杂，不同议题之间似乎也缺乏明显的关联性。我们大致可以将其学术脉络归纳为"新闻业在民主社会与公共生活中正在扮演和理应扮演的角色"，但这又使我们的考察和讨论远远超过了新闻传播的范畴。事实上，"杂而不乱"恰恰是舒德森学术思想的一个重要的特色；如何透过这些看似充满差异性的题目，深入探究其背后的逻辑地图，对于我们理解舒德森的学术思想而言十分重要。

舒德森的绝大多数成果都可归入历史研究范畴。或者说，在某种程度上，是社会史研究取向而非具体的研究议题，构成了舒德森学术思想的特色。对舒德森来说，选择历史研究方法的目的在于将概念置于其形成的历史语境之中，从而实现对这些概念的祛魅。此外，在给《发掘新闻》① 中文第一版写作的序言中，舒德森对自己的研究视角做出过不同维度的反思，他尤其强调自己的研究思路的"美国性"，并对《发掘新闻》所采用的社会史方法是否同样适用于非西方国家提出了质疑。但时隔十年，再次谈论这一问题时，舒德森也有了不尽相同的观点。

常江： 表面上看，您研究的议题似乎非常庞杂，而且并不完全聚焦于新闻研究。请问是否有一套逻辑或线索，组织起您的研究工作？

舒德森： 组织或联结我所从事的各项学术议题的，是一套"松散的逻辑"，或一种"学科感知"（disciplinary sensibility）。我的全部成果都来源于我的社会学和经典社会理论（包括马克思、韦伯、涂尔干、托克维尔的理论）背景，以及我通过历史研究来分析问题的

---

① 为了行文流畅，本书在一本书第一次出现时使用全称，第二次及以后出现均用主书名指代该书。

强烈倾向。尽管研究的议题时有不同,但显然我还是有一个独特的聚焦点,那就是:在历史的视野中,新闻媒体,尤其是美国媒体,与美国的政治文化之间存在怎样的关系。《好公民》和《知情权的兴起:美国政治与透明文化(1945—1975)》(*The Rise of the Right to Know: Politics and the Culture of Transparency, 1945—1975*)是其中的代表。所以,我更倾向于认为自己是一个政治历史学家,而不是一个社会学家。我考察过的很多概念,包括"新闻",在我看来都是政治范畴的概念,而且是在民主社会中人们会不假思索地接受的概念。

常江:是否有其他因素影响了您对研究议题的选择?

舒德森:一些著作的确在某种程度上偏离了我的一般性的学术兴趣。对有些问题的研究,其实是出于特定的目的。比如,有些著作就基于我在教学中遇到的问题,是对于流行问题的一种回应,如《广告,艰难的说服:广告对美国社会的影响扑朔迷离》(*Advertising, the Uneasy Persuasion: Its Dubious Impact on American Society*)一书。写这本书其实是对我在教学中遇到的一个问题的回应,那就是学生们十分怀疑当时的主流社会研究所提出的大众传媒在改变社会方面所起的十分有限的作用,他们似乎天然地认为广告在引诱大众的兴趣、刺激大众的购买行为上有非常强大的力量,这引发了我对广告加以辨析的欲望。再如《新闻社会学》一书,在我看来也是一本"教学衍生"(teaching-derived)的著作。出版这部论文集的主要目的,其实有"新闻社会学科普"的意味,即希望本科生也能理解我的基本观点。我认为在教学中发现问题并对其做出回应是很重要的,但这些著作并不是我的代表作。

常江:您认为哪一部或者哪些著作算是您的代表作?

舒德森:我投入最多,自己也最重视的代表作是如下4部:《美国人记忆中的水门事件:我们如何记忆、遗忘和重构过去》(*Watergate in American Memory: How We Remember, Forget, and Reconstruct the Past*)、《好公民》、《知情权的兴起》以及《发掘新闻》。《美国人记忆中的水门事件》一书尝试探讨的是：在对社会行为的塑造中，历史与社会的因素之间究竟有着怎样的关系。《好公民》从历史的角度解构理想化的"公民权"为何物及其是如何发展演进的。《发掘新闻》对客观性的考察，以及《知情权的兴起》对信息透明度的考察，其实是殊途同归的，它们共同指向一种对于美国政治及政治文化而言至关重要的历史观念——美国人往往意识不到很多概念其实都是在历史中形成的，它们并非民主或新闻的同义词。在我看来，即使对于那些我们最珍视也最习以为常的价值观，也应该做出严肃的历史的审视。

常江：您曾经提到，您对美国新闻业的历史与规律的研究，也许未必适合其他社会形态，比如中国。请问您认为自己的研究在总体上是"西方式"的吗？

舒德森： 我并不认为我的研究思路是西方式的。我更愿意说它是"现代性"的，即努力挖掘那些对我们的视野产生影响的各种观念背后的东西。对于西方知识分子来说，将自己置身于社会之外（或一脚在内、一脚在外）对这些概念加以审视的行为，构成了他们的知识分子身份。正是上述行为对知识分子进行了分类。在美国，这种分类尤其重要，这是因为在功能主义影响深厚的美国社会科学学界，对既存制度和观念不假思索地接受，并致力解决具体问题而非"揭示真相"的学者通常被称为"政策知识分子"（policy intellectuals），他们其实不能代表美国知识界的主流文化。这种类型的知识分子在美国学界正在面临越来越多的质疑，原因在于他们所致力解决的问题通常都是由国家、公司或其他既存权力结构所界定的。而我所追求的，是一种更加"纯粹"的知识分子身份。

常江：在您看来，什么样的知识分子才是"纯粹"的知识分子？

舒德森："纯粹"的知识分子应该独立于权力结构，去研究社会问题。我甚至认为，真正的社会问题恰恰处在那些被权力结构所遮蔽的地方。这些问题往往位于观察的盲区，而且表面上看总是显得无关紧要,但这正是权力集团对"社会问题"加以界定的方式。找到权力集团所处的位置,并且运用历史的方法弄清楚权力集团对不同概念加以界定的方式,就是纯粹的知识分子应当做的事。

经访谈不难发现,在舒德森本人看来,其学术思想的主旨大致可以概括为对美国新闻传播领域的所谓"不言自明的"(taken for granted)概念的祛魅;而其采用的方法与视角,则是对这些概念得以形成的社会历史的(socio-historical)追踪。对舒德森来说,深入历史语境是把握一切观念的形成与流变规律的关键所在,即使如"客观性""知情权"和"公民权"这样对于美国政治生活而言不可或缺的价值内核,也应当以历史的眼光去看待,准确地在语境中对其加以理解和把握。与此同时,舒德森认为,真正的知识分子应当独立于权力结构,并始终对后者保持批判性和疏离感。而这种姿态和身份,是"西方学术传统"的一个重要的标签。这也正是舒德森看似散乱的研究议题往往指向相同的价值旨归,并且能够以一种稳定的逻辑而非某一个具体的领域得到同行认可的原因。

新闻业与新闻学的未来

舒德森表示,近年来,自己持续关注日新月异的传播技术和全球经济体系对传统新闻业的冲击;但作为一位来自历史与社会学传统的学者,他认为我们应当始终对新闻业的种种变化及其在公共生活中扮演的角色保持冷静的态度,避免因沉迷于技术而掉入任何形式的决定论的窠臼。如很多西方社会科学学者一样,舒德森坦言自己对中国(尤其是中国的历史)并没有深刻的了解,但他对于中国形成了一个带有强烈本土特色的"新闻学"的学术体系有着浓厚的兴趣。他甚至认为,在这一点上,中国是走在美国前面的——尽管这未必是一个值得鼓励的现象。

常江：有一种观点认为，新媒体技术对传统新闻业，尤其是传统的新闻生产程式产生了颠覆性的影响。您是否认同这样的观点？

舒德森：互联网的确是自印刷术以降对知识的生产和流通影响最大的一种技术。新闻业的变化是显而易见的：社交媒体如日中天；美国总统沉迷于推特（Twitter）；记者不再仅仅"报道"新闻而是在社交媒体上"推送"自己为随便什么媒体制造的故事；人们越来越不关心新闻的品质而沉浸于新闻带给自己的震惊；等等。新闻正在变成一套更加随意、私人化、尖酸刻薄、粗鄙、毫无品味、无事生非、耸人听闻的话语，这与"老派"的、相对更中心主义的、建制化的、温和的、非私人化的、有特定语言标准的传统新闻话语有本质的区别。这一过程尽管引发了人们的兴趣、希望乃至恐惧，但我还是要说：所有这一切，都与新闻报道、调查和采访等行为的生产动机无关。新闻——真正意义上的新闻，仍然要通过这些最"古老"的采集与制作方式生产出来。被互联网所改变的，远远不是新闻生产最核心、最有价值的部分。

常江：可是各类新媒体平台，无论是否被视为新闻机构，的确正在生产着各类新闻。

舒德森：当然，谷歌（Google）这样的搜索引擎和维基百科这样的信息源对新闻记者工作的方式产生了实实在在的影响，但新闻生产的根本原则其实并没有什么本质的变化。人们往往理解不了这一点。我估计，在社交媒体上流通的全国及国际新闻中，有90%或95%根本不是以社交媒体为源头的。生产这些新闻的，仍然是报纸和通讯社，以及一小部分由出身于报刊社、接受过传统新闻训练的记者所主导的网络媒体。除此之外的其他媒介平台（甚至包括大部分广播电视媒体），都是寄生在这个由为数不多的传统新闻机构主导的生产体系之上的。真正的逻辑应当是反过来的：正是因为政府和大企业借助对技术的控制而在信息流通领域掌握了越来越大的权力，所以始终坚持独立性的传统媒体的地位反而更加牢固。新媒体根本不会用尖锐的问题去挑战政府官员的权威，心怀不满的政府官员也不会把重要的内幕消息透露给新媒体。这些真正的新闻业应当履行的责任，仍然是由"老派"的传统媒体在承担。无论这些老派机构原创的新闻报道最后变成了什么样子，它们都是新闻最初的来源，也是新闻的民主责任的直接承担者。

常江：所以您眼中的传统新闻业仍然与公共生活息息相关？

舒德森： 传统新闻业仍然有不可替代的话语优势，而技术只是对新闻内容的形态产生了（几乎是消极的）影响而已。新技术并未改变新闻生产的根本性逻辑，却对新闻的内容或形式产生了侵蚀性的影响。或者说，很多在新技术的催动下出现的信息形式根本不能算是新闻。

常江：您是一位新闻研究者，但您似乎并不认为自己是一位"新闻学"学者。您如何看待"新闻学"这个学科？

舒德森： 在我刚刚进入学术圈的时候，美国根本不存在"新闻研究"这样一个领域。大学里的确有新闻学院，但这些学院主要是提供技术和实务培训的，通常被称为"trade school"，且并不从事关于新闻业的学术研究。如今，这一局面已经有了根本性的改变，越来越多的学者认同"新闻学"是自己的专业。但是，或许正是出于这个原因，我才能够站在外在于新闻业的角度，做出有深度的研究。我认为，正是因为我从未将新闻业视为一个独立自治的领域，所以才能提出一些有新意的观点。对我来说，新闻业应当是社会学研究的对象、政治学研究的对象，以及历史学研究的对象，但实际情况是，这些领域的学者很少关注新闻业。但于我而言，正是由于研究了新闻，我才得以大量阅读社会学、政治学、政治理论、历史研究的文献，同时有机会接触了一点经济学、法律和人类学的东西。这种综合性的学术路径，为我观察新闻业提供的帮助是无价的。新闻业应当是所有相关社会科学共同研究的一个对象，因为新闻的生产和流通与社会的各个领域都有十分紧密的联系。

常江：所以，您并不赞成将新闻学理解为一个学科？

舒德森：我不了解中国的情况，但我反对美国学界目前呈现出来的将新闻学视为传播学的一个分支学科的趋势，这一趋势将为新闻研究带来某种"危险"。这是因为，一旦"新闻学"变成了一个独立的学科，学者们将会满足于仅阅读所谓新闻学或数字新闻学领域的研究成果，甚至只阅读某些小型研究团体或几本新闻学期刊上发表的成果，而忽视了其他学科提供的视角。研究新闻的人应当让自身超脱于狭窄的"新闻学"领域，而从整个"大学"的科系设置中汲取养料。新闻记者对外部世界总是充满了广泛的兴趣，我认为研究新闻记者和新闻业的人也该如此。正如纯粹的知识分子应当置身于社会之外去研究社会问题一样，真正的新闻研究者也应当让自己跳出新闻业，从一个更高的地方去做观察。

常江：您对新闻业的研究路径，似乎经历了一个从社会学视角到政治史视角的转变，是吗？

舒德森：我在大学学习的第一个专业是政治学，后来又转向社会学、人类学，但我从未放弃过自己对政治的兴趣。与此同时，我始终是一个历史爱好者。说实话，《发掘新闻》作为我最为人所知的著作，对我来说是一件喜忧参半的事，因为该书中提出的很多观点，今天看来是需要修正的。比如我将普利策的《纽约世界报》（*The New York World*）视为"故事模式"的代表，其实是受到彼时美国新闻史研究将该报视为"黄色新闻"代表的思路的干扰。如果我们认真去翻阅一下当时的《纽约世界报》，会发现它刊登的新闻比我们想象中要严肃得多，却又比《纽约时报》（*The New York Times*）更加亲切易读。我认为《好公民》才是我最满意的作品。至少在美国的语境下，对政治文化的充分了解将为我们理解新闻业的历史提供无价的帮助。一个最有说服力的例子就是，在进步主义时代，公共话语对于政党政治腐败现象的批评为非党派或党派性较弱的报纸提供了丰沃的土壤，因而也就重塑了后来的新闻业的形态，而这种变化与主流政治文化对公民的塑造和期待有密不可分的关系。

舒德森坚持认为并不是所有有着"新闻"标签的内容都可以被视为真正的新闻，对社会和公共生活具有真正影响力的新闻始终是传统意义上对"全国及国际事件"的严肃报道，而这些报道只有传统印刷媒体（连广播电视都不包括在内）才有能力生产出来。新闻生产是一种高度稳定的社会结构，技术并未改变这一点——但这一判断有一个前提，那就是"真正的新闻"需要被清晰和审慎地界定。总体而言，舒德森对于"新闻学"作为一个"学科"存在的合理性提出质疑，因为此举会导致学者视野的狭窄化，以及阻断其他相关社会科学对新闻研究的有益支持。新闻研究的价值，恰恰体现在其与多个学科的关联性之中。而在美国语境下，政治史是舒德森看来最具解释力的研究视角。

新闻研究的文化中心主义

舒德森的学术成就在新闻传播学领域得到广泛的认可和赞誉，但在更加宽泛的社会学领域，始终存在一些质疑的声音。2014 年，格罗宁根大学（University of Groningen）举办过一个关于舒德森学术思想的小型研讨会，与会学者提出的一个最重要的质疑，就是舒德森的研究路径是不是一种"文化中心主义"，从而忽略了其他社会因素，尤其是经济因素在社会变迁中发挥的作用。舒德森在访谈中对此做出了回应。

常江：您如何看待有人针对您的学术思想提出的"文化中心主义"的批评？

舒德森：我认为这一批评是公允的，但我也认为自己上述思路的形成有其历史的原因。在 20 世纪 70 年代，美国的左派学者使用马克思主义的话语去理解社会，这就导致将一切问题归结于经济（有时是技术）因素的倾向。这种僵化的思路的确从一个方面解释了真相，但也带来了很多的误解。我并非对资本主义和市场经济的运作方式视而不见，但我从不认为经济因素是我们理解复杂的人类行为的唯一甚至首要的考量。如果我们将过去半个世纪美国新闻业的发展仅仅视为一种"市场的失败"，那我们就错了。

常江：我们应当如何去理解和甄别影响新闻业发展进程的各种社会因素呢？

舒德森： 在诸种社会因素中选择一种并不假思索地将其视为"唯一"或"首要"的因素，会让研究者陷入最基本的事实错误。一个最显著的例子就是，在资本主义和市场经济狂飙突进的20世纪60—70年代，带有批判性色彩的新闻报道，尤其是调查性报道的质量反而有了突破性的提高；而一些秉承经济决定论的研究者则得出了相反的结论，指出新闻的批判性被削弱了，这是因为他们仅仅关注了这类报道的数量而非质量和文化影响力。美国新闻业的发展在很多方面与经济系统之间保持着密切的关系，但我们不能认为这个行业是靠经济或技术的刺激才发展起来的。

常江：不过，您的研究的确较少关注技术的维度，这在技术的影响力日趋强大的今天，是否有些不合时宜？

舒德森： 近年来，有不少同行批评我的研究没有对技术的重要性给予足够的重视。我必须强调一点：我是明确反对技术决定论的。从《发掘新闻》开始，我就坚持这一立场。而且，尽管在今天看来这样做有些不合时宜，但我仍然决定继续做一个技术决定论的反对者。我之所以这样做，并不是因为技术不重要，而是在我看来，无论在社会科学研究领域中，还是在流行的观念中，技术的重要性都被严重高估了。眼下，技术不但正在改变新闻机构，而且在改变人们的公共生活。在我看来，老派的新闻机构尽管在新闻的分发（distribution）机制中正变得越来越疲弱，但它们始终在原创新闻报道的采集（gathering）和生产（producing）活动中占据着不可替代的地位。在过往的一个世纪里，这些机构是公共生活得以形成的重要原因。至于未来如何，我无法妄断。

常江： 还有一些批评指出，您对传统新闻业的未来持有一种过度乐观的态度。您对此认同吗？

舒德森： 对于新闻业（当然主要是指"传统新闻业"）在社会生活中的重要性，我始终持有乐观积极的态度。如果"多数决"就是民主的本意，那么我根本就不是一个民主主义者。我所向往和珍视的民主是在法律和规范框架之下运转的，这种民主小心翼翼地在宪法框架下保护少数群体，而决策集团做出决策的过程也更加严肃、持重。也正因如此，我时刻担心学术界和新闻业究竟会在民主中扮演什么样的角色。我们不能奢求新闻业去解决这个世界上的所有问题，但我也认为，无论新闻记者还是知识分子都应当对未来抱有信心。我们不能沉浸于"情况正在越来越糟糕"这样的论调中。我期望自己始终在精神上保持乐观，但这样做的前提是我了解现实并对其做出准确的评估。

对于中国本土的新闻传播学研究者而言，舒德森的学术思想中最具启发性的部分，莫过于历史方法对政治常识的祛魅效能，以及对新闻学"非学科化"的理性呼吁。中国的传统新闻学（以及新闻史）研究倾向于将新闻业视为有独特规律和自洽属性的社会领域，这种思路或许有中国语境下的合理性，但在学科交融与对话的背景下，学科中心化的倾向完全有可能导致视野狭窄、理论僵化、观念停滞的结果。在舒德森看来，过分强调技术对新闻业的影响，甚至将技术视为"改造"新闻业的决定性力量的思路，既是新闻学学科中心化的一个结果，也是新闻研究难以实现理论突破的一个原因。一如舒德森本人所言："我们不应当尝试寻找历史中的某个决定性的因素。历史始终是在变动的，随之变动的还有我们熟悉的概念和价值。"只有在历史、变化和跨学科的背景下对新闻业加以考察，才能获得真正意义上的"规律"。

（资料整理及翻译：何仁亿）

约翰·杜伦·彼得斯

传播研究应当超越经验
——传播学的技术史视角与人文思想传统

约翰·杜伦·彼得斯（John Durham Peters）是美国著名的媒介史学家与传播理论家，目前任教于耶鲁大学（Yale University）。他于1986年在斯坦福大学（Stanford University）获得传播理论与研究博士学位，毕业后在艾奥瓦大学（The University of Iowa）任教长达30年（1986—2016）。与同时代的其他传播理论家相比，彼得斯的传播研究以鲜明的人文取向著称，并始终立足于对传播思想而不仅仅是具体的传播实践的关注。他坚持传播学的非学科化，长于透过历史与哲学的透镜阐释传播现象，并将传播观念视为一种一般性哲学理念而非特定专业领域加以考察。总的来说，他是美国传播学学界为数不多致力于深入挖掘传播理念中的哲学基因，并尝试建立基于西方哲学和人文思想的传播观念体系的学者。他的观念体系更加接近欧洲的思辨传统，而较少与美国本土的实证主义研究对话。

彼得斯出版过多本学术专著，包括《了不起的云：基本媒介的哲学》（The Marvelous Clouds: Toward a Philosophy of Elemental Media）、《对空言说：传播的观念史》（Speaking into the Air: A History of the Idea

John Durham Peters

of Communication），以及《如临深渊：言论自由与自由的传统》(*Courting the Abyss: Free Speech and the Liberal Tradition*) 等。他的著作探讨的议题广泛，但始终围绕着传播与媒介的基本概念及其哲学内涵展开，理论视野十分宽广，在欧美主流传播理论界独树一帜。

《对空言说》是彼得斯的成名作，奠定了彼得斯学术思想的基础，目前不但是美国传播学专业研究生的必读书目，而且被翻译为多种语言在美国之外出版。书中指出，尽管传播学作为一个独立学科存在的时间很短，但传播的观念或传播的哲学有着悠久的历史。自古希腊以降，哲学家们其实一直在思考传播的核心话题：人与人之间究竟能否实现真正意义上的交流。彼得斯从《斐德罗篇》《会饮篇》入手，梳理并评析了基督教、黑格尔、马克思主义等哲学流派的传播思想，致力于构建人文主义的传播观念体系，这体现了其广博的历史视野。此外，彼得斯亦十分关注前沿信息技术之于传播与交流观念的意涵，这在《了不起的云》中得到了体现。

传播的基本观念

与同时代的其他传播理论家和媒介史学家相比,彼得斯的学术思想体现出了鲜明的本质主义特征。他认为对"传播""媒介""交流""对话"这些基本概念不能持有一种"约定俗成"的、基于个体经验的理解,而要深入历史和哲学的纹理,正确界定其内涵。因此,对于彼得斯来说,一切传播研究实践都应当建立在一套逻辑自洽的、可为学术共同体普遍认同的基本观念体系上。

常江: 在对于"媒介"(media)这一概念的理解上,您与其他人的区别是什么?您认为自己的理解更加准确吗?

彼得斯: 与很多概念一样,"媒介"其实是一个非常不准确的术语。我的学术偏好是使用复数来表述类似的概念,如此来突出媒体形式和类型的多样性。然而,大多数人更乐于将媒介视为一个不可数名词,并用这个词来涵盖从记者到宣传、从过滤器到硬盘驱动等一切与媒介有关的事物。在媒介研究领域,"media"通常被定义为机构、观众和项目〔例如迪士尼、英国广播公司(BBC)或谷歌〕的集合。我本人持有一种少数派观点,这种观点将"media"视为必需品、环境和各种数据处理器,是一种处于其他要素中间的元素。一些批评者认为我的这种观点将媒介的概念盲目放大,但我相信无处不在的计算和数据已经远远超出了我们原有的认知程度——媒介在环境中无所不在,以至于我们需要一个更加全面的定义来进行匹配。理论通常处在追赶现实的位置上。

常江: 您曾表示,人类是由技术(technologies)和技巧(techniques)构成的,从骨肉到外表,从现在到史前,概莫能外。您能对这一观点做出一些阐释吗?

彼得斯: 技术哲学常常受到浪漫主义的影响。人们倾向于认为,当我们谈论技术的时候，我们其实已经失掉了和宇宙之间原有的那种本质的关系。如今还有很多人认为，技术意味着优雅的陨落。威廉·华兹华斯（William Wordsworth）在一首诗中抱怨说，带有插图的书籍和报纸正在取代说话的能力，使我们退回到洞穴绘画的时代。如今，很多人仍在讲述千篇一律的故事，表达对于新生事物的恐惧（当然我们今天都不会拒斥插画书）。我们的确需要警惕生命被失控的力量劫持的危险。我们迫切需要平衡硅谷和其他地方出现的有关技术协议的承诺。媒介史学家的工作就是拆穿这种天花乱坠的炒作。

但我更害怕把孩子和洗澡水一起泼掉。技术不是对人性的限制，而是人性存在的条件。我们可以揭发硅谷的救赎，而不诉诸"原始纯洁"（original purity）这一迷惑性的概念。新媒体生产华丽的选择性幻想，这是一种奇怪的副作用——你可以花几个小时在YouTube（优兔）上观看优美的视频，了解与我们隔离的生活。拔掉电源的冲动是真实存在的，但通常治疗和疾病是相互冲突的。如果你让技术自身告诉我们如何摆脱它，那么结果只会被束缚得更紧，这种企图依靠技术的冲动就像一个骗子控制住你后又对你说要相信他。免于被技术控制的承诺通常只是另一种尚未被认可的技术而已。选择另一种迷惑人的技术总是比完全抛弃技术本身困难得多。

常江：您的著作《对空言说》描述了两种截然不同交流理念：一种看法认为交流可以弥合差距、实现心灵沟通，另一种观点则认为完美的沟通并不存在。这是否意味着"孤独"是人类存在的本质？

彼得斯：对我而言，诸如"孤独"一类的争论就像乘热气球看风景——你需要升到足够的高度才能看到乡村的完整图景，同时需要足够的压舱物以防气球因失控而飘走。难就难在如何在空中操纵它。当然，有人可能会从社会学角度出发，认为今天许多人都很孤独［可以参见罗伯特·帕特南（Robert Putnam）的《独自打保龄：美国社区的衰落与复兴》（*Bowling Alone：The Collapse and Revival of American Community*）］。这会给我的论证施加一些有用的"压力"。

但另一方面，很显然，评论家们通过"孤独"这个概念建立了一种想象，其隐含着一种假设，那就是：孤独是有问题的。然而事实上，孤独不一定是错误的或消极的，它是人类的一部分。孤独是每一个独特自我的一部分，也是每一个成长于具备灵性的、后新教改革和书本文化世界的人的一部分。

常江： 在书中，您还比较了对话和传播这两种交流形式，认为尽管对话往往被看作是更好的沟通方式，但它同时是残酷的、具有破坏性的。这是一个看起来十分反传统的观点，因为传统观念十分看重对话并将其视为民主的基础。您是否仍然认为传播是让人们摆脱强迫性意义（forced meaning）的更好方式？

彼得斯： 书中有关对话和传播的对比其实是从技术的角度做出的。矫枉需要过正。为了抵消对对话的过度赞美，我不得不过度赞美传播。当然这不是一个非黑即白的问题。对话可以是美好的，传播可以是压迫性的，反过来也如此。我想要打破人们偏爱对话的成见，让人们意识到不需要回应的交流形式同样是高贵的，诸如阅读、祈祷、聆听、跳舞和存在。

常江： 书写和铭文在您的传播史叙事中扮演着重要角色。相比之下，您似乎没有那么重视图形、图像文本在传播中扮演的角色。能谈谈您对视觉形式的传播观念的理解吗？

彼得斯： 我认为"会意文字"（semasiography）是最早的具有意义的图像，它并不表示词或声音。组字画（rebus）能够表示声音，从而克服了声音与图像的分离，使得表示声音的文字书写成为可能。因此，图像是写作的开端。在技术史中，为什么人类记录图形比记录声音要早几千年？这是我在我的作品中试图解决的核心难题之一，我的回答是诉诸时间的本质。图片可以或多或少代表稳定不变的东西，但声音本质上只存在于时间之内且仅仅存在于发声的时刻，所以要记录声音就必须等待后来出现采录设备。我相信，声音对于媒介理论家来说比图像更神秘。尽管绘画和文学十分相似，但我个人认为音乐才是最伟大的艺术媒介。因此,你的观察是正确的,我在书中没有给予图像充分的重视,但我会在后续研究中补充。

常江:在《了不起的云》中,您提出了一个非常迷人又难以理解的想法:媒介是环境,环境也是媒介。由于这本书尚无中译版,能否请您简要地向中国读者阐述一下这一观点?

彼得斯:如今,"媒介"(medium)这个词往往约定俗成地意味着新闻传播机构和娱乐组织,然而在此之前它其实可以表示"环境"或"元素"。"medium"这个词来源于拉丁文"*medius*",本意是"中间"。拉丁语是法语的祖先,所以这个词后来也就变成了法语的"环境"(milieu)。在数字世界中,媒体扮演着越来越基础的角色,其在农业、生物学、文化、数据控制、经济、林业、地质和历史等方面起着重要作用。鉴于中国悠久的历史,从根本上对自然元素进行思考并将媒介视为环境应该是一个很容易理解的想法。

不难发现,在彼得斯的传播观念中,技术及其构成的中介环境扮演了至关重要的角色。他并不赞同对技术及其介入人类思维方式的机制进行先验性的理解,也反对在一系列不言自明的观念前提下进行似是而非的逻辑推演。承认技术对于空间、文明和观念形成所起的重要作用,在某种程度上印证了彼得斯与哈罗德·英尼斯(Harold Innis)、刘易斯·芒福德(Lewis Mumford)等北美技术史研究先驱之间的思想关联。

媒介与传播研究的文化土壤

"跨学科"是彼得斯的传播观念史研究的一个鲜明的特色。他广泛地从各种人文、社会乃至自然和工程科学中汲取理论资源,从而打破了"媒介"作为机构以及实践形式的概念界定。

常江：您的书深入研究了许多主题，跨越了人类学、动物学、神学、天文学、科技史、文化史、哲学和文学等十几个学科。但如果用一个词来统领这些内容，那就是"媒介理论"（media theory）。这样来看，"媒介理论"可能是一个过于保守的标签。那么根据您的理解，到底什么是"媒介理论"？

彼得斯：我在书中并没有详细说明我预设的研究观念。试想一下，如果我们认真对待人类认知者的逝去以及我们与非同龄人沟通的责任，那么大学会是什么样子？我相信大学将是一个不那么光鲜，甚至更低声下气、更跨学科的地方，大学将不再那么专注于最新的东西，而会转而关注更长时间线上的事物。我之所以选择媒介研究这个不那么自命不凡的领域，正是要借此表达自己对于学术部落主义（academic tribalism）的不同看法。媒介理论几乎没有准入门槛，你会惊讶于有些人在不具备任何传统和专业知识的前提下，就可以肆无忌惮地发表对媒体的看法，而且几乎任何人都可以称自己为媒介理论家。作为生活在媒介环境中的人，我认为每个人都是这样的生物。在最理想的状态下，媒介理论能帮助我们更好地了解我们生活于其中的基本环境。

常江：您在著作中曾向许多社会和文化理论的先驱致敬。但是在这些先驱中，您似乎对美国本土的超验主义者和实用主义者持有特别的好感，如拉尔夫·沃尔多·爱默生（Ralph Waldo Emerson）、查尔斯·桑德斯·皮尔斯（Charles Sanders Peirce）、威廉·詹姆斯（William James）等。您觉得自己的思想更倾向于他们的观点吗？您是否认为自己是一个典型的美国理论家？

彼得斯：我在欧洲游历的时间可能要比在美国的时间更长，这其实是我美国性的一个标志——对欧洲思想的向往可能是美国知识分子的一个普遍特征。同样地，欧洲人认为自己是希腊的继承人，而这恰恰表明他们是罗马的继承者，是罗马人发明了这种想象的血统。美国文化是复杂的，但我深感这种复杂有着全球化、多元化的愿景。成为美国人便意味着成为世界人，意味着新的社区和新的生活是完全可能的。显然，这种设想可能也会伴随着军事与风险，但美国的世界主义不一定只有特权和压迫。民主的愿景是批判性的，而不是确定性的。我在马萨诸塞州的剑桥（Cambridge）和康科德（Concord）附近长大，并且承认这里与19世纪的新英格兰前辈包括那些向西迁徙的前辈关系密切。

常江：您在书中表示，希望能够拓宽美国主流媒介的研究视野，打破学界对内容、信息、行动者、机构和政策的成见。如果这个愿望能够实现，我们可以在美国传播学研究中看到什么样的创新？

彼得斯：为什么要局限于美国呢？我一直认为传播学作为一个研究领域，其概念本身就是一个矛盾：这是一个宣称拥抱所有生活中的基础事物的领域，然而在实际操作中往往十分狭隘，充满断裂并不断边缘化。随着传播研究的发展，大学也变得如此。尽管前景依然相当渺茫，但我仍会坚持我的乌托邦主义：传播研究应当成为人类思想跨学科重组的先驱。传播学应当更具综合性、扩张性和历史性，更加适应我们周围的紧急情况，并且更愿意与人沟通。具体来说，扩大媒介研究领域将进一步丰富范围日益广泛的文化形式和格式，使媒介能够更好地反映我们所处的环境和存在，并将拓宽业已十分宽广的跨学科视野。研究者将不再强调人文与科学领域的边界，并采用任何有益的形式探寻知识。媒介并非世界，但我们只有通过媒介才能进入这个世界，因此媒介研究应当努力承担本体论中的基本角色。

其实，西方哲学传统和东方哲学传统在某些方面十分相近。例如，庄子的思想与犬儒主义的冷嘲热讽十分接近；而孔子与亚里士多德一样强调伦理关系的重要性，认为国家和家庭在伦理关系方面是相互关联的。对于亚里士多德来说，人是政治动物（zoon politikon），这很容易与孔子的思想联系到一起。孔子认为有天命存在，人间的政治与天地运行的法则相关。显然，两者并不完全一样，但有相似之处。我认为强行在二者之间划界的努力往往带有政治目的，并非在处理一个真正的哲学问题。中国文明必须面对的问题是城市生活、差异化、性别、家庭、权力和欲望等，这些同样是每个文明都必须面对的问题。每个文明提供的解决方案可能会有所不同，但遇到的问题都是相同的。

常江：除了广为人知的《对空言说》，您也参与了《媒介研究经典文本解读》（*Canonic Texts in Media Research*）的编写——我很荣幸成为中译本译者。这本书在中国传播学界广受好评，有助于传播领域的学生掌握媒体研究的"大局"。我的问题是：在研究的初始阶段，学生是否应当选择某一特定的研究范式或流派？为什么？

彼得斯：我从来不喜欢"范式"这个词，因为它很晦涩。我认为我们在《媒介研究经典文本解读》中划分流派是一个冒险的行为。媒介研究的传统是一以贯之的，我就受到了许多学派的影响。在书中，我的两篇文章也采用了不同的研究路径。在关于雷蒙·威廉斯（Raymond Williams）的那一章中，我想要表明许多传统比它们彼此之间看起来更接近。尽管了解至少一种传统并深入其中至关重要，但学者们应当持有更加开放的态度。如果你对自身有很好的定位，那么你实际上能更好地进行对话。

总体而言，彼得斯反对传播学或媒介研究的过度建制化。他十分谨慎地使用"领域""学科"和"范式"这样的概念，并主张在打通各学科、各文明体系的边界的基础上，探索一种全人类共同的传播观念体系。他认为传播学边界模糊且"不那么自命不凡"的属性，其实昭示了其成为人类思想"跨学科重组"的先驱的潜力。真正的传播思想和传播理论，实际上就是关于人类观念变迁和文明塑造的一般思想和一般理论。

传播研究与人文主义

作为为数不多的着眼于传播研究和媒介研究"总体图景"的学者，彼得斯对于当下主流传播学的理论和方法论取向也有自己鲜明的观点。

常江： 您对今天新出现的事物有什么看法？您觉得有真正的新东西吗？或者说"太阳底下无新鲜事"，今天我们认为新鲜的事物只是过去的重复？

彼得斯： 谢谢，这对我来说是非常重要的问题。我想用两种方式来回答。我在《了不起的云》中采取的策略是尝试找出人们关于数字媒体所相信的新事物，并进一步展示它们并不新鲜。我用这个策略来削弱有关新颖性的看法。火灾、导航、日历、书籍或天象占卜，这些都是旧事物，但在智能手机与谷歌中有非常多类似的功能。而数字世界显然也有一些新的东西。我认为发现新事物是一个非常有趣的历史和哲学问题。自然与艺术的融合是一个非常古老的想法，但我相信我们正在以不同的方式探讨旧问题。地球全景照是如此美丽的超然形象，我们可以说，地球一直是蓝色和美丽的，但只有借助军事化太空项目的技术，我们才能看到地球的这种景象。自相矛盾的是，这张不受技术影响的图片的确是技术的结果，换言之，它将技术隐匿起来。媒介清除了现象背后的历史轨迹。造成这一现象的不仅仅是媒体本身，还有营销人员。硅谷的精英们总是喜欢假装自己正在做的事情是如此新颖、如此令人兴奋，然而很多所谓"前所未有的事情"其实都是在重复过去的担忧。互联网上关于权力、性、关系、数据、天气的内容是有关人类环境的核心要素。这些问题已经融入我们的文明。在某种程度上，我们生活于其中的数字世界可能是新的，但我们很难细致地弄清楚新的方式是什么。

常江：作为一位受到多种不同研究传统影响的美国学者，您能否阐释一下自己的研究实践和研究方法？

彼得斯：我不会直接写任何我最着迷的议题。相反，我会通过研究与之相关的问题来讨论我最着迷的话题，让它们流畅地自我言说。我也努力长期工作。我想我有一辈子来孵化我的想法，所以我总是将可能的研究题目储备起来。我喜欢积累想法和事实、引用轻便的小东西。我还爱列表，这也是事实。我喜欢长列表中那些打断或破坏了一系列相似项的奇怪项目，这些项目往往能带来戏剧性效果。我喜欢去不相关的议题中冒险，然后带回来意料之外的相似处。

常江：实证主义和定量分析日趋成为当下传播研究的主流。您对这种情况有什么看法？您认为这对传播学学科的发展有帮助吗？这种现象正常吗？

彼得斯：这不正常，而且是很糟糕的现象。对我而言，追求大问题一直是最重要的事情。生命太短暂了，我们必须要摆脱各种无关痛痒的研究议题的羁绊。我拥护社会科学研究，但我在斯坦福大学接受的社会科学训练告诉我：社会科学研究的质量取决于提出问题的质量。人文学科也是如此，在人文领域有许多枯燥乏味的工作。学术界有关论文出版的竞争机制会鼓励短期的实证研究，然而这些研究没有为更大的问题做出贡献。换言之，创作不违背常识的论文也许在政治上更安全。在美国传播学协会（National Communication Association）成立100周年的演讲中，我提出，知识是人之为人的必需。作为一个人，我们需要知识；而作为一名学者，我们有特权和责任去发现知识并分享它们。如果学者没有做到这一点，那便是失职。

常江：您能介绍一些自己的研究技巧吗？比如，您最喜欢的工具和研究方式是什么？

彼得斯：要详细描述我的研究技巧比较困难，但包括以下要点：清晨写作，培养记忆，反复阅读核心书籍，详细书写阅读笔记，一次处理多个项目，勤于存档，劳逸结合，享受每周一次的安息日，按时上床睡觉，努力工作，少做天马行空的幻想，多与不同的人交流（包括非常年轻和年纪非常大的人），认真对待各种言辞和历史（比如阅读字典），定期阅读外语读物，学习来自其他领域的术语，热爱基础科学，始终开启接收信息的天线，快速找出背景知识。至于工具，作者的身体是必备的工具，我还没有完全解决如何在同一时间大量书写、阅读并保持好的身体状态这一难题。我有一把已经用了很多年的椅子，我常坐在一个视线很好的窗子前，还在使用人体工程学键盘，但我仍旧觉得不断写作和阅读是一项繁重的劳动。虽然我是右撇子，却习惯左手用鼠标。我在没有联网的电脑上写作，在另外一台电脑上使用互联网，并且一般不会在中午上网。我依然坚持通过纸质书籍进行严肃阅读。我没有智能手机，并拥有一台只能播放最少的节目的古老电视机。由于背部和颈部疼痛，我很难长时间坐在桌前阅读或写作。

当然，与弗里德里希·威廉·尼采（Friedrich Wilhelm Nietzsche）所面临的巨大困难相比，我的困难是微不足道的，尼采的巨大困难也让他对媒介有着异于常人的洞察力。摩擦产生灵感。如果媒体总是平稳地隐藏在背景中，你就不会去思考它。最简单的工具往往最具挑战性。如果我们能更认真地思考如何在工作、玩耍时运用我们的身体，那么世界将会变得更好。许多数字媒体大力推销身体与思维的分离，这让我非常反感。我的一位教唱歌的同事指出：他的学生的身体姿态因过度使用智能手机而被破坏，这也给他的教学带来了新的挑战。媒介研究应该阐明与我们的生活相关的最基本的事实，比如我们的脊椎和脚，而不是使它们更加模糊。

常江：毫无疑问，在有影响力的传播理论家中，您的作品较难阅读和理解。现在，社会科学专业的学生通常缺乏适当的哲学和批判性思维训练。作为一名从教三十多年的传播学教授，您能否就如何让传播学学生/学者更好地理解这门学科提出一些建议？

彼得斯：我认为，我的作品之所以难以阅读，可能是由于语言的问题。我希望邓建国副教授的新译本能够让《对空言说》读起来更容易（我非常感谢他付出的努力）。许多英文读者都说他们很欣赏我的写作能力。据我了解，主要问题在于中国的传播研究是作为一门社会科学发展起来的。我在所有书中都坚持如下观点：传播与媒介研究有着杰出的人文传统，而我预期的读者是那些读过诗歌和哲学著作的人，是普遍受过教育的人。在某种程度上，我认为所有人都需要阅读诗歌和哲学作品，可以用奖学金来奖励这些人。在社会学理论的杰出作品中，最好的研究都具有哲学思辨性和诗意，而非平淡无味。我的主要建议是，传播学学者应阅读更多的文学、历史和哲学著作，这些著作中其实包含了许多有关沟通和交流的基本问题。

不妨说，正是在人文传统和人文精神这个维度上，彼得斯的传播思想获得了自己的特性和高度。他立足于西方哲学和人文学科深厚的土壤，将传播的观念定位于人类精神交流和文明构成的一般形式，超越了针对形形色色的具体媒介现象展开的"无关痛痒"的具体研究。当然，要真正在主流传播研究体系内形成一种"超越经验"的观念研究"范式"（尽管彼得斯本人并不喜欢这个字眼）仍有很长的路要走，但彼得斯通过3本厚重的学术著作，为我们展示了这个业已习惯被贴上"实用"标签的学科所拥有的广阔的理论想象力。这种想象力，有可能在未来的某个时候，裂变为一种对整个人类文明有解释力的思想路径。

（资料整理及翻译：何仁亿）

伊莱休·卡茨

新媒体加速了政治的日常化
——媒介使用、政治参与和传播研究的进路

伊莱休·卡茨（Elihu Katz）是美籍以色列著名社会学家、传播学学者。他于哥伦比亚大学获得博士学位，师从传播学学科奠基人之一保罗·拉扎斯菲尔德（Paul Lazarsfeld）。后相继任教于美国芝加哥大学社会学系和宾夕法尼亚大学安嫩伯格传播与新闻学院（Annenberg School for Communication and Journalism），以及以色列的耶路撒冷希伯来大学（The Hebrew University of Jerusalem）。如今，业已94岁高龄的卡茨居住在耶路撒冷，继续从事研究与写作工作。

卡茨是当代欧美传播学领域既高产又具影响力的学者之一。在长达半个多世纪的学术生涯中，他坚持通过与社会科学各学科——社会学、社会心理学、政治学等开展深度对话的方式，不断推进传播理论的发展。简言之，卡茨的学术成果融合了社会科学与人文学科的取向，充分体现了传播学作为交叉学科的特性和视野，为传播学学科体系的建构和完善做出了巨大贡献。

从1955年起，卡茨相继出版了多部独著、合著作品，发表了众多影响深远的学术论文，这些著述极为有力地塑造了当代传播研究

Elihu Katz

的版图。他对诸多主流传播学理论,包括两级传播、使用与满足等,做出了巨大的贡献。此外,作为活跃在"电视时代"的传播学学者,卡茨十分关注电视的社会影响和文化影响。卡茨关于电视研究的思想,集中体现在《媒介事件:历史的现场直播》(*Media Events: The Live Broadcasting of History*)一书之中。在写作这本书的过程中,卡茨与合作者丹尼尔·戴扬(Daniel Dayan)收集了全世界范围内的历史事件的现场直播资料。经多年的深入研究,此书最终于1992年出版面世。该书成为卡茨在英语学术圈之外影响力最大的一部著作,如今已经有多种语言版本出版。

总而言之,卡茨的研究经验和学术思想横跨与传播、媒体有关的众多层面和广泛领域,他关注的议题包括大众媒体在不同社会系统中的功能和作用、思想和创新的传播及扩散、舆论的规律、人际关系思想、意见领袖的传播机制、受众行为、美国流行文化在海外的接受度、选举前的民意调查等。对卡茨的学术思想的考察,就是对主流传播学在过去半个多世纪的演进与流变过程的考察。

来自塔尔德的影响

卡茨曾在多个场合表示,对于自己学术思想的形成影响力最大的两个人物,分别是自己在哥伦比亚大学的导师拉扎斯菲尔德,以及法国社会学家加布里埃尔·塔尔德(Gabriel Tarde)。关于卡茨与拉扎斯菲尔德之间的师承与合作关系,我们已有较为详细的了解;而来自塔尔德的影响,并不为很多人所知。因此,我们的访谈就从"来自塔尔德的影响"切入。

常江:您时常谈到加布里埃尔·塔尔德对您的影响。能具体说一说他对您的影响体现在哪些方面吗?

卡茨: 加布里埃尔·塔尔德曾经很有名,后来被人们遗忘了,但如今他似乎又回到了人们的视野之中,这是一件值得庆幸的事。一个很重要的因素是,塔尔德是法国人,所以他的著作要进入英语学术圈,有一定的门槛。在西方学术界,这一直是一个问题。塔尔德关于传播的著作,尤其是那本《模仿律》(Les Lois de L'imitation),在19世纪末的巴黎引起了很多关注,是非常重要的作品,那时还没有"传播研究"这么个东西。此外,他与埃米尔·涂尔干(Émile Durkheim)之间展开的那场关于社会学是否可以忽视个体的辩论,也有着深远的意义。在塔尔德看来,社会学不应该忽视个体行为,以及个体的价值选择。其实,塔尔德从未完全被世人遗忘,埃尔西·克卢斯·帕森斯(Elsie Clews Parsons)将《模仿律》翻译成了英文(The Laws of Imitation),是塔尔德在美国产生影响的开端。但最重要的是,因为他的一些美国学生,特别是罗伯特·帕克(Robert Park)和其他芝加哥大学的学生的努力,塔尔德的名字和光芒从未消失过。这些美国社会学家对于塔尔德的一个想法特别感兴趣,那就是报纸的存在使得在人群(指不产生直接接触的人群)中可以产生政治。后来，塔尔德关于人的日常交流所具有的政治和文化功能的观点逐渐延伸到哥伦比亚。但当《人民的选择：选民如何在总统选战中做决定》（The People's Choice: How the Voter Makes up His Mind in a Presidential Campaign）出版时，哥伦比亚的学者们还没有意识到其中的很多观点其实源于塔尔德。塔尔德正式进入美国传播研究界视野的一个关键转折点，是芝加哥大学的特里·克拉克（Terry Clark）于1969年出版了他的选集《加布里埃尔·塔尔德论传播与社会影响》（Gabriel Tarde On Communication and Social Influence）。在这本书里，克拉克对塔尔德的思想做了十分准确的介绍。实际上，是塔尔德最早提出，如果报纸没有进入读者之间的日常对话，那么它将毫无用处。

常江：塔尔德的哪些观点对您的研究实践产生了最直接的影响，或让您想要去使用、证实？

卡茨：我将塔尔德的理论简单地概括为一个"过程"，在这个过程中，新闻激发对话，对话使意见具体化，这些具体化的意见又导致政治参与，即"新闻—对话—意见—行动"。在20世纪60年代，我们就展开了一系列的调查研究，以测试塔尔德的观点是否正确。其中有一些很有意思的发现。比如，我们发现读报纸的人会比普通人有更多的观点，也更善于理解与自己交谈的人所提出的反驳论点，哪怕双方的观点可能在意识形态上并不一致，这与不读报的人有很大的不同。我们还发现由新闻和谈话因素引起的政治参与类型分为两种：一种我们称之为"活动"型，也就是直接付诸行动，例如往信封里装宣传材料；另一种我们称之为"抱怨"型，也就是抗议，这些人会选择通过各种途径发出声音。从数据中可以看出前者具有更稳定的社交网络。此外，我们也发现阅读报纸比看电视更加具有政治性，这表明不同的媒体类型所触发的政治参与是不同的。这些研究都表明了塔尔德的正确性，以及他对于传播研究的开创意义。

常江：在如今的新媒体时代，媒体使用和政治参与之间的关系似乎发生了很大的变化。您觉得塔尔德的观点依然有效吗？

卡茨：要回答这个问题，我想先推荐一本书，就是我在宾夕法尼亚大学安嫩伯格传播与新闻学院的同事桑德拉·冈萨雷斯-贝伦（Sandra Gonzalez-Bailon）写的《解码社会世界：数据科学与传播的意外结果》（Decoding the Social World: Data Science and the Unintended Consequences of Communication）。这本书的第三章是关于塔尔德的。在这里，她展示了当今如何用大数据（或她更喜欢的表达方式"数据科学"）来印证100多年前塔尔德提出的命题。用作者的话来说，将塔尔德的观点应用于数字媒体的时代"已经到来"。因此，对于塔尔德的观点，我们已经验证了其在三个时代的有效性，分别是19世纪末的报纸时代、20世纪的广播电视时代以及21世纪的新媒体时代。我们所从事的各项研究，验证了塔尔德的被频繁引用的一句话："我们永远无法确知报纸究竟在多大程度上转变、丰富、整合了人与人之间的交流，也永远无法想象报纸如何实现了交流在空间上的合一性以及时间上的多元性，而这一原理同样适用于不读报纸的人，因为只要他们还要跟人交谈，就一定会从报纸那里'借来'思想。"

在卡茨看来，塔尔德对于美国传播研究的影响是奠基性的，因为他最早提出了媒介使用和政治参与之间的关系模型，这正是美国主流传播研究的逻辑起点和核心议题。更重要的是，塔尔德的思想为传播研究赋予了一个永恒的主题，那就是媒介使用行为的政治效能——正是因为这一效能的存在，媒介和传播研究才能真正被用于解释社会发展变迁的规律。

新媒体时代的政治参与

近年来，卡茨始终对新媒体的形态、属性和社会影响保持密切的关注，曾发表过一些带有强烈乐观色彩的评论。但在我们的访谈中，他开始以更加审慎的方式谈论新媒体，并在这一过程中表现出

"塔尔德式的忧虑"。在卡茨看来,社交媒体如今动员大众进行政治参与的模式,可能并不会带来人们所预期的积极的甚至是革命性的效果。而这一现状的存在,要求研究者摒弃盲目乐观,甚至是带有决定论色彩的情绪。在卡茨看来,"重返塔尔德"才是正确的研究态度。

常江: 十几年前,您曾在多个场合指出,新媒体对社会的信息流通、观念分享,乃至民主和进步事业,都有积极的作用。现在您仍然这样认为吗?

卡茨: 我认为在刚开始的时候,新媒体扮演的角色是积极的。但今天来看,它发挥作用的方式始终没有达到我们所期望的"文明"的(civilized)程度。简单来说,新媒体没有更好地整合人群,而是让人群回归到了聚集之前的混乱状态。要知道,人群的意志不是任何个人的意志,不能体现个人理想中的民主。新媒体的使用是个体化的,但是它所传达的观点常常背离个体意愿。因此,虽然我们会高兴地看到,终于有人反抗了,勇敢地说出这不是他(她)想要生活的社会,但接下来呢?这群人在总体上表现出来的意见,真的符合人群中每一个人的期望吗?显然,基于新媒体的抵抗不是开始,不是中途,也可能不是终点。

常江: 新媒体给人的行为带来了哪些具体的变化呢?

卡茨: 随着新媒体的出现,我们陆续在一些国家里见到这样的情形:就像苏联解体和东欧剧变时一样,人们开始走出他们的家门,举行大型抗议活动并争夺媒体的控制权。不同的是,由于新媒体自身的复杂性,整个情况也变得更加复杂了。我感觉,新媒体究竟扮演了什么样的角色,主要取决于它受谁控制。即便普通人可以使用互联网表达他们的诉求,就像"占领华尔街"运动那样,但这之后又会发生什么呢?是不是只要表达了,就一定会产生实际的效果?熟悉传播理论的人会明白,这是很可疑的。在大多数情况下,这些表达其实都被更加有权势的集团利用了。此外,人群与示威活动本身也是具有传染性的，很多人参与其中，并没有什么根本的原因，而只是被传染的结果。前些年，我们看到了由社交媒体组织的抗议运动是如何从突尼斯转移到埃及，到叙利亚，再到巴林，又到华尔街和特拉维夫的。但最后谁才有资格来对这些抗议运动进行裁决呢？是政府，不是这些发起、参与运动的人。但这些人始终误以为，自己控制着互联网，政治气候一定会因此而改变，糟糕的现状一定会结束。实际上，一切都还远未结束。我觉得，单纯谈论新媒体究竟发挥了什么样的作用，不如对"究竟哪些人或哪些机构正在控制着这些媒体"进行更加深入的研究。这里的"控制"并不是简单的所有权的问题，而是一个政治问题、文化问题。

常江：您一直从塔尔德的观点出发，关注媒介使用与政治参与之间的关系。在这个问题上，新媒体扮演了什么样的角色呢？

卡茨：我认为新媒体带来的一个最主要的变化，就是将政治进一步日常化了。传统的大众传媒比如电视和报纸的主要影响是将政治转移到人们家里，这实际上是压制了政治参与，因为在家里，你身边只有你的妻子、你的小孩、你们的家具和日用品，这显然不是一个有政治氛围的地方。而人们沉迷于电视，又往往不想起床离开电视，出门去参加抗议，所以电视是去政治化的。但现在，随着新媒体的流行和新旧媒体的融合，我认为人们正被这股力量推出家门。因此，如今政治可见于从人们家里到街上的途中，还有从家里到咖啡厅的途中。政治参与的空间比以前扩大了很多。丹尼尔·哈林（Daniel Hallin）和保罗·曼奇尼（Paolo Mancini）曾经写过一篇很有意思的论文，讲述了美国人和意大利人的区别。他们说美国人常看新闻，但即使看新闻看得非常多的人，也只会喝喝啤酒然后就去睡觉了，他们实际上什么都不做；而意大利人会因为看新闻而真生气，会穿上大衣去广场，然后从广场去工会总部或政党总部，说他们得做点什么。这是一个故事，但它也许是真的。我觉得社交媒体让美国人变得越来越像意大利人了。

常江：这种"将政治进一步日常化"的机制，究竟是如何在新媒体使用者的心理层面上发挥作用的呢？

卡茨：简单来说，就是刺激人们走出家门，更多地来到公共空间，参与公共活动。在中东，这种模式似乎是从突尼斯开始的。先是有人开始激动，大家随之都变得愤怒起来，然后就上了电视，也就是半岛电视台的新闻。之后，人们开始意识到自己不是唯一厌倦了这个政权的人，参与进一步深化。在社会学中有一个概念叫"多数无知"（pluralistic ignorance），是指人们往往以为自己是唯一会做某事或支持某事的人，所以其认为不能谈论该事，所谓讳莫如深。这就类似于那则名叫《皇帝的新装》的寓言：我知道皇帝没有穿衣服，但我不能说。或者，我知道我是同性恋者，但我一直认为自己是唯一的同性恋者，所以才有了像《金赛性学报告》（The Kinsey Reports）这样的项目，让人开始意识到其实还有别人跟自己一样在想这件事、做这件事。然后，这些人会感受到力量，并尝试去采取实际行动。新媒体实际上就扮演了破除多数无知的这个角色，它让人们看到很多和自己一样的人，存在着类似的意愿。这个"行动"将会产生什么结果，我还不清楚。我的意思是，它会产生什么影响呢？大街上的人们会和政党、议会以及政府之间产生什么瓜葛吗？还是说，人们会放弃这个政府，重新支持另外一个同样不怎么样而且会压迫人的政府呢？这才是我们应该深入思考的问题。

常江：另外，越来越多的政治家在通过社交媒体吸引和巩固民众对自己的支持，新媒体已经成为政治参与的一个重要的中介。您认为基于新媒体的政治动员会带来严重的后果吗？

卡茨：我不认为通过社交媒体传达严肃的信息或口号是个好方法。但我也承认，即使是传统的政治沟通方式，比如通过电视演讲等，也存在着风险和弊端——你可能知道尼克松和肯尼迪在1960年的电视辩论。尽管如此，以为新媒体是万能良药的想法，仍是行不通的。这是因为，信息传递往往是很复杂的，而且你传播的信息是否像你原本设想的那样有说服力,又是另一个问题。就如同我不太相信广告,但我的一些同事相信。人们的要求总是超出政治家的能力所能满足的范围,这根本不会因为社交媒体而改变。不信,就看看奥巴马,他善于使用各种各样的媒体,包括传统媒体和社交媒体,但在他的整个任期,除了外交关系以外,几乎没有取得任何成功,无论是在经济上,还是在医保政策上。新媒体和传统媒体都是信息的中介,没有任何理由可以让我们认为,信赖新媒体就能改变一切。

从访谈中可见,关于新媒体的社会影响,卡茨反思了自己曾经做出的种种乐观的论述,开始从塔尔德的基本观点出发,从多个层面思考政治参与在新的技术环境下所面临的机遇和挑战。卡茨认为,在缺乏充分、扎实的经验研究支撑的情况下,贸然判断新媒体会带来颠覆性的改变是不负责任的。而新媒体时代的传播研究者,更需要保持清醒的头脑,回归传播理论的基本观点,那就是"信息传递的复杂性"。

实证传播研究的未来

尽管卡茨在传播研究领域拥有丰富的经验和丰硕的成果,但他仍然认为这个领域有着无穷的变化和可能。在谈及传播研究未来的进路时,他并没有给出一幅宏大的图景,而是更多指出可能具有理论价值的议题。这体现了卡茨作为一位实证主义理论家的本色。

常江:您认为现在传播研究面临的主要挑战有哪些?这个学科应该如何发展?

卡茨:首先需要关注的一点就是,电视的时代已经过去了,而电视曾经扮演的角色可能需要有新的媒体来填补。我个人认为,电视已不再像以前那样,能够让人们获得所谓的"共同体验"了。从前，一家人会坐在起居室里一起看电视，而且知道邻居家肯定也是一样，世界上绝大多数家庭都是如此。以电视为依托的媒介事件则是社会的主要仪式性事件。以前一有现场播报，所有人都会打开电视机观看；但现在不一样了，现在的媒体具有非常强的分散性，以至于不是所有人都会同时观看同样的东西。缺少一个中心化的媒体来替代电视，或许会让人们产生一种潜在的不满情绪。传播研究未来的选题，我觉得主要还是集中在社交网络方面。我们应该去深入关注那些最基本的传播问题是如何在社交网络中存在的，比如事件究竟如何通过社交信息的渠道实现扩散。举个简单的例子，如果我发现有人发出的信息里含有南非的"流感"这个词，也发现社交媒体中出现"流感"这个词的比例高于往常，而且如果我们还知道南非和澳大利亚有联系，那就可以做出假设：澳大利亚接下来也会爆发流感。这才是传播研究的目的。因此，所有与社交网络相关的东西都是未来可以研究的方向，它们有可能有助于民主化的发展，但也可能不会。简言之，就是要在新媒体的图景和大众传播既有的经典理论之间搭建桥梁，同时要修复舆论研究和传播研究两者之间业已断裂的关系。

常江：您对未来的传播学专业的学生和学者有什么建议吗？

卡茨：对于学生来说，最重要的是对各种各样的研究路径和研究范式都有同等的了解，这是非常重要的，它可以避免初学阶段的误会和偏差。当然，每个人最后都会选择一个具体的研究方向去深入挖掘，但最初的"广泛涉猎"，可以帮助学生把不同学派的观点和因素结合起来，避免先入为主的研究方式。对于传播学学者，我的建议是，在深入传播学某一个具体的方向或议题之前，首先打下一个人文学科与社会科学基础学科的深厚的底子。从我的经验来看，历史学、心理学、社会学、政治学和经济学是最重要的。传播学关注的是遍及整个人类社会的信息、舆论、政治参与现象，它不是独立的，也不应该被剥离出来作为一个独立对象进行研究。

卡茨从自己的经验出发,强调了传播学的学生和学者应当努力做到的两个方面:立足于经典理论解释新媒体环境,以及打通传播学与其他相关社会科学的边界。这样的观点虽然并不新鲜,但在技术和舆论环境日新月异的当下,"立足根本"和"打通边界"显然是令传播研究脚踏实地、避免浮躁的唯一途径。卡茨以欧美传播学学科泰斗的声望,呼吁研究者练好基本功,对于这个学科真正意义上的进步具有不容忽视的意义。

(资料整理及翻译:徐帅)

托伊恩·范戴克

批判话语研究是一种政治立场
——新闻、精英话语与意识形态

　　托伊恩·范戴克（Teun A. van Dijk）是国际知名的语言学家和传播研究者，是话语理论（discourse theory）和批判话语研究/分析（critical discourse studies/analysis）的主要奠基人之一。在话语分析日渐成为欧美媒介与文化研究领域主流方法论的过程中，范戴克的理论创新、研究实践及各种建制化努力扮演了至关重要的角色。目前，国际话语研究领域三本权威期刊《话语研究》（*Discourse Studies*）、《话语与社会》（*Discourse and Society*）以及《话语与传播》（*Discourse and Communication*）均由范戴克创刊并担任主编。其早年的代表著作《作为话语的新闻》（*News as Discourse*）被译介至中国后，开国内新闻研究领域话语分析的风气之先，产生了很大的影响力。

　　范戴克出生于荷兰并于欧陆传播与媒介研究重镇阿姆斯特丹大学（University of Amsterdam）获得博士学位。其后，他长期任教于这所大学直至荣休。2004年，范戴克移居西班牙巴塞罗那，成为庞培法布拉大学（Pompeu Fabra University）的全职教授。范戴克从20世纪60年代开始关注法语的结构和语义问题，但很快他的研究兴趣就转向了话语分析和意识形态研究。他于1972年出版的《文本语法的若干问题：理论语言学与诗学研究》（*Some Aspects of Text Grammar: A Study in Theoretical Linguistics and Poetics*）一书，被广泛认为是其展开系

Teun A. van Dijk

统性话语理论研究的开端。在整个20世纪80年代，范戴克是国际话语研究领域活跃的学者之一。他格外关注新闻文本的种族主义话语，并对欧洲精英阶层对新闻话语的操纵行为持尖锐的批判态度，出版了《传播种族主义：理念与对话中的种族偏见》（*Communicating Racism: Ethnic Prejudice in Thought and Talk*）、《作为话语的新闻》、《新闻分析：新闻界的国际和国内新闻案例研究》（*News Analysis: Case Studies of International and National News in the Press*）和《种族主义与新闻界：种族主义与移民的批判研究》（*Racism and the Press: Critical Studies in Racism and Migration*）等著作。其中，《作为话语的新闻》一书产生了巨大的国际影响力。

后来，范戴克开始在大量经验研究的基础上进行自己的意识形态理论建构。在1998年出版的《意识形态：跨学科的方法》（*Ideology: A Multidisciplinary Approach*）中，范戴克提出了基于话语分析的意识形态理论，将意识形态理解为特定社会群体借助语言影响人的思想的文化中介系统。在《社会与话语：社会语境如何影响文本与对话》（*Society and Discourse: How Social Contexts Influence Text and Talk*）中，他进一步强调自己对于精英阶层通过话语操纵术滥用权力的批判态度，并尝试为这一机制的发生提供具体的分析框架。

范戴克对于新闻与传播研究最大的理论贡献，在于他系统性地将话语分析，尤其是批判话语分析（简称CDA；但范戴克更倾向于称之为批判话语研究，简称CDS）引入了该领域。在范戴克和语言学家诺曼·费尔克拉夫（Norman Fairclough）等一些学者的推动下，包括文本分析、话语实践分析和语境分析三个主要维度的批判话语分析业已成为当代新闻和媒介研究的一个主要的理论视角和方法论，也进一步拓宽了新闻与传播研究的跨学科视野。

批判话语研究与新闻

范戴克学术思想的支柱,就是作为一种文化(政治)理论和研究方法的批判话语研究。在他看来,批判话语研究作为一种包含了专门理论和方法论的一般性分析框架,本身就是政治性的;而来自一些批评者的"不科学"的方法论层面的批评,则大多隐含着保守的政治立场。通过对批判话语研究的系统化和建制化努力,范戴克希望其能够成为语言、文化和社会研究的一种一般性的思路。下文中,我们将从范戴克在20世纪80—90年代深度从事的一项具体的研究议题——新闻话语与种族主义之间的关系切入,呈现范戴克的批判话语研究路径在具体研究实践中的运用。

常江:您作为主要奠基人之一所创立的批判话语分析的方法论,在当下的新闻传播研究中的应用十分普遍。与旧式的文本分析相比,批判话语分析的"批判"具体指的是什么?这是否意味着话语分析总是要指向话语的政治意图?

范戴克:现代语言学和话语分析早已超越对于孤立词语、句子的含义和序列,以及句子在总体文本中的角色的研究。我们认为,句子的意义同样是使用这些句子的人所扮演的特定角色的彰显,如承担责任的代理人、行动的目标或受害者等。在话语中,许多信息都是含蓄的。话语所承载的大部信息——尤以新闻报道为甚——是处于隐藏状态的;而信息的接受者往往从自身关于语境和外部世界的知识出发,支持着上述机制。在涉及种族事务的新闻与评论中,许多含义仅仅是暗示性的或预设性的,并未被明确陈述。这样做既出于社会规范的要求,也有印象管理(impression management)方面的考虑。例如,许多关于少数群体的负面信息可能并不会被明确写在新闻报道中,而是隐藏在字里行间。与"旧式"的文本分析相比,现今的话语研究已经非常先进了。受当代语言学、心理学、前沿社会科学的影响，话语分析如今有更加鲜明的多学科、多模式色彩，无论理论和方法论都更加复杂。

批判话语研究将上述新理论和新方法视为不言自明的前提，因此它并不应该被理解为一种新的"方法"。关键问题在于，进行批判话语研究的学者们普遍意识到他们关于话语的科学研究是社会不可分割的一部分。他们通常从自己所在的国家入手，去广泛地分析权力滥用、社会不平等以及人权侵犯等问题，并希望借此建立一个新的世界——正如我几十年来所做的关于种族主义的研究那样。因此，一旦选择从事批判话语研究，就意味着研究者要明确自己的政治立场，并且至少在学术研究及出版方面，要坚持为反抗任何形式的压迫而斗争。我们注意到，在很多国家，做到这一点并不容易或很艰难，甚至让你感觉无路可走，但我们需要探求最大的可能性，让我们不会因为自己的思想而受到迫害。也是出于同样的原因，一些学者采用化名在国际媒体上发表作品。

常江：可是近20年来，批判话语分析也引发了不少争议。有的人认为它只是一种政治批判的方法，有的人则质疑它的科学性。您如何看待这些批评？

范戴克：如果说批判话语研究想要保持批判性，那么它自己也应该坦然面对来自外部的批评，只有这样，才能持续地使自身的理论、方法和目标得到升华。无论语言学还是社会科学都很年轻，远谈不上完美。话语研究（DS）和批判话语研究更是如此。这两种方法既是实证主义的，又是后实证主义的——在我看来，对这两者的区分其实已没有什么意义。对"现代"和"后现代"的区分亦同理。在这个意义上，我可能会拒绝一些含混暧昧的、非政治性的后现代表述方式，自然也会拒绝对于语言和话语进行的非政治性的实证研究。对于批判话语研究而言，重要的是理论和方法如何真正地指导研究过程，从而解决重要的社会问题，例如对种族主义话语中的代词使用的专业而细致的分析，以及对于全球大众传媒在性别歧视或军国主义意识形态的生产中扮演的角色的考察。

很多人对批判话语研究提出批评通常不是因为他们突然担心这种方法不够科学，而是因为他们畏惧批判性的科学本身。无论在话语研究中还是人文社会科学其他领域的研究中，批判话语分析都使用同样的方法，这种方法虽远谈不上完美，但显然十分直接。然而，一些批评者却难以接受如下事实，那就是学者也是社会的一部分，因此也应该是负责任的公民。由于学者通常拥有普通人所没有的象征性权力（symbolic power），因此他们理应为我们对权力精英滥用权力的行为，以及大学和科学研究领域内部权力滥用现象的批判性分析做出贡献。对于批判话语研究富有建设性的批评是必要且有用的。但有些人对批判话语研究在"方法论"上的批评，倒更像是一种隐藏了真实目的的策略：并不仅仅是单纯的方法批评，更是一种政治立场——一种保守的政治立场；而持有这一立场的人并不认为自己提出的批评本身，以及自己所从事的学术研究其实都是有政治色彩的。

常江：在过去的 30 年中，您在新闻话语和种族主义问题研究上做出了巨大的贡献。现在看来，媒体已不似 20 世纪 80 年代和 90 年代那样强大，种族主义也有了新的内涵和表现形式。你认为在塑造种族主义话语方面，传统的新闻媒体仍然具有强大的影响力吗？

范戴克： 的确，种族主义的内涵在今天有了很大的变化。如今最常见的话语是"文化种族主义"，也被称作新种族主义。这种种族主义已不再基于肤色等"种族"外观，而主要基于语言、宗教、习俗等群体文化特性。正因如此，"反伊斯兰"与"反阿拉伯"通常被混为一谈。因为"人种"种族主义已经被联合国宣布为政治不正确，所以许多人开始诉诸一种看起来更"体面"的种族主义。这种种族主义主要强调文化间的差异性。当然，他们通常会拥护"我们自己的"文化。在我看来，媒体在现代信息社会的强大力量是毋庸置疑的。在很多情况下，媒体与政治家、企业家、专业人士和知识分子等其他强大的精英团体与机构一道，间接地影响了社会中大部分人的生活。在社会中，企业主的影响力主要集中于经济、市场、生产和就业等方面，对于社会公共话语和意见的影响较小；而媒体的力量则主要体现在话语权和象征层面。媒体话语是其他精英阶层和普通公民的知识、态度和意识形态的主要来源。当然，媒体是在与其他精英集团，尤其是政治家、专业人士和知识分子联合中生产出这些内容的。然而，由于有新闻自由作为前提，媒体所生产出来的主导性话语由传媒精英控制，并承担终极责任。

常江：您能否谈谈新闻是如何制造并传播种族主义话语的？

范戴克：在主要使用文字的媒体领域，新闻生产是一系列复杂的社会与话语互动的集合体，其过程由编辑控制，具体机制则包括：编辑业务会议及协商、报道分配、记者与少数组织机构的互动（如议会、警察、法院、大学和企业等）、与"信息"和"意见"的必要或可能的来源进行的高强度的互动、记者撰写新闻报道的过程，以及编辑对新闻稿进行审校的过程等。目前，对于新闻生产的流程和策略，微观社会学、社会心理学、话语分析等领域均有深入研究，但仍未实现对所有机制的穷尽考察。例如，新闻媒体内部的编辑部会议就很少被学者研究，这如同其他类型的精英集团的内部交流机制很少被关注一样。对于持有批判立场的学者，获准进入这样的"现场"的机会更少。至于研究种族主义的学者，则根本没有获准的可能。

我一直致力于分析新闻话语和种族主义之间的关系。我在《精英话语与种族歧视》（*Elite Discourse and Racism*）一书中提出，核心问题在于精英。精英是拥有最多权力因而掌握最多公共话语的群体，因此对于偏见的形成和种族主义的再现往往能够施加比一般人更大的影响力。精英种族主义在很大程度上是"象征种族主义"（symbolic racism），是在议会辩论、法律、新闻报道、社论、评论文章、电视节目、电影和教科书等由主流精英话语控制的文化场域内表达的种族主义。它可能是非常隐晦和微妙的,很难被发现和抵制。它可能表现得十分"符合逻辑",十分"自然化"或十分"常识化"。我们需要掌握详尽的、批判性的话语分析手段,还要对日常生活中的种族主义有深刻的认识,才能理解和抵制这种种族主义。

常江:难道种族主义不是自古就有的吗?而您所说的精英话语和新闻话语其实都是现代社会的产物。

范戴克:种族主义当然早就存在于流行观念之中,但种族主义的体制化,在很大程度上是由诸如政治家、记者、教授和作家等文化精英所设定和煽动的。看看是谁激化了原南斯拉夫地区的种族战争?是政治家、记者等精英群体,而非普罗大众。无线广播在卢旺达大屠杀中起到的煽动作用是如此,纳粹德国及其政治宣传也是如此。今天的情况并没有什么根本性的变化。精英集团否认自己是种族主义的,因为这和他们自设的进步、积极的大都会市民的形象不符。精英是谁?精英就是那些可以雇用和解雇他人的人,是决定谁能够合法进入一个国家的人,是能够接触到政治和大众媒体的人,是能够出书和上电视的人。他们控制着传播、互动、组织的所有决策渠道。如果我们发现少数群体作为一个整体被排斥和被边缘化,一般来说,这几乎总是拜占据统治地位的精英所赐——即使他们的命令可能由低级官僚、警察或教师等普通民众执行。因此,要打击种族主义,必须同精英作斗争。

常江:在您看来,应当如何抵制这种由新闻话语传播的精英种族主义?正在蓬勃发展的社交媒体是否具有这方面的潜能?

范戴克:近年来,在传统媒体之外,社交媒体也已成为人们以积极的、消极的或批判的方式了解社会的途径。但实际情况是,社交媒体在许多方面正在被侵犯人权和社会权益的团体、机构或组织所操纵。我并不确定传统媒体是否已不再强大,毕竟现在所有的媒体在互联网上都有自己的呈现方式,而社交媒体上的大量报道也来自报纸。但我们可以看出,在过去的 20 年中,尤其在"阿拉伯之春"和经济危机中,社交媒体已经大大扩展了自身的影响力和权力。不幸的是,正如我们在欧洲和美国看到的那样,社交媒体如今也成了极端主义、右翼思想和种族主义话语的温床。不过现在已经出现了一些官方的应对措施,如德国等几个国家禁止使用"仇恨言论"的法令等。但我认为,除法律措施之外,限制权力滥用的唯一途径仍然是话语研究,也就是对于网站、信息、图像等进行系统的批判分析。批判话语分析就是在话语和传播研究领域实现这一目标的途径。我们掌握了批判话语分析的理论和方法,就能去分析和揭示偏见、刻板印象、种族主义、性别主义以及其他侵犯人权的行径在表达和传播中所使用的话语策略。

不难发现,范戴克始终未曾尝试将批判话语研究建构为一套科学、中立的研究方法,而是将其与一种鲜明的价值旨归——对民主和平等主义的追求联系在一起。在某种程度上,批判话语分析成为一种被学界广泛接受的、左翼学术思想在经验研究领域的方法策略,这对近 30 年的国际主流学术生态产生了不可忽视的影响。尽管范戴克并未接受过传播或媒介研究方面的学术训练,但他从种族主义在当代欧美国家的生成和流变的传播机制出发,为新闻研究提供了一种有别于主流传播学的语言学传统。在他看来,新闻的本质其实是一种承载公共话语的文本,新闻话语的形成和接受与精英阶层的操纵有密切的关系。

话语与意识形态

范戴克的另一项重要的理论贡献,体现在他对意识形态理论在当代的推进上。总体而言,范戴克倡导一种跨学科的意识形态分析视角,这一视角的本质是将意识形态视为符号和政治性的话语实践的集合，并为其赋予可被科学分析的认知基础。尽管范戴克认为自己受马克思主义的影响不大，但其意识形态理论与路易·皮埃尔·阿尔都塞（Louis Pierre Althusser）、格奥尔格·卢卡奇（Georg Lukács）、斯图亚特·霍尔（Stuart Hall）等人的观点有颇多相近之处。在某种程度上，我们可以认为范戴克的意识形态分析就是批判话语分析，一如霍尔的文化研究在很多时候其实就是意识形态研究一样。

常江：在您的著作中，我个人最欣赏的是《意识形态：跨学科的方法》一书。作为话语意识形态理论在当代的重要倡导者，您能简要归纳一下话语和意识形态之间到底是什么关系吗？

范戴克："意识形态"这个概念在媒介研究和社会科学领域十分常用，但它的内涵始终是模糊的。在大多数情况下，人们将其看作一个消极的东西，通常指向由他人灌输的、僵化的、误导性的、党派的观念。于是，一种僵化的思维方式出现了：我们掌握真相，他们拥有的只是意识形态。对于意识形态的消极看法可以追溯到马克思和恩格斯，他们认为意识形态是一种"虚假意识"的形式。在资本主义社会，控制生产资料的群体会将自己的观念向其他群体进行灌输，工人阶级则无法看清这些观念得以存在的前提条件。在整个20世纪相当长的时期里，无论是在现实政治领域还是在社会科学研究中，意识形态的概念始终带有负面意味，并经常被视为"客观"知识的对立面。

话语、意识形态和政治之间存在着密切的关系。从这种意义上来说，政治通常都是"话语的"和"意识形态的"，而意识形态在很大程度上也是依托文本和语言存在的。从一个现代的、跨学科的视角来看，意识形态其实是一种为群体所共享的社会再现（social representation）的观念基础。在一般性的意识形态中形成了更加具体化的群体意识，这种群体意识又进一步影响群体成员的个人观点、思想结构、对具体事件的理解，及其所参与的社会实践与话语。在政治中，意识形态专门发挥着界定政治制度、组织、运动、政治实践和政治认知的作用，而这一作用主要是由政治话语制定或复制的。政治意识形态表现在政治话语中，通常强调我们的"好"和他们的"坏"，同时弱化我们的"坏"和他们的"好"。这种普遍性策略可以在话语的各个层面上被贯彻。意识形态的表达方式有很多种，例如表演式的陈述、悖论、发表声明、隐喻、比拟、婉辞、夸张等。

常江：所以在您看来，意识形态其实是一个中性的概念，是伴随语言、文本和话语存在的一种必然的实践？

范戴克：是的。意识形态并不囿于左派或右派，也不囿于共产主义或资本主义。只要有社会团体和组织联合起来，伸张并合法化自身的权力，意识形态就会存在。同时，意识形态也存在于反抗滥用权力的辩论与斗争之中。因此，有种族主义意识形态，也有反种族主义意识形态；有军国主义意识形态，也有和平主义意识形态；有性别歧视的意识形态，也有女权主义的意识形态；等等。有些意识形态对于大多数人是不利的，有些意识形态对于大多数人是有利的或比现状更好的。意识形态控制着思想，是社会群体成员共同观念的社会再现。意识形态塑造着社会群体的态度，影响着个人的观念，因此也控制着社会实践和话语；意识形态使压迫合法化，却也鼓励革命。总之，意识形态操纵着我们作为宗教、国族、性别、政党、行业等群体的成员的思想。

意识形态在媒介话语实践中得到最鲜明的体现，如政府和政党的计划书、教科书、大众媒体、学术作品等。此外，意识形态还暗含在商业公司的人员聘任机制中、对女性施加的性别暴力中、对第三世界移民的种种限制中、军火和武器交易中，以及选择性的投资和付薪行为中，等等。当意识形态需要在政府计划、经济理论、报纸社论、新闻报道以及一般性精英话语中实现合法化时，它往往会以更加直接的方式被表现出来。正是通过精英话语，新自由主义、性别歧视、种族主义和军国主义意识形态才在社会中得到体现。

常江：您的意识形态理论和其他主流意识形态理论［如马克思主义意识形态理论、斯拉沃热·齐泽克（Slavoj Žižek）的意识形态理论等］的不同之处体现在哪里？

范戴克：我曾读过齐泽克（的作品），但我并不认为他为意识形态基础理论提出了新的观点，他实际上延续了哲学思辨的古老传统。而我提倡一种多学科的理论视角，包括详尽的话语分析理论、详尽的认知和社会心理学观念，以及在一个连贯的框架内进行详尽的社会行为和互动分析的方法。我尚不知道是否还有其他方式能够让我们获取关于意识形态的如此综合的观点。而且，我并不自认为是一个马克思主义者或新马克思主义者，因此我受到强大的马克思主义意识形态理论的影响比其他人小得多。我努力小心翼翼地与上述传统的当代视角保持距离，无论这种视角是否受到了卢卡奇、安东尼奥·葛兰西（Antonio Gramsci）、阿尔都塞甚至斯图亚特·霍尔的启发，无论其观点是否实用或适用。一个显而易见的例子就是，尽管我和斯图亚特·霍尔都关注种族主义意识形态，但我们的方法和角度是截然不同的。

常江：作为一位欧洲学者，您如何看待目前欧美国家日益显著的民粹主义意识形态，尤其是在移民政策、反欧盟主义、贸易保护主义等方面？

范戴克：这是一个不幸的事实。其实不只欧洲和美国，就连巴西（我曾在那儿居住过）和其他拉丁美洲国家也一样——各种形式的保守民粹主义的流行其实是一个全球性的问题。这是因为在失业率及生活必需品价格上涨时，传统的政党无法为此类基础性问题提供有效解决方案，所以保守民粹主义才吸引了大量民众。类似的事情在历史上屡见不鲜：当权者试图通过谴责少数群体（如德国和东欧的犹太人）和移民的方式来巩固权力，如美国的特朗普，以及匈牙利、波兰，乃至一些更加自由的西欧国家的领导人所做的那样。而民族主义始终是右翼势力和极端民粹主义的一种话语策略，发生在英国的脱欧运动就是例子。因此,"反对欧盟"就成了欧洲许多国家和地区解决问题的"最佳方式"。

欧洲的历史的确有着十分积极的方面,例如,现代民主国家和人权的发展就与法国大革命的观念遗产息息相关。但是,欧洲也应当对一些糟糕的事情负责,如许多地方性战争与世界大战、(自从有宗教裁判所以来的)宗教迫害、殖民主义、种族主义、大屠杀、南斯拉夫战争,以及今天广泛传播的种族主义和排外情绪,等等。欧洲历史往往会在社会出现危机尤其是经济危机的时候,露出它狰狞的面孔。而批判话语分析的重点对象,就是各种侵犯人权、危害民主的行为。换言之,极端右翼势力和保守民粹主义在当下的流行并不是什么新鲜事,它既是欧洲历史和文化固有的组成部分,也是欧洲在美洲、非洲和亚洲的帝国主义及殖民主义遗产的一部分。

对于范戴克来说,基于话语分析的意识形态研究是一种有着鲜明的现实价值指涉的学术活动;而研究者自身也要保持与社会精英集团之间的距离以避免学术研究实践被纳入宰制性意识形态的范畴。对于在全球范围内"死灰复燃"的极端民粹主义,范戴克持既客观又批判的态度——这一思潮既是欧洲历史和文化基因不可分割的一部分,又是精英集团巩固其统治、化解社会危机的一种话语操纵策略。

话语、传播与社会研究

在话语理论奠基人、意识形态理论在当代的拓展者以及将话语理论引入新闻研究的先驱等角色之外,范戴克还有一个为学界熟知的身份,那就是"批判话语研究学术建制"的积极推动者。他先后创办的6本话语分析期刊,均成为这一领域的主流学术平台和前沿思想重镇。

常江：您的书《作为话语的新闻》已有中译本，并在中国的新闻传播研究者中颇有影响力。您创立的 6 本话语研究期刊之一《话语与传播》是对我本人有重要影响的传播研究学术期刊。您能否为中国读者详细阐述传播研究与话语研究之间的关系？

范戴克：我创办《话语与传播》的初衷是为了弥合话语研究和传播研究之间存在的令人遗憾的断裂。前者最初来源于语言学、人类学以及与之相关的其他学科，后者则在社会科学领域拥有一席之地。这两个领域显然有重叠的部分——两者都关注文本和谈话的不同形式，以及互动和交流的过程。至 20 世纪 80 年代，在我写《作为话语的新闻》一书时，学界已经出现大量传播研究的新成果，尤其是关于新闻的研究。但在我的书出版之前，几乎没有研究者将新闻作为一种话语形式加以系统考察。今天，越来越多的话语研究学者开始重视对媒体话语的分析，越来越多的传播学研究者也开始将话语分析作为自己的理论和方法。甚至在社会组织的研究中，学者们也开始意识到，组织内发生的大部分事务都是以文本和谈话的形式出现的，因而话语分析也成了对企业流程、领导力、知识获取等议题进行研究的最有趣的质化方法之一。

其实，话语研究的生命力并不仅仅体现在它和传播学的交融上。从我在里约热内卢和巴塞罗那的教学实践中，我日渐发现一个新的议题非常适合被纳入批判话语研究的视野，那就是社会运动。目前从事社会运动研究的学者大多是社会学家，但遗憾的是，很少有社会学家意识到（或有意忽略了）大多数社会运动实践都是话语性的这一事实。因此在我看来，对于社会运动的研究需要详尽而明确的话语分析路径，而非仅仅在流行术语"框架"下进行暧昧浅显（乃至近乎空洞无物）的描述。与此同时，对社会运动的社会认知，如人们关于社会运动的知识、态度和意识形态等方面，也需要我们进行深入的话语考察。目前，社会科学领域内的大多数研究者从未阅读过语言学、话语研究、心理学甚至人类学的东西。我希望这个问题可以在未来的跨学科交叉研究中得以解决。

常江：您认为批判话语研究和意识形态分析在价值上的终极目的是什么？

范戴克：我唯一的希望就是建立一个完全民主的社会。在这个社会里，少数民族不会被边缘化和压迫，多元性成为常态，性别和种族差异一概变得无关紧要。这是一项艰巨的任务，也是一个长期的进程。如果对比几个世纪之前的情况，我们就会看到，虽然一切都还远谈不上完美，但从公开的殖民主义、奴隶制、种族灭绝、性别歧视和种族主义时代至今，人类社会已经行进了很长的一段路。总而言之，尽管有许多人怀疑，我仍很高兴地看到我们大多数人都能够为建设一个更加美好的社会而奋斗，无论作为个体，还是群体的一员。

如同大多数左派知识分子一样，范戴克始终认为学术研究必须有进步性的价值指向，并为建立一个更加平等、更加多元、更加宽容的理想社会而努力。他反对任何宣称"价值中立"和"科学客观"的方法论主义，始终对掌控着媒体话语权的精英阶层及其意识形态保持鲜明的批判态度。他的学术研究实践虽以欧洲为立足点，却在批评的维度上展现了一种全球视野，那就是对于人类社会向他心目中的"完全民主的社会"不断转变的推动。正是在这样的价值框架内，批判话语研究得以超越单一学术理论或方法的范畴，成为一种追求社会进步的、具有普遍意义的思想武器。

（资料整理及翻译：田浩）

芭比·泽利泽

新闻学应当是一个解释性的学科
——新闻研究的文化路径

芭比·泽利泽（Barbie Zelizer）是美国新闻研究的文化路径（cultural approach）的代表学者。她现任美国宾夕法尼亚大学安嫩伯格传播与新闻学院教授和危机媒体研究中心（DCMR）主任。泽利泽是犹太人，曾在1976年和1981年于耶路撒冷希伯来大学获得学士和硕士学位，1990年在宾夕法尼亚大学获得传播学博士学位。

进入学界之前，泽利泽曾长期在耶路撒冷从事新闻记者工作，这段经历不仅促使她走上新闻研究的道路，也使她对危机传播产生了强烈兴趣。此外，她曾担任美国公共电视网（PBS）、美国有线电视新闻网（CNN）、赫芬顿邮报（The Huffington Post）等多家媒体机构的评论员，在2009年至2010年间担任国际传播学会（International Commuication Association，ICA）的主席。

泽利泽的主要成就体现在她开拓、丰富了新闻研究的文化研究和解释学路径。在具体研究中，她尤为关注新闻权威、集体记忆以及危机时期的新闻图像等问题。1992年，由泽利泽的博士论文修改而成的著作《报道总统之躯：肯尼迪刺杀案、媒体与集体记忆的塑造》（Covering the Body: The Kennedy Assassination, the Media, and the Shaping of Collective Memory）的出版，为业已僵化的主流新闻研究范式注入了清

Barbie Zelizer

新的空气。在这部著作中,泽利泽勾勒出新闻从业者如何通过阐释历史事件、塑造集体记忆来树立自己的权威性。此后,泽利泽一直在新闻研究领域深耕,目前已出版十几部著作,发表了超过 150 篇论文与书籍章节,包括屡获殊荣的《濒死:新闻图像如何感动公众》(About to Die: How News Images Move the Public) 和《记得只为遗忘:镜头里的大屠杀记忆》(Remembering to Forget: Holocaust Memory Through the Camera's Eye) 等。她于 2017 年出版的《新闻的潜能》(What Journalism Could Be) 关注了新闻业的重要性,以及新闻适应 21 世纪不断变化的技术和文化背景的过程。

泽利泽是当今具有洞察力与创造力的新闻研究学者之一,她的研究在某种程度上推动了新闻研究的"文化转向"。她最有贡献的学术观念在于启示人们聚焦新闻中的文化传统,通过解释的路径弥合新闻研究领域的观点冲突,追求建立在共识基础上的新闻理论,探寻新闻背后的社会语境与知识脉络。此外,她在界定新闻研究的领域与边界、梳理传统的新闻学术概念、考察新闻从业者的观念与行为、探索媒体在危机事件中构建公众的集体记忆的功能等方面也做出了理论贡献。

当前,面对日益多元的文化环境和不断迭代的技术环境,新闻实践逐渐走向多样化与复杂化。新闻从业者、新闻教育者与新闻研究者的工作也在数字时代呈现出新的特征。泽利泽的研究告诉我们,从文化路径中探寻新闻领域内的基础性问题的答案,或许是新闻研究实现理论突破的关键所在。

数字时代新闻业的特征

面对数字技术的冲击,芭比·泽利泽将影响新闻行业的诸多要素置于制度性的文化背景中进行综合考量,从中提炼出自己对于数字新闻业的独特认识。具体来说,她在研究中主要通过对新闻从业者与新闻受众的日常行为和价值观进行剖析,自下而上地阐释新闻业在当前社会背景下的发展趋势。

常江:眼下,新闻似乎再一次成为传播研究领域的焦点。有很多新闻研究学者和新闻从业者都在热烈地讨论新闻的内容、新闻的价值以及新闻的目的到底是什么。您认为对于新闻业而言,这种探讨是否预示着一种潜在的创造性变革?

泽利泽: 确实如此。新闻从业者们总是倾向于思考自身、探索自身、凝视自身。目前,我们可以看到比以往更多生产和散播自我倾向的作品,至少表面上如此。我一贯将新闻从业者视作一个"解释的社群",所以认为这是一个非常好的趋势。新闻从业者在本质上就是聚集在一起、共享相似的世界观与社会规则意识的乡民。因此,有关新闻和新闻从业者的话语激增,就意味着我们正在到达一个需要进行对话的关键节点。很多观点需要被讨论、被争辩,进而为我们探求新闻从业者的不同工作路径带来新思路。在研究新闻业的时候,将新闻从业者的行为与其他制度性因素的影响综合考虑是至关重要的。这就是我试图表明的:在不同的行动者、不同的意图、不同的规范与信念之外,总是有一种制度性文化在发挥作用。在美国,在特定情况下,政府当局与新闻从业者之间可能会产生对抗,这种对抗的来由可能是政府长期对媒体的不信任。新闻业与政治之间的关系很难辨别,但毫无疑问,当多疑的公众并不是真心想参与到涉及新闻从业者或新闻生产过程的行为中时,新闻从业者与政府的关系就变得紧张起来,这种紧张的关系进一步加剧了公众对新闻业的怀疑。但这种关系并不鲜见。这种紧张关系如今在美国之所以受到关注，并不是因为公众对媒介普遍的怀疑，而是因为特朗普的所作所为过于越界，他的行为远比尼克松、约翰逊、罗斯福乃至肯尼迪等人激进。因此我们需要直面问题：每个总统都或多或少与新闻从业者有龃龉；新闻面对的关切自身的问题和构建自身权威性的问题都因它们与不同总统（一种制度性的文化）之间的关系不同而各异。

常江：在数字时代，新闻的来源变得越来越多样化，也越来越去权威化。您觉得这是一件好事吗？

泽利泽：关于新闻源的问题，总体上我认为"越多越好"。但我不太喜欢一种说法，那就是：我们现在拥有更丰富的信息来源，就等于拥有了更多、更好的信息。数量的多寡和品质的高低之间并不存在必然的关系。更何况，如今的情况已经表明，即使我们拥有了更多的信息、更多元的信息源，也并不必然拥有更优质的信息。重要的是，我们要弄清楚导致变化的深层原因。我们不仅为这种变化高兴，也要明白这种变化意味着什么。我们期待的是什么？或许我们因此而陷入了一种含混的状态，但我们期待新闻为我们做些什么？为什么我们需要新闻媒体？无论新闻是否可被替代，也无论新闻机构是否被旁观者或公民记者或建制化新闻组织所运营。我是十分敬佩 Buzzfeed（美国的一个新闻网站）这类新兴媒体的，我觉得它们有勇气去打破固有的习惯。它们可能会犯错，但并不惮于进入旁人不愿踏足的领域。现在它们拥有显而易见的政治优势——既然长篇新闻难以就政治事件获得足够的信息，不如深耕一些边缘性的具体事件。在某些领域，新兴新闻平台往往做得更好。即使是在传统媒体中，《华盛顿邮报》（*The Washington Post*）在这方面也已远远超过《纽约时报》，这是以前没有过的情况。这很值得我们思考。总之，在我们将所有的民主化的潜力归功于"越多越好"时，需要更谨慎一些。

常江：在新闻业的发展革新方面，您一直比较重视机构层面的举措。那么您对作为新闻消费者的个体有什么建议吗？是不是应该

鼓励人们通过付费订阅的方式去支持好的新闻媒体？

泽利泽：我建议，一定要成为优质新闻媒体的订阅会员。如果消费者不用行动支持专业媒体的话，这些媒体就无法立足。如果你有意向机构提供资金支持的话，那么媒体一定是最值得资助的。对此，有两点需要强调。首先，这是一个让我们重新思考个体媒介素养的机会。由于教育系统的失职，大量美国人并不知道如何参与新闻。如果我们在小学至高中阶段开设媒介素养课程，这将会对教育产生巨大的系统性影响，以及不可估量的效果。此外，值得一提的是，媒介素养教育不仅是口头和文字形式上的，而且是关乎视觉系统的。视觉媒介教育是媒介素养教育的重要环节，但长久以来，我认为视觉媒介教育是缺失的。其次，作为个体，我们应该意识到接触多渠道信息来源是一件平常事。这对于像我一样的"新闻粉丝"来说很简单：如果不能将每天要看的几份报纸浏览一遍的话，我到夜里就会辗转反侧。我也会随时上网检索，随时活跃在社交网站上，随时保持对当前热点事件的追踪。个体需要做的就是随时保持活力，从不同的渠道和媒体上获取信息。你始终应该清楚，没有一家媒体会向你讲述完整的故事。作为一个新闻消费者，我们的任务是从不同新闻来源中发现有用的信息，越早觉察到这一点越能从中获益。

泽利泽的新闻研究理念在她对数字新闻业的观察和剖析中展现无遗：在探索新闻的过程中，我们必须注意到新的媒介平台所带来的新闻来源的多样性以及这一变化为整体的新闻文化所提供的新的想象潜力。而作为新闻的阅读者与支持者，她认为用户对新闻的态度或许指引着新闻教育乃至整个教育体系的发展方向。

新闻从业者的职业认同

在数字时代，新闻从业者的日常工作不仅面临着新的技术环境与工作内容的挑战，而且经受着一系列来自媒体之外的政治、社会和意识形态因素的影响,这一切都不断塑造着有别于以往的新闻职业认同。公众对于新闻从业者的信任,与新闻从业者的表现、新闻实践与政治行为的关系、新闻从业者的道德水准,乃至危机事件的报道情况等,都息息相关。

常江:请问您如何理解新闻从业者在数字时代所扮演的角色?他们依旧坚守着基于共享技能和知识的旧职业认同吗?还是出现了值得我们关注的新现象?

泽利泽: 从定义上来说,新闻从业者就是从事新闻实践的人。新闻是指与新闻制作相关的一系列活动,包括报道、编辑以及对事件的评判。新闻的重要性是不可否认的,长期以来它一直是社会讨论的焦点,没有任何人会认为新闻是无关紧要的。当下的情况更证明了新闻作为一系列实践、作为个体的集合、作为一种职业乃至作为一种机构的不可替代性。在每一种情境下,新闻的重要性都呈指数增长。新闻也在帮助人们理解日常生活和政治机构的问题上发挥着至关重要的作用。不过,并不是上述所有的观点都能在实践中得到证实。我们知道,现下的新闻从业者被无数人抨击。在当下的新闻从业环境下,经济要求和政治压力都迫使新闻成为一个利益导向的社会领域,因而新闻从业者变得更加多元化,并以前几代从业者未曾见过的方式处理多重任务。在政治上,他们同时受到左派和右派政客的攻击,这些政客在所谓的"新闻从业者的素质"的不同定义上争论不休。同时,政治环境也在不断削弱新闻从业者以旧的方式从业的能力。他们与政府部门、地方利益甚至军方有着千丝万缕的联系。因此,新闻从业者总是遵循着不同的实践模式,但没有任何一种模式能够完全适应当今复杂的政治环境。

常江:还有传播技术的影响。

泽丽泽: 对,从技术的角度看,新闻从业者面临着来自博客、推特等在线社群的新挑战,这种挑战削弱了机构媒体的工作的重要性。在美国，主流报纸和广播新闻节目（早间节目除外）正在失去它们的受众；与此同时，族群媒体、在线媒体以及深夜电视喜剧节目、博客与在年轻人中流行的网站正在迎来受众的增长。这或许说明旧的新闻生产系统的消亡并不代表新闻本身的消亡。最后，发生在英美等国的不少丑闻都引发了公众对新闻从业者的道德质疑。这也为自媒体和公民新闻的发展壮大铺平了道路。因此，新闻从业者在讨论"新闻应该如何去做"时的发声效力就越来越弱。记者的定义是否发生了改变？哪些技术（比如手机和博客）是制造新闻的真正手段？新闻业的目标到底是什么？是简单地提供信息还是更积极地塑造社群和公民身份？这些之所以会成为问题，部分原因在于界定新闻时其实始终存在诸多彼此冲突的传统。新闻从业者的自我定义到底是一门手艺，一种专业技能，一种商业模式，一个社区集合，还是一种思维模式？当然，也有可能是这些定义的一部分的集合。这需要我们更好地理解这些定义之间的相互协作与对抗的关系。

常江：除了技术之外，还有哪些因素是我们在思考新闻从业者的职业认同时忽略了的？

泽利泽： 图像是新闻的一个被忽视的方面。我们往往将图像与新闻标题、新闻真实和文本分割开来，这是很成问题的，因为即使我们不去充分地考虑它，视觉元素也在危机报道中发挥着重要的作用。就像在伊拉克战争或"9·11"事件之后，我们可以在《纽约时报》之类的报纸头版上看到比和平时期数量多达 2.5 倍的图像。因为图像的"正确使用"方式还没有被研究透彻，所以图像的呈现仍然是一个开放的领域。当图像刺痛了人们的神经时，他们就会潸然泪下，这就意味着新闻在无法唤醒人们的感情时，会将这一功能转交给以图像形式呈现的各种角色：政客、游说者、公民、失孤父母，甚至军人。同样被低估的还有我们需要将危机事件纳入新闻规则的程度，而非将其排除在新闻之外。在新闻报道中，有太多新闻是出自灵光一现、纯粹的好运或厄运，甚至是我们不愿承认的上天的恩赐。但是，若将这些因素都排除在外的话，我们就可以创造出一种特殊的新闻感，这种新闻感将新闻置于一种更可预测、可管理的地位。综合考量所有这些因素，新闻从业者在公众信任程度列表中垫底就不足为奇了。有报道称，在美国只有50%的人信任他们的当地报纸，对于广播和有线电视台的信任也在大幅度降低。所有上述因素都导致新闻从业者成为一个与社会脱节的群体，因此观众的需求、新闻制作环境革新的需求、新闻编辑室对灵感和创造力的需求都无法得到满足。

在对新闻从业者的职业认同进行考察时，泽利泽继承了新闻生产的社会学传统，主张在复杂的社会因素及其相互作用中思考这一问题。此外，从自身的研究兴趣出发，她提出对"图像"和"危机"的忽视是新闻职业身份难以实现自洽、新闻从业者难以赢得公众认同的重要原因。

回归新闻研究的基本问题

作为一个研究领域（甚至是一个学科），新闻研究（新闻学）究竟要解决哪些基本问题一直饱受争议。泽利泽的研究或许可以给我们一些启发。她在长期的实证研究经验中，尝试建立新闻学的某种共享的文化框架，并在此基础上实现对新闻实践、新闻教育与新闻研究的协同促进。

常江： 您可以为我们描绘一下新闻研究在当下的版图吗？

泽利泽： 虽说只要公众对关于外部世界的中介性信息仍有需求，新闻就会一直存在下去，但新闻本身的确面对着这样或那样的争议。当乔治·奥威尔（George Orwell）将报纸上的报道作为他的第一本书的引注，批评家便讽刺他"将一本好书变成了新闻"。尽管人们对新闻有着强烈的依赖，但这种对新闻的不屑一顾或吹毛求疵的态度始终存在。这些反应不仅鞭策我们形成一个更大的共同体，也促使我们将这种情况视作认同自身、理解世界的新的起点。

关于新闻研究应该怎么做，托马斯·库恩（Thomas Kuhn）的观点很有说服力，他认为任何研究的成功都建立在共识的建立和共享范式的发展上，也就是以群体认知的方式对一个研究领域相关的概念进行命名、描述和考察的程序。一旦共识被建立起来，我们对新现象的分析就有现成的框架可以参考了。如今，我们对新闻研究这个领域的理解，已远远超出库恩的思考范畴。涂尔干、罗伯特·帕克、米歇尔·福柯（Michel Foucault）、彼得·伯格（Peter Berger）和托马斯·卢克曼（Thomas Luckmann）、纳尔逊·古德曼（Nelson Goodman）等人的观点都被纳入进来了。他们从不同的角度阐释不同的社会群体对于建立探知世界的方式都具有至关重要的作用。其中，最早由斯坦利·菲什（Stanley Fish）提出，并由我和其他学者加以发展的"解释性社群"（interpretive communities）的概念可以帮助我们"将共享知识的过程作为知识的组成部分"。正如人类学家玛丽·道格拉斯（Mary Douglas）所认为的那样，真正的群体只有在个体分享他们不同的思想时才可能存在。因此，研究不只是一种认知行为，也是一种社会行为。"解释性社群"的概念不仅适用于理解新闻从业者，也适用于理解新闻研究者。

常江：这些观点对于新闻研究者意味着什么？

泽利泽：上述思想和观点鼓励我们重新思考社会群体在形塑新闻的过程中发挥的作用。从这个角度看，新闻研究中的每一种观点都没有比其他观点更好、更权威，自然也不会存在任何归一化的新闻研究视角。相反，不同的观点以多样、激烈的方式协商着新闻的定义，而每一种观点都建立在一系列阐释的关键因素与作用方式的基础上。大家关注的核心应当是新闻研究到底该如何实现真正的发展，但这一问题目前被搁置了，因为每个人都试图在众声喧哗中寻找那个"最有力"的观点。在有能力进行新闻研究的基础上，我们面临着"谁最有能力发声"以及"谁占据了发声的最有利的地位"

的问题。那么，就让我们综合思考一下新闻研究中这些纷杂的声音。当我们反思新闻和新闻研究时，每一种声音都有其长处，也有其劣势。每一种声音都会构成一种解释性社群，这种群体依据其自身目标来定义新闻，并将认识新闻的策略与其目标结合起来。

常江：新闻学学科变化如此之快，研究对象也似乎变得越来越暧昧，新闻研究者应该做些什么来适应当前的局面呢？

泽利泽：新闻作为一个研究对象，在传播研究、媒介研究、新闻研究中占据重要地位，也被历史学、英语研究、美国研究、社会学、城市研究、政治学、经济学和商业管理所关注。这也就意味着，新闻的研究者往往是在某一个特定的学科领域边界之内去考察自己的研究对象的，所以他们的观点便不得不通过各学科所遵从的研究范式呈现出来。总体而言，我认为新闻学应当是一门解释的学科，因此，历史学和社会学，即我所认知的最有效的解释性学科，会比其他学科更加有助于我们界定新闻的内涵及其存在方式、决定什么类型的研究可以进行。而现状却是，新闻已经被学者们装到了不同的"口袋"里，每一个口袋都将新闻的一个方面与其他方面分割开来。这种分割并不利于从整体上界定新闻是什么，而是将新闻的局部放大并加以阐释。其结果是新闻研究内部互相攻讦，进而导致新闻教育者与新闻研究者分离，人文主义取向与社会科学取向分离。新闻研究在不同学科产生了一系列分散的学术影响，但我们至今无法归纳关于新闻的至关重要的共享知识。

常江：国别和文化的差异也是新闻作为研究对象的模糊性的一个来源。

泽利泽：对，这是一个不容忽视的问题。比如，即使新闻实践在世界各地有不同的形态，但大部分新闻研究都关注美国的新闻实践，因此几乎所有的新闻研究项目都自然而然带有美国色彩。这些研究当然无法回答全球视野下的诸多问题。同样重要的是，虽然新闻的历史长期和民族国家的历史交织在一起，但在如今全球化的时代,我们很难说这种关系仍然在发挥作用。我们很容易承认全球化的一个关键影响就是它消减了民族国家的中心性,但我们始终没有搞明白是否还有一些"替代性的动力"可以帮助我们更好地理解全球新闻业发展的规律。所有的这些情况都表明,新闻研究者未能采取足够的行动在新闻与各种社会形式之间建立联系。这是至关重要的,因为即使我们有充分的知识用以说服那些皈依者,也不能创造出关于新闻的定义和新闻业的运作方式的共识。我们应该想办法更加有效地解决与新闻学发展相关的三大群体(新闻从业者、新闻教育者、新闻研究者)之间的紧张与龃龉,并提供一种有效的方式提升公众对新闻的兴趣。

常江:您曾提出五种研究新闻的视角,即社会学、历史学、语言研究、政治研究和文化分析。您能阐释一下一个优秀的研究者应该选择其中某一种,还是综合运用这些取向吗?

泽利泽:需要澄清一点:并不是只有这五个学科或领域在研究新闻,而是这些研究的视角可以为我们提供一系列的观点,让我们借此对新闻进行概念化。值得一提的是,每一种框架在其对新闻的阐释之中都暗含着一些基本假设。每一种框架都为解决"新闻为什么重要"这个问题提供了不同的方案:社会学解释了新闻本身的重要性;历史学解释了新闻运作过程的重要性;语言研究通过语言或视觉分析的手段解释新闻的重要性;政治研究解释了为何新闻是重要的;文化分析解释了如何对新闻的重要性实现多元化理解。回到研究的大环境中,这些答案都涉及一个更大的问题:我们为何要首先解决新闻重要性的问题?

常江:在可预见的未来,究竟应该如何使新闻研究的各部分联系得更加紧密,您能给出一些明确的建议吗?新闻研究者和新闻学院应当怎么做?

泽利泽:首先,我们需要弄明白如何将新闻实践、新闻教育和新闻研究三项工作紧密地结合起来,洞悉这三者的共生关系有助于使新闻与公众的想象相契合。新闻研究的目的在于建立一种囊括各方力量的框架，无论新闻实践、新闻教育还是新闻研究本身，都应该置身其中。其次，我们应该促进新闻教育跟更广泛的大学教育紧密结合。我们要明白，新闻是一种与人文精神不可分割的表达艺术，也是一种与社会科学结合紧密的社会活动。这种观点并不新鲜。再次，我们要意识到，每一种观点都只提供了浩如烟海的思想中的某一个，并以此来解释新闻的运作规律，只有综合考量这些观点，我们才能最好地统筹全局，洞察新闻如何运作，以及其中的问题缘何产生。最后，我们不仅应该解释我们对新闻的共识，而且应解释我们为什么会有这样的共识。时刻保持跨学科的敏感性并以此检视新闻，或许我们可以找到新的方法以反思现有的新闻研究，对于跨地区和跨时期的研究也是如此。所有这些归结为一点，那就是我们要去不断思考如何在保持新闻学的学科想象力的基础上，努力使其成为一个整体、一个真正的学科。

总而言之，回答"我们应该做什么"这一问题取决于我们对新闻业发展的预测、我们对新闻业发展方向的把握，以及我们在观察新闻业发展的过程中实现的视野拓展和方法创新。新闻太重要了，以至于仅从其自身出发根本无法解决我们所讨论的这些问题。但是，如果不尽快解决这些问题，新闻研究的未来就会十分黯淡。很久以前，托马斯·潘恩（Thomas Paine）曾说过："新闻让我们以他者的眼光看问题，以他者的耳朵听问题，以他者的思想思考问题。"在思考新闻学与国际学术界的联系时，或许我们也能得到同样的启发。

芭比·泽利泽通过提出"解释性社群"这个概念，为新闻研究的未来设计了方向：打破不同学科和范式对新闻研究的分割，建立各个局部研究之间的关联，建立新闻从业者、新闻教育者和新闻研究者的共识机制。她对"解释性的新闻学"的倡导对于新闻学学科的发展和建设有着不容忽视的推动力。

（资料整理及翻译：田浩）

丹尼尔·哈林

传播研究应当追求语境化的思维方式
——比较媒介制度研究及拓展

丹尼尔·哈林（Daniel Hallin）是美国著名新闻与传播理论家，主流政治传播理论和比较媒介制度研究在当代的代表人物。哈林20世纪70年代于加州大学伯克利分校（University of California, Berkeley）求学，先后获得政治学学士、硕士和博士学位，现任教于加州大学圣迭戈分校传播系，是目前该系最为资深的教授。

哈林的学术生涯大致以世纪之交为界分为两个阶段。20世纪80—90年代，他主要关注"媒介与战争""媒介与民主"等具体的政治传播相关议题，尤其关注美国主流新闻媒体对越南战争、海湾战争以及政治选举的报道。在这一阶段，他不断对美国的新闻专业主义在当代政治史中的发展变迁过程做出阐释。在其出版于1986年的著作《未经审查的战争：媒体与越南》（*The "Uncensored War": The Media and Vietnam*）中，哈林将政治传播话语划分为三个同心环形的范畴：共识范畴、合法性争议范畴和偏离范畴。通过这一框架，哈林得以对新闻客观性法则背后的政治生态做出批判性考察，进而剖析舆论变化的规律。

进入21世纪后，哈林的研究转向了更加理论化的比较媒介制度分

Daniel Hallin

析，尤其关注美国、西欧和拉丁美洲的媒介制度比较。他与保罗·曼奇尼合著的《比较媒介体制：媒介与政治的三种模式》(*Comparing Media Systems: Three Models of Media and Politics*) 业已成为该领域的经典著作。这本书被翻译成多种语言，并为两位作者赢得了诸多荣誉。在这部著作中，两位作者对18个西方国家的媒介制度进行了深入的比较分析，为后来的媒介制度研究设立了一个包括四个维度的分析框架：媒介市场结构、政治平行性（political parallelism）、新闻专业主义与国家角色；为媒介制度的政治语境考察设立了一个包括五个维度的分析框架：国家角色、民主制度类型、多元主义类型、理性-合法权威的程度，以及多元主义的程度。通过对上述框架的运用，哈林与曼奇尼提出了欧美国家的三种媒介制度模型：极化多元主义（以法国、西班牙、意大利为代表）、民主社团主义（以瑞士、德国、奥地利、瑞典为代表）、自由主义（以美国、英国、加拿大为代表）。不过，随着时间的推移和全球化程度的加深，哈林和曼奇尼的比较媒介制度理论也受到了不少质疑，比如该理论对传播技术的忽视，以及它对非西方国家的适用性问题。此外，也有学者认为这一理论缺乏对中介变量的考虑，比如经济和文化语境。

近年来，哈林较多关注健康和医学的媒介化（mediatization）议题，并发表了一些相关的学术论文。

战争报道与政治传播

丹尼尔·哈林的学术研究实践始于他在20世纪80年代展开的大量关于越战新闻报道的实证研究。作为一位政治学出身的传播学学者，这一路径选择既有现实原因，也源于哈林在求学阶段所处的宏大历史语境。

常江：您在加州大学伯克利分校获得的三个学位都是政治学的，这是您在20世纪80年代对战争报道产生了浓厚兴趣的主要原因吗？

哈林：恐怕更初始的原因是我的早期求学生涯。越南战争正胶着时，我在读高中，那时美国国内的民权运动也进入了尾声，各种关于战争、政治、权力的话语此起彼伏，政治学前所未有地成为时髦的专业，我也很自然地对其产生了兴趣。我成长于加州湾区，并在伯克利读书，那里曾是民权运动和反战运动的中心。但我对政治的兴趣更多是学理性的，我不是很擅长参与社会实践。在读研究生的时候，我对政治共识是如何达成的这个问题很感兴趣，我想知道人们如何形成自己的政治意见，以及究竟有哪些外部元素影响着这些意见之间的交互作用。因此在读书期间，我参与了不少民意调查项目，这些项目几乎都是关于人们是如何理解自己与政治之间的关系的。最终，我选择了与越南战争有关的舆论作为博士论文的选题。由于这场战争已经成为历史，我无法在70年代后期去做舆论调查，因此我转向了对越战新闻报道的资料档案的研究。这一选择最终使我从政治学走向了传播学，从实证研究转为历史研究。这种选择在当时是很罕见的，没有学政治学的人关注新闻媒体。但我认为，要想搞清楚政治舆论是如何形成的，必须首先搞清楚人们如何获取信息，这一点至关重要。当然，我也很幸运，博士毕业之后，加州大学圣迭戈分校突然有一个职位空缺，这个职位是传播学项目（当时尚未建系）和政治学系联合设置的，于是我就正式进入了这个领域。

常江： 您选择越南战争作为自己进入传播研究领域的敲门砖，的确是有道理的，因为当时很多人都将这场战争称为有史以来的第一场"电视战争"，电视媒体对这场战争的报道影响了战争本身，甚至有人认为，正是媒体的报道导致美国输掉了这场战争。但您在《未经审查的战争》中，提出了不尽相同的观点。能讲述一下您的观点吗？

哈林： 认为媒体报道导致美国输掉战争的论调其实主要是由政治右翼提出的，而那些人通常都支持美国打越战。他们认为，如果当时"过于"自由化的媒体报道没有损害国内民意的共识，那么美国完全有可能打赢。值得一提的是，电视在当时扮演的角色尤其被放大，正因日复一日地看到电视新闻画面中战争的惨烈景象，大众才最终站在了反战的立场上。对于这一论调，我想谈三点。第一，如果你仔细阅读了美国政府关于越战的各种决策性文件，尤其是著名的"五角大楼文件"，你就会发现，其实华盛顿的政客们早已明白美国是不可能以"可以理喻的代价"赢得这场战争的，无论大众支持与否、媒体拆台与否，战争都必然会输。第二，关于媒体于其中扮演的角色，在分析了大量媒体报道后，我发现媒体在反战舆论的形成中更多扮演的是追随者而不是引领者的角色，也就是说，是一部分认清了战争必输的决策者为媒体报道设定了反战的论调，新闻媒体并不像很多政治右翼所认为的那样强大，根源还是在于决策集团内部出现了分裂。第三，具体到电视新闻，我也发现，其实美国主流电视网的越战报道也几乎没有怎样渲染战争的惨烈，大部分越战报道都是经过"消毒"的，而且在越战早期，大部分电视媒体甚至是支持战争的。要知道，美国商业电视是严重依赖观众和广告商生存的，所以电视不可能刻意去制造让人不舒服的场面。所有这些观察都表明，"媒体导致美国输了越战"这一论调是站不住脚的，这一论调体现了很多人对媒体功能的误解，甚至是利用。

常江：上述论调的流行，对美国政府和新闻业之间的关系产生了什么影响？这种影响如何体现在后来的区域性战争，比如海湾战争和伊拉克战争中？

哈林：很多人用"越南综合征"（the Vietnam Syndrome）来形容越战给美国带来的精神创伤，而新闻媒体常常成为众矢之的。越战以后，美国以及其他一些西方国家的政府全面审视了自身与新闻业之间的关系。一个流行的观点认为：过于自由的战争新闻报道必然会动摇民众对战争决策的支持，因此在战争时期限制新闻自由是必要之举。在1982年的马岛战争中，英国政府就对媒体报道做出了更加严格的限制——绝大多数记者，尤其是电视记者的行为被限定在远离战场的船只上。第一次海湾战争期间，美国军方也做出了类似的规定，严格监视新闻记者的活动，并将绝大多数记者与真正的战场隔绝开来。此外，越战以后，美国开始重新强制施行战时新闻审查制度，这使得越南战争成为最后一场"未经审查的战争"。

常江：政治传播视角下的战争报道研究，似乎很少关注新的信息技术和传播模式的潜在影响。互联网导致民众的声音被放大，这意味着政府除了要应对机构媒体之外，还要应对声量越来越大的民间舆论。此外，政府和军方想要在战时控制信息的流通，也几乎不可能了。您认为新传播技术的崛起会导致媒体和国家之间关系的变化吗？

哈林：我对新技术所具有的政治潜力持有复杂的态度。一方面，技术的确破坏了军方控制信息流的能力，令反战思想变得更受欢迎。比如在伊拉克战争中，很多网络视频素材都是普通民众拍摄的，这些素材展现了平民伤亡情况，借助互联网传播，越过了政府对战争报道的限制，在全世界范围内产生了很大的反响，并使得舆论实现了对战争政策的制衡，仿佛越战重演。但另一方面，政府也可以利用技术去有效地影响人们的观念、引导舆论。在美国驻伊士兵虐囚事件中，技术的这两方面特征都得到了充分的展示——如果当事人没有在事发现场自拍，这一切都不可能出现在人们的视野中。一些在传统媒体环境下不可能成为新闻的东西,以后将拥有越来越高的曝光度。

常江:您在《未经审查的战争》中提出,战争报道的政治话语体现为一个同心的环形结构,您将其称为"范畴"(sphere),并认为政治传播话语包括共识、合法性争议和偏离三个范畴。您能对此做一些解释吗?

哈林:这个结构其实主要是帮助我们理解政治传播中的新闻专业主义问题。它的前提就是:新闻的客观性是一种政治话语。最中心的一个范畴是共识范畴,其内部话语主要是对"同意"的扩散,这类话语主要建立在一系列为社会各界所共享的价值观和假设的基础上。比如,在美国,言论自由、人权等就属于共识范畴,任何与之有关的议题在传播中都不会违背这一共识。共识范畴之外,是合法性争议范畴,处在这一范畴中的媒介议题在舆论中通常存在争议,因此是媒体报道最重要的一个领域。比如,控枪、堕胎等议题就处于这一范畴之中。在合法性争议范畴内,新闻报道往往会刻意追求客观公正,媒体机构也会尽可能避免选边站队。我们所理解的新闻专业主义的种种实践,其实主要发生在这个范畴里。至于最外层的偏离范畴,其相关议题在日常报道实践中往往被媒体机构忽视或拒绝,新闻记者会为这类议题贴上"无报道价值"的标签。这些议题往往涉及具有某一方面的社会禁忌。在这个范畴里,新闻报道完全谈不上客观,记者会大胆做出判断,认定一些选题是边缘的、危险的、荒唐的、不值得关注的。例如,很多不合理的阴谋论,比如外星人干涉地球事务这类就处在这一范畴,媒体往往根本对此不屑一顾。

常江:谈了这么多,您能总结一下我们究竟应该如何看待媒体在战争中扮演的角色吗?

哈林:媒体始终是决策者和舆论之间的中介,这一点不会改变。媒体在很多时候似乎爆发出与它的实际能力不相匹配的能量,这往往是因为在决策集团内部首先存在重大分歧,而媒体的自由主义倾向放大了这种分歧。前面谈过的政治话语的三个范畴也表明,新闻专业主义对不同的政治议题是区别对待的,这种区别已经成了惯例。在越南战争中,媒体最初持支持态度是由于当时的主流议题"人权""平等"等处于共识范畴,然后持批评态度则是由于"新闻自由"在共识范畴中的重要性更大了,而在这个范畴里的客观性是无从谈起的。你可以说这是一个聪明的策略,但这也表明媒体远没有我们想象得那样强大。更重要的是,在技术发展突飞猛进的当下,"媒体"这个概念本身,以及信息生产和流通的形式,也日益多样化,这要求我们以新的视角去考量媒体的角色。对于政治传播研究而言,一个很关键的地方就在于不要盲目放大媒体的作用,要立足于传播自身的规律。媒体是我们理解政治的方式,而不是反过来。

通过对丹尼尔·哈林早年战争新闻报道研究的回顾,我们得以清晰地梳理出他所确立的政治传播研究的基本逻辑:以媒体和国家之间的关系为研究的主轴,以媒体的中介化角色为研究的切入点,重视政治决策集团内部的共识与分裂,同时对新的信息与传播形式保持密切的关注。正是在这样的研究思路的指引下,哈林的学术研究进入了一个新的阶段:比较媒介制度研究。

比较媒介制度研究的挑战

比较媒介制度研究框架的提出,是丹尼尔·哈林最主要的理论贡献。这一研究框架对媒介规范理论的发展做出了贡献,开创了一种新的研究思路,也面临方法论、系统性和适用性上的争议。在对话中,哈林对于比较媒介制度研究所面临的挑战进行了深入的反思。

常江：您为何对媒介制度的比较研究产生兴趣？

哈林：一个首要的原因是，这个领域一直被学术界忽视。简单来说，在很长的时间里，几乎没有出现过真正意义上的比较媒介研究理论。此外，我也受到了经典的《报刊的四种理论》（*Four Theories of the Press*）的影响，这本书的成功表明模型化的理论努力是有必要的，因为一旦涉及比较，知识体系就会无比庞大，我们就必然需要一套模型去综合这些知识。不过，这项工作真的做起来以后，我们面临着很多的困难，比如究竟如何厘清不同变量之间相互影响的机制。我们从自身的知识体系和研究兴趣出发，决定从历史的视角来完成对媒介制度的比较。在我看来，比较媒介制度研究可以帮助我们理解不同类型的媒介机构是如何被设立的，以及这些媒介机构的运作会产生什么样的社会后果。对于这个问题的理解，在社会变动期会显得尤其重要，因为越是在这样的时期，机构的权威性越会受到质疑，人们也越容易去"向往"其他类型的社会机构。我想，这对于当下的中国和美国都很适用。

常江：将18个国家作为研究对象意味着无比庞大的工作量，也要求方法论上的高度精确性。这是否给"模型化"工作带来了困难？

哈林：的确如此。因为研究对象的范畴极大，而且谁也不可能对这么多国家的情况都很熟悉，所以我们只能主要依赖二手数据。由于这些国家的语言也不尽相同，因此阅读各国的原始资料也是一项艰巨的任务。最后一个不可避免的结果就是：国家与国家之间在资料的数量和质量上往往存在差异。在很多情况下，我们不得不主要求助于来自各国的英语资料，这对于北欧国家来说更容易实现，但对于法国、西班牙这样的大国来说，则比较难。我想说的是，比较媒介制度研究终究是一项理论化的学术工作，它不是媒介制度的百科全书。我的工作是探索不同制度得以形成的逻辑，而非对每一个国家进行细致的个案分析。简单来说，就是要找到不同制度的共通根基。理解这一点是很重要的。

常江：可尽管如此，还是有不少学者对您提出的分析框架的适用性问题提出了批评。您所考察的 18 个国家均为欧美国家，这些国家在经济发展水平、政治制度和文化习俗上，有着较强的同质性。您如何看待这种批评？

哈林：我和曼奇尼花了很多时间思考我们提出的框架究竟在多大程度上可以被运用于分析其他国家。思考的结果是，我认为"这一框架可以拓展至其他国家"的可能性，要大于"我们必须发展新的框架以适应新的案例"的可能性。原因很简单：这个框架本身是一个逻辑框架，它帮助我们探索不同媒介制度的成因。在这一逻辑的基础上，我们可以不断探索新的模型，发展新的理论，提出新的概念，设计新的变量。这是不矛盾的。我很欣喜地看到，很多在欧美之外的国家和地区展开媒介制度研究的学者，是在这一框架的逻辑基础上进行他们的工作的。尽管批评很多，但还是比我们想象中要少一些。事实上，我更加担心的问题是，人们会发现这个框架过于"好用"而将其结晶化，停止新的探索。这项研究是在对《报刊的四种理论》进行批判和反思的基础上完成的，所以我很担心它会变成另外一本《报刊的四种理论》。自始至终，我都希望这项工作是一个探索的起点，而不是一个被直接使用的工具。

常江：从这本书出版的时间来看，数字技术和互联网在媒介制度的形成中已经扮演了很重要的角色，但是新媒体机构并未被纳入您的分析框架。原因何在？

哈林：对互联网和数字媒体缺少分析，的确是这本书的一个大的缺陷。之所以如此，在很大程度上是因为关于传统媒体，尤其是报刊和广播电视的资料多如牛毛，完成整理和分析的工作已经十分困难了。而对于互联网在媒介制度中扮演的角色，人们才刚刚开始讨论，很多观点都还不成熟。既然我们想要建立"模型"，就必然希望整个概念框架能够更加扎实，这也就意味着对于当下的比较媒介制度研究来说，更重要的是"如何提出正确的问题并获得适宜的数据",而不是一味将新的变量全部纳入进来。我认为互联网对于比较分析而言是非常重要的,但我同时认为我们目前所提出的框架对于从事互联网新闻传播工作的人来说也有帮助——只要他们有意发展新的理论。此外,我必须要强调一点:媒介制度的形成过程并不是同质化的,不存在一种单一的逻辑可以解释所有不同的媒介制度的形成过程。例如,报刊和广播电视机构往往就是在不同的媒介哲学的支配下形成的,尽管它们可以在同一历史和社会条件下共存。不同的逻辑往往根植于不同的历史土壤,同时与不同媒介类型之间的竞争密切相关——一种媒介正是在与其他媒介的区别中实现对于自身的界定的。所以,我们可以以同样的思维方式去理解互联网。互联网兴起于新自由主义的历史背景之中,这一历史背景同时导致更深地根植于政治体系的传统媒体的衰落,以及更深地根植于组织化社会群体的政治文化的衰落。如果互联网诞生在20世纪30年代,情况肯定大不一样。同理,网络媒体在不同的媒介制度中所扮演的角色,也是因地而异的。至于互联网究竟在多大程度上改变了既有的媒介文化,我无法回答,这个问题在比较的视野中可能也没有标准答案。所以,尽管未能对互联网做出系统的分析是一个遗憾,但这并不意味着比较媒介制度的分析框架不适用于分析互联网。

常江:您认为比较媒介制度研究应当有一种规范性的诉求吗?您是否认为应该确立一种更加"理想的"媒介制度?

哈林:比较分析的确要有规范性诉求,这种诉求对于从事这项研究的学者来说是不能回避的。比如,如果你想了解公共广播系统能够在多大程度上独立于政治控制,那么你可以通过比较不同国家的案例来观察有多少种可能性。再如,如果你想了解商业化究竟如何塑造了媒体的社会角色,那么你也可以通过比较不同的社会语境以及商业化的不同形式来实现。但是,我认为谈论某种"理想的"媒介制度没有太大意义,因为一切媒介制度都只能在其赖以生存的社会、政治和文化语境下发挥作用，而这些语境是难以被改变的。尽管比较分析对于有批判精神的学者来说十分有用，但我并不希望这种"比较"最后演变成一种新的现代化理论。人们可以从自己的经验出发去判断哪些制度"更好"，但这种判断往往是非历史性的。放眼全世界，有很多国家和地区都经历了比欧洲和北美更加艰难困苦的历史时期、更加激烈残酷的政治冲突，而这一切正是媒介制度的边界。这是历史的事实，我们无法改变，也无法评判。

常江：随着全球化的深入，不同媒介制度之间的差异可能会变得不再显著，这会不会使得比较分析渐渐不再有意义？

哈林：这的确是一个值得思考的问题。我没有办法给出确切的答案，但我可以提供两个思考的方向。第一，分析的单位（unit of analysis）到底是什么。目前在比较媒介制度研究中，分析单位主要是民族国家（nation state），所以问题在于，未来民族国家是否还会是一个合理的、有价值的比较维度。对此我认为，以民族国家为分析单位的适用性其实同媒体与国家（政治制度）之间的关系密不可分。如果媒体与国家政治体系之间的关联变得越来越弱，那么民族国家之间的差异性也就会逐渐消亡。因此，时刻搞清楚最合理的分析单位是什么很重要，但比较的思路不会改变。第二，真正意义上的"差异"究竟还有多少。很多学者指出，全球化的过程的确加速了媒介文化的同质化，媒介制度之间的差异也在渐渐变得不明显；但也有很多研究表明，国家的重要性始终没有受到威胁，依然是最重要的考量因素。我们应当不断思考这两个问题，根据历史和社会的具体语境给出具体的答案，而不是从现在开始就做出斩钉截铁的预测。

丹尼尔·哈林对他提出的比较媒介制度分析框架所面临的挑战逐一做出了回应。在他看来，这一框架的理论目标在于明确不同的媒介制度得以形成的历史逻辑，而不是对结晶化的媒介制度做出穷尽式的比较。而整个比较媒介制度研究在发展的过程中，必须不断依据历史和社会语境的变化提出新的理论、新的概念和新的模型。

政治传播学学者的素养

作为主流新闻传播学界有代表性的"交叉型学者"，丹尼尔·哈林不但在学术研究实践中受益于自己的政治学训练，而且从跨学科的视角丰富了传播学的内涵，实现了有价值的学科对话。他对于政治传播学学者的素养也有自己的思考。

常江：在研究工作外，您还会通过什么方式来丰富自己的理论思考？

哈林：首先是对严肃媒体和政治类媒体的大量阅读。每天出版的《纽约时报》我都会读，我至今仍然认为这张报纸是美国新闻业的典范。此外，全国公共广播电台（NPR）的政论节目我也时常听。除了密切关注媒体外，我对教学工作也十分重视。在加州大学圣迭戈分校教授的课程中，我最喜欢的一门课是面向本科生的传播学基础课，因为在教这门课的时候，我要"被迫"讲很多不在自己研究专长范围内的知识，这对我来说很有趣，也是一个学习的过程。

常江：对于那些对政治传播感兴趣的年轻学者和博士生，您有什么建议？

哈林：对于媒介研究和传播学学者来说，我认为最重要的一点是要做到在更宽广的社会语境中去理解媒介机构与传播过程。媒介同时是社会的、政治的、文化的以及经济的机构，是深深嵌入社会系统之中的。我和曼奇尼从事媒介制度比较研究的一个主要的目标，就是要在新闻与媒介研究的学术文献和比较政治学的学术文献之间建立对话。努力打破边界、破除媒介中心化的迷信、追求一种语境化的思维方式，对传播研究来说至关重要。

不难发现，政治学和传播学两个学科的对话已经成为哈林一切学术思考和研究实践的出发点，这种对话带来的语境化的思维方式，是比较媒介制度理论影响力的重要来源。对于这种思维方式的倡导，将帮助我们反思新闻传播学在发展过程中可能出现的故步自封的倾向，使这个学科在不断对话中实现新的发展。

（资料整理及翻译：黑龙）

克利福德·克里斯琴斯

用存在伦理学替代理性伦理学
——媒介伦理研究对个体理性的"抵制"

克利福德·克里斯琴斯（Clifford Christians）是美国知名伦理学家与传播学学者，是主流传播（媒介）伦理学学术体系的主要建构者。克里斯琴斯现为伊利诺伊大学厄巴纳-香槟分校（University of Illinois at Urbana-Champaign）传播研究中心、媒介与电影研究中心与新闻研究中心特聘教授。他于1961年在美国密歇根州大急流城加尔文学院（Calvin College）获得文学学士学位，1968年于南加州大学（University of Southern California）获得语言学硕士学位，1974年在伊利诺伊大学获得博士学位。

克里斯琴斯在媒介伦理学领域取得的成就获得了世界范围的认可，他主要关注技术哲学、传播理论和媒介伦理的交叉议题。在40余年的学术生涯里，他一直在探讨伦理决策的本质及其在专业媒体和人类对话领域内的作用。克里斯琴斯对新闻业所具备的独特的社会伦理价值十分关注，并着力分析新闻传播行业在年轻世代的社会伦理养成过程中所扮演的角色。此外，他也致力于将传播研究的成果引介至宗教和神学领域。他在相关研究领域内出版了多部重要的

Clifford Christians

学术著作。除了早期诸如《大众传播的责任》（*Responsibility in Mass Communication*）、《媒介伦理与教会》（*Media Ethics and Church*）、《传播伦理和普世价值》（*Communication Ethics and Universal Values*）等经久不衰的著作之外，近些年，他还陆续出版了《批判文化研究的关键概念：传播学的历史》（*Key Concepts in Critical Cultural Studies: The History of Communication*）、《公共传播伦理：媒介史上的决定性时刻》（*Ethics for Public Communication: Defining Moments in Media History*）、《多元文化世界中的传播理论》（*Communication Theories in a Multicultural World*）等关注前沿技术哲学理念的著作。他于1983年首次出版的《媒介伦理：案例与道德推理》（*Media Ethics: Cases and Moral Reasoning*）是全世界范围内被广泛采用的传播伦理学教材之一，目前该书已经更新至第十版，并被翻译为包括中文在内的多个语言的版本。

除学术研究工作外，克里斯琴斯还热心于推动世界范围内的学术交流与对话。他不仅担任多个学术期刊的编辑，也是全球媒介伦理圆桌会议（Roundtable on Global Media Ethics）的创始成员，该会议曾在南非、阿联酋、印度与中国等地举办。由于其卓越的研究与教学成就，克里斯琴斯赢得了国际学术界的尊敬。

媒介伦理学的价值内核

克里斯琴斯是当下主流媒介伦理研究学术体系的主要构建者之一。长期以来，他主张媒介伦理研究应当超越"信息"和"媒介"等具体框架的限制，在更广阔的认知空间内实现与人类的基础行为伦理的对话。他用"非本质主义的元伦理"这一标准，来界定自己的媒介伦理学体系的概念内核。我们的访谈就从这个问题开始。

常江：您曾在一篇文章中指出：媒介伦理研究的基础性原则在于探索或者明确各种媒介现象背后的非本质主义的"元伦理"。您能详细解释一下吗？

克里斯琴斯：我很高兴你能提出这个问题。要理解什么是"基础"，或什么是"基础性原则"，我们都应该从世界观与预设价值立场出发。我一直认为，哲学的基本问题应落脚于以达尔文和爱因斯坦为代表的演绎哲学的权威已是不可辩驳的真理。在那个被我们称作"世界观"或"预设思维"的领域，人们经常援引亚里士多德的说法，即存在着一个"不动的推动者"。这意味着我们在溯源或演绎思想时，必须在某处停止或开始。无限的溯源毫无意义。所有思想都应该从某个起点生发开来。那种主张"无起点"的社会科学的中立性，或者伦理学中那种植根于自然主义的中立性只是一种粗糙的中立性，完全来源于个体经验，很多时候是不真实的。没有什么是中立的，所有的事物都以某种价值的形式存在，因而预设的价值立场作为一种伦理学思维，是至关重要的。除了我们常说的"世界观"以及"信仰"外，所有的社会科学研究都始于一些学者尝试证明的价值命题。众所周知，托马斯·库恩提出了"范式"这个概念，他认为虽然科学不仅仅是对事实的完全反映，但事实完全决定了科学结论，也就是说，科学就是建立在一系列事实基础之上的上层建筑。库恩使用"范式"这一术语是因为他深知真相总是与政治或价值交叉在一起，而人们研究的往往只是自变量 X 的问题，而不是因变量 Y 的问题。诸多关于人类行为的假设都是建立在思想之上的。人类自然有其生物学基础，因而可以在 DNA 粒子的层面上被理解。范式，如同媒介伦理学研究的"元伦理"，是一个包含着理性与客观事实的综合性术语，这一术语可以代表我们对于伦理问题的所有思考。

常江：您还曾提出，我们所倡导的那种以个人自治为问题取向和以社会主义为研究基础的媒介伦理理论，实际上终结了社会变革的可能。您为什么这样说？

克里斯琴斯：我们习惯性地认为，研究伦理问题应该从社区或者人与人的相互关系的视角切入。只有这样做，我们才能和女权主义者成为同袍，我们才能真正理解非洲社会主义、儒家哲学这些从共同体的角度去把握世界的思想。这种思维方式十分有助于我们理解自己的身份。但随之而来的一个问题是：我们为何会选择去理解这种或那种思想？仅仅是出于政治原因吗，或仅仅是为了反对约翰·罗尔斯（John Rawls）的个体程序主义（individuated proceduralism）？近年来我在写文章时几乎不再使用"社会主义"而更多使用"社区主义"这一术语，因为我发现前者在西方哲学传统中的内涵过于狭窄。我在《媒体伦理学刊》（*Journal of Media Ethics*）上组织的一期特刊中明确表明：一个人在社会主义中所主张的，正是人性在自身的哲学中所追求的。我从事这项研究已十余年，也在南非等国家参与过一些会议。总体来说，我发现使用"公共"或"社区"等术语比"社会主义"更好，因为后者在美国语境中始终带有特定的政治色彩。前些年，我和中国的一位学者合作编了一本书，名为《跨文化传播伦理》（*The Ethics of Intercultural Communication*）。这位中国合作者写了关于孔子的一个章节，并提出了一个我深表赞同的观点：孔子和亚里士多德的理论主张其实是殊途同归的，但由这两人的思想出发，却分别产生了西方传统和东方传统下的德性原则。基于此，我一直认为，西方哲学应该认真对待反启蒙运动，否则将会使许多人将社会主义而非个体理性作为思想的起始点。这就是对话的基础。如果我们意图参与跨文化沟通，与非洲社会主义思想、儒家思想乃至多种形态的佛教思想对话，就不得不从一个迥异的起始点出发。

常江：多年来，您似乎习惯于从语言哲学的角度对人的行为乃至人的本质进行阐释。您为什么选择这一阐释路径？

克里斯琴斯：说到这个问题，我们需要对语言哲学的分析传统进行回顾。首先是教了42年修辞学的教授詹巴蒂斯塔·维科（Giambattista Vico）所著的《新科学》（*The New Science*），这是我心目中关于人性的最好的著述。随之而来的是19世纪与20世纪的语言学传统。恩斯特·卡西尔（Ernst Cassirer）的四卷本《符号形式的哲学》（*The Philosophy of Symbolic Forms*）和费尔迪南·德·索绪尔（Ferdinand de Saussure）构成了我的各种论述的核心概念体系。在我读博士的时候，有一位专门讲恩斯特·卡西尔思想的教授，他要求我们必须通读《符号形式的哲学》。为了便于读者理解，卡西尔专门写了一个"精编本"，题为《人论》（*An Essay on Man*），他的论述也许能够在某种程度上与你提到的问题联系起来。那些反对我的观点的人可能会说，我从语言哲学的视角研究伦理，超越了社会科学对于人类社会的界定。但正如卡西尔在他著名的"四卷本"中指出的，若要研究思想史，我们有三种选择：首先是人类作为动物的理性，这在古典希腊哲学中得到了最清晰的阐述；其次是人类作为生物的动物性，主要源自达尔文主义和进化论思想；最后，与前两者相对，卡西尔认为（也是我所主张的）人类的真正定义是"符号的创造者"。我和斯蒂芬·沃德（Stephen Ward）正在写一本有关元伦理学的书，其中就有一章是关于人的本质的。我现在实际上正在探索这个问题，这也是我从技术哲学中认识到的基本问题之一。简言之,我们只有将人类视为一种符号的存在,才能实现为不同形式的交流划分层级,应对不同的交流形式所处的环境。恩斯特·卡西尔认为,人类发明了数学符号、音乐符号、文学符号与视觉符号,它们都是人类创造力的产物,尽管我们从启蒙时代时起就被教导物理和数学在知识体系中是"高人一等"的,但实际上没有某一种符号比另一种更优越。语言哲学的思维方式实际上能帮助我们在理论思考中着眼于人类的"整体性定义",这在我看来有着不可替代的价值。

不难发现,克里斯琴斯主张伦理研究应当有一个明确的价值起点,那就是对于个体程序主义和个体理性崇拜的反思。在他看来,人作为一个总体的"符号性存在"是其行为逻辑得以被观察和阐释的基础,也是当代媒介伦理研究的真正的起点。通过这种方式,克里斯琴斯的媒介伦理思想与语言哲学传统进行了深度的"接合",并演变为一种富有解释力的研究路径。

指向"团结全人类"的伦理思想

克里斯琴斯的媒介伦理思想深受基督教神学和语言哲学的影响,他努力将一种基于神性的、几乎不可言说的普遍德性原则与结构式的科学分析体系结合起来。他坚称"理论是对现状的抵制",并主张西方视域下的伦理思想应当"抵制"的对象就是启蒙主义所推崇的"个体理性"。

常江:您近年来的思考似乎超出了媒介伦理的领域,而更多关注类似于"什么是理论的本质"这样的问题。能谈谈您思考的成果吗?

克里斯琴斯：到底什么是理论的本质，其实这是我在整个职业生涯中不断思考的问题。我认为，理论实际上就是对现状的抵制。爱因斯坦的理论并非凭空而来，他的相对论公式并非无中生有，而是通过对牛顿理论的抵制而来的；女权主义理论实际上来源于对约翰·洛克（John Locke）的抵制；而尤尔根·哈贝马斯（Jürgen Habermas）的许多思想都与康德紧密相关——我的意思是说，哈贝马斯并非从零开始，他是从康德式的世界观出发才思考出"公共领域"这个概念的。换言之，我们必须首先确定问题是什么，这需要认真完成大量历史的，尤其是思想史以及哲学层面的工作。然后，我们再去尝试理解问题，并从问题的对立面寻找策略以解决该问题。而这项工作，长期以来被认为是建立在个体理性的基础上的。这完全说得通。我们需要自由的人为他们的决定负责，如果人是不自由的，那么"负责任"这件事本身就毫无意义。总而言之，在希腊古典哲学、功利主义和康德传统中，个体理性一直是伦理学的核心。

常江：所以您的理论建构工作，其实是建立在对个体理性和自主性的抵制的基础上的？

克里斯琴斯：是的。按照此前我们谈到的逻辑，如果自主性与个体理性是传播的核心，那么我便要以此为基础建构新的理论，正如爱因斯坦对牛顿所做的那样。我要站在现状的对立面去思考问题，也就是说，我的伦理学理论要优先考虑的是普遍的人类团结而非个体的自主性问题。我的思考与人类整体休戚相关，这种观念与紧密围绕个体性生发的理论截然不同。我们要团结全人类：并非团结个体，而是团结所有个体的总和。这就是我们的理论以一种科学的方式开始变得复杂的地方。什么是人类？全人类说着几千种语言，有着几万个族群，组建成数百个民族国家。我们可能仅仅知晓其中的一部分语言，我们对许多国家的研究少得可怜。有一种说法是：当我们从海洋中拿出一杯水，海洋仍旧是海洋。对我来说，无论是伦理研究，还是一般意义上的理论研究，都应从普遍的人类团结开始。记得有一次，在牛津休假时，我和合作者迈克尔·特拉伯（Michael Traber）有过一次对话。他说："我认为你所说的'人类普遍团结'是一个原始规范。"我当时就想，天哪！就是这样！这就是我们一直在追寻的！真是美好的一天！我期待上帝让我灵光一现，而这句话正是如此！正是这样，普遍性才从我们之前所讨论的演绎和规范模型中脱胎而出。在希腊语中，"原型"（proto）并不是样品，而是制造出的第一个模型，它意味着基础，是一种预设，一种将所有理论观念融为一体的底层信念。在我看来，"团结全人类"就是我的伦理学的原型。

常江：那么，在您看来，究竟应该如何界定"伦理学"这个学科呢？

克里斯琴斯：伦理学不仅是认知层面的理论或是对方法的运用，对于亚里士多德来说，它是一种实践智慧，是一种对自己所能观察到的事物之间的关系做出解释的智慧。我认为，当我们开始进行理论化工作时，需要从个人（个体理性）开始，然后再努力发现其对立面，接下来制定原则，实施应用，一种伦理学思想就由此产生。总体上，我不会去过分关注具体的个人、群体以及他们所遵循的职业伦理。我们领域中有一些学者已经从个体伦理研究转向组织传播研究，研究对象从个人转变为社群，然后开始研究职业伦理。如果不能让自己的观察超越个体理性，那么伦理研究将始终无法突破研究者的自我中心思维。

常江：您一直不讳言基督教神学对您的伦理思想的影响，而且提出过"信念与学习的融合"这一伦理学研究路径。对此，您能说明一下吗？

克里斯琴斯：对我来说，回答这个问题很重要。"信念与学习的融合"是我根据理查德·尼布尔（H. Richard Niebuhr）的《基督与文化》(*Christ and Culture*) 发展出的研究思路。当然，这一思路有可能是错的，所以我建议每个人都去尝试自己探索这个问题的答案。尼布尔的论点包括：基督教的伦理体系是基于有着深厚历史根基的神话传说、宗教信仰和风俗习惯的，我们应当认真对待基督教留给西方文化的遗产而非一味去抵抗它。对于西方的伦理学研究来说，这是一种革命性的视角，因为我们不能否认，基督教是西方文明从古典到现代转型过程的主要推动力。我所要主张的理论改革，就是立足于基督教作为"文化转换者"这一角色的。当我读到教宗若望·保禄二世（Pope John Paul II）所写的《爱与责任》(*Love and Responsibility*) 一书时，我看到的不是一个保守的宗教信徒，而是一位变革主义者。我们要想改变一种文化，必须首先了解并尊重这种文化，然后在此基础上建立新的神学和制度框架。

常江：**将文化信仰与研究领域的内生价值相结合的路径，在其他文化里似乎也是很自然的。**

克里斯琴斯：从更大的视角来看，我发现我和我的西方同行们谈论信仰和学习的方式似乎是相同的，我们只不过使用了略有差异的语言而已。换言之，由于我们都有基督教信仰，因此我们参与学习的表述和方式才有了对话和通约的可能。我知道在你们中国，文化传统是多种多样的，但在西方，受到基督教影响的学者对高等教育和学术研究的看法几乎与我相同。我在一所世俗大学而非神学院工作，因为这是上帝呼唤我的地方，我必须做这个决定。但我有四位毕业生在加尔文学院以及其他基督教学院和大学学习。我在瑞金大学（Regent University）、三一学院（Trinity College）、多尔特学院（Dordt College）等教会学校学到很多东西。我觉得我应该坚持做伦理研究，并以更有深度和广度的方式去探讨伦理学习和信仰之间的调和方式问题。这是西方传统下的伦理学研究者能够形成共同体的原因。

克里斯琴斯并不讳言基督教哲学对自己的伦理思考的影响。在他看来，将爱的对象确定为"全人类"而不是具体的人，对于明确当代伦理学研究的目标而言是至关重要的。他同时认为，在价值和思维方式高度多元的西方学术界，基督教传统使形成伦理研究的共同体成为可能。他所主张的"信念与学习的融合"作为一种道德认知和学术探索路径，具有独特的价值。

媒介伦理学视野下的规范理论

克里斯琴斯一方面认为媒介伦理学研究必须要以建立可被普遍认可和接受的德性原则为价值目标，另一方面也充分意识到对于"规范理论"的过分追求有可能令研究者陷入技术决定论和历史宿命论的虚无主义状态。对此，他系统地阐释了自己的观点。

常江：许多学者认为，传播伦理领域需要一种高屋建瓴且被普遍接受的规范理论，您却认为，当今的技术社会"从伦理学的角度看，令普遍性的规范理论几乎不可能存在"。您能就这个论断谈谈吗？

克里斯琴斯：我认为，在传播技术发展迅猛的时代，那种追求建立普遍性的规范理论的人只有一种选择，那就是宿命论、技术决定论或历史决定论。这种观点认为，人无论做什么都不可能改变历史或技术发展的潮流。在这一逻辑的支配下，理论的发展将不可避免地落入某种虚无主义的形式。因此，问题来了：既然到目前为止仍然没有理论化或概念化的普遍价值，以及基于普遍价值的理论，遑论具有普遍意义的实践模式，那么我们为什么要继续从事理论研究？从某种意义上说，在提出这个问题时，我们自己已经揭示出了一部分答案。如果一个人不是宿命论者，不是空想主义者，不是历史决定论者，也就是说，他不认为历史严格遵循自己的演进标准而人力是微不足道的，那么他才能继续有动力去寻找使普世伦理得以实现的可能性。如果有人问我为什么愿意坚持下去，我可能会说，因为我的世界观从来都不是宿命论。

常江：可是对您有深远影响的基督教神学，还是有着显著的宿命论色彩的。

克里斯琴斯：如果人们打心眼儿里相信某些特定的"神启"决定或预设了我们的思想框架，那么很显然，他们所要遵循的神学的思维就是"从创造到救赎到末日"这样一条线。然而，我们从《圣经》中所获知的其实并不是宿命论或毫无意义的选择，而是历史确实有其发展轨迹，但人的能动性仍然很重要，历史上总有一些运动由于人的选择而指向了某些特定的结论。历史不是循环的，而是指向特定的鹄的。如果我们认为世界有存在的意义，或者人的存在有其内在的目的，那么我们就应该尝试去思考人的选择究竟可以如何影响历史这个问题。我坚信，即使别人提出的原则是正确的，相信普遍原则并根据自己的信仰来行事也是十分困难的，因为无论什么原则都不可能适用于所有人。

常江：这一思想该如何落实在媒介伦理研究实践中呢？

克里斯琴斯：我认为，在传播或媒介伦理研究过程中，我们迫切需要寻找新闻工作者、编辑、记者、教师以及行事正确的学生的案例来说明这一点。我的同事帕特里克·李·普莱桑斯（Patrick Lee Plaisance）出版过一本有关新闻业的道德模范的书。他的研究没有仅着眼于人们在新闻上看到的负面消息，而是回答了诸如为什么如今还存在着道德模范、为什么有人能因道德高尚而获得普利策奖、为什么有人会被视为伟大的记者这样的问题。虽然原因各不相同，但这些人确实存在于我们的社会中。我的立场是：我们做媒介伦理研究不光要会批判，更应该有教育工作者的自觉。我们必须及时指出人的行为中什么是错误的、什么是不足的，并促使状况发生改变。

我相信这是一种以基督教哲学的视角来看待生活的方式。即使堕落、邪恶、罪孽随处可见，但是仍然存在着道德向善的人类整体，这种整体包括我们的思想、意愿与情感。基督教哲学其实告诉我们，人对历史的参与不是毫无意义的，从世界的诞生到上帝的救赎及至最后的审判，其实都是作为整体的人类的共同行为选择。比如，我认识一位医生，他是一个常驻埃及开罗、以治疗麻风病人为业的外科医生。他是一位受过正规训练的医生，毕业于英国名校，可以在世界上的任何地方功成名就，但他选择去了麻风病的高发地。这就是我所见到的道德模范——不管我们的认识论如何迥异，这位医生都可以被称为圣贤，他的行为符合一种"普遍性的"伦理标准。说得太过简略了，但是我的基本观点是清晰的，那就是，当我们实践伦理法则时，一定不要抱着"这个世界毫无希望"的想法，因为我们的德性原则需要某种理性防御系统，需要相信普遍性的东西存在于人类的选择而不是历史的自言自语中。

常江：我想请您再深入谈谈"道德模范"的问题。我们真的需要树立一些或抽象或具体的榜样，来"鼓励"更加合乎普遍德性原则的行为吗？

克里斯琴斯：首先要明确的一点是，在眼下这个充满争议、混乱和分裂的世界中，人类的历史实践是不可能被完全规范的。但也正因如此，我们比以往任何时候都需要道德模范。有人可能会辩称："我的行为并没有破坏整个伦理体系，而只是在质疑某一条特定的伦理法则。"对于我们这些有志于在学术上进行伦理研究的人来说，的确可以如此看待这一问题。在神学和哲学层面，我们一直以理性原则为指导。我们相信，正如康德所言，只要人类普遍具有理性，那么普遍的道德法则终会普及开来。当世界崩溃时，与声称"整体的伦理是不存在的或不可信赖的"相比，问题的关键反而在于如何说明我们所推崇的伦理标准是基于人类自身，而非基于人类的理性的。

这里的"人类自身"包含了整个人类的理性、行动、情感、精神和思想，以及它们共同构建的世界观。

常江：这就会对伦理学的研究者提出特殊的要求。

克里斯琴斯：是的。在我看来，对于研究伦理学的学者来说，挑战在于我们必须要去系统学习亚里士多德、康德和约翰·密尔等人的古典理论，尽管这些理论体系都是建立在对个体理性而不是"整个人类自身"的理解之上的。我们必须站在整个人类的发展和选择的角度来看待伦理问题，不能仅对诸如撒谎、欺骗、侵犯隐私、利益冲突等焦点个案进行研究。作为对伦理理论和案例研究的补充，我们必须对像马丁·路德·金、甘地、纳尔逊·曼德拉和瓦茨拉夫·哈韦尔（Vaclav Havel）这样的杰出人类社会领导者保持兴趣，他们都曾经从不同的角度尝试为"整个人类"设计更加符合德性原则的发展道路。所以，我的主张很简单：媒介伦理研究要从理性伦理学转向存在伦理学，我们要从人的存在本身出发去思考普遍德性原则，这就是最重要的教学和研究方式。

常江：传播技术的迅猛发展导致媒介伦理问题变得比以往任何时候都更尖锐。您在前段时间参加清华大学陈昌凤教授组织的"智能时代的信息价值观引领研究"论坛时，也集中讨论了这一问题。您能就此给中国的媒介与传播研究学者提出一些建议吗？

克里斯琴斯：我会建议学者们努力超越对当下历史时期的某些特定的技术导致的问题的纠结，而去关注人类行为在整个技术历史（尤其是数字技术历史）发展的总体过程中所发挥的作用，我同时认为，应当具有一种全球的视野，要看到数字技术的标准化力量实际上在全世界范围内制造了"不正义"的问题。如今，对于媒介伦理的系统研究比以往任何时候都更加紧迫。我在新书《数字时代的媒介伦理与全球正义》（*Media Ethics and Global Justice in the Digital Age*）中系统地谈论了这一问题，希望能够给年轻的学者们提供帮助。

对于媒介伦理学视野下的规范理论建设问题，克里斯琴斯明确提出了自己的解决方式：以存在伦理学代替理性伦理学，从人的存在的本质出发，为"作为整体的人类"设计符合德性原则的发展道路。克里斯琴斯的"全球视角"和"人类视角"，以及他对技术在历史演进中扮演的角色的洞察，对于我们从事数字时代的媒介伦理体系的建构工作，有着显著的参考意义。

（资料整理及翻译：田浩）

理查德·约翰

技术从未置身于历史与政治之外
——传播史研究的当代价值

  理查德·约翰（Richard John）是美国著名的传播史学家，是当代传播史、媒介史研究领域的代表人物。约翰于1981年至1989年期间，先后于哈佛大学获得学士、硕士与博士学位。在攻读博士学位期间，其主要研究兴趣为美国文明史，并在著名历史学家艾尔弗雷德·钱德勒（Alfred Chandler）与大卫·唐纳德（David Donald）的联合指导下完成了博士论文。约翰现任教于哥伦比亚大学新闻学院与历史系，主要教授资本主义历史与传播发展史方向的课程。在加入哥伦比亚大学之前，他曾长期任教于伊利诺伊大学芝加哥分校（University of Illinois at Chicago）。

  在哈佛大学求学期间，理查德·约翰就对传播问题产生了兴趣，并在此后的学术生涯中逐渐形成了以历史学方法解读社会传播系统的研究风格。系统而严格的历史研究学术训练使约翰的研究兴趣长期聚焦于美国商业史、技术史、传播史与政治史之间的关系，尤其关注商业、技术与传播等社会力量的交汇领域。作为一个"语境主义者"（contextualist），他坚持将社会传播领域的种种具体现象置于更为宏阔的政治经济背景中进行剖析，考量诸多媒介外的因素加诸传

Richard John

播网络的影响,以实现一种贯通古今的阐释路径。约翰所使用的研究方法主要源于人文学科,但他同时对社会科学的理论与方法保有兴趣。

自20世纪90年代以来,约翰笔耕不辍,著述颇丰,出版了大量研究论文和专著。他的两部专著《散播新闻:从富兰克林时代到莫尔斯时代的美国邮政系统》(Spreading the News: The American Postal System from Franklin to Morse) 和《网络国家:创造美国电信业》(Network Nation: Inventing American Telecommunications) 在美国新闻传播学界享有盛誉,荣获诸多奖项。《网络国家》一书的中文版目前正在译介过程中。

近些年,约翰坚持自己长期以来的研究兴趣,对传播史领域的诸多问题进行剖析和解释,尤其热衷于从历史的视角解读数字时代等议题,发表了不少颇有影响力的学术文章。此外,约翰还热心于学术领域内的公共服务工作,他于2010—2011年间担任美国企业史学会主席,同时是纽伯里图书馆(the Newberry Library)和史密森尼学会伍德罗·威尔逊国际学者中心(Smithsonian Institution's Woodrow Wilson International Center for Scholars)资深会员。

技术、媒介与社会

理查德·约翰的传播史观是一种典型的语境主义思路,他不赞成研究者对传播系统做"中心化"的处理,而更倾向于将其视为各种社会力量交缠、冲突的领域。在关于美国传播史的研究中,他十分重视商业力量和技术革新之间的相互关系,并将其视为推动社会传播系统发展演变的根本性力量。

常江:您似乎对传播史和商业史之间的互动关系非常感兴趣,为什么您觉得这两者之间是相关的呢?

约翰:我的导师,著名的经济史学家艾尔弗雷德·钱德勒曾经出版过一本名为《战略与结构:美国工商企业成长的若干篇章》(*Strategy and Structure: Chapters in the History of the American Industrial Enterprise*)的书,这本书的内容主要涉及商业战略如何影响组织结构,其基本思路就是商业领域的决策和商业模式的演进会对社会组织的变迁产生深远的影响。我的《网络国家》一书就继承了导师的这一思路,要去分析不同的社会力量之间相互影响的关系。我在书中强调的一个核心主题就是政治结构和商业策略对传播技术的采纳和应用所产生的影响。对于电报和电话来说,正是由于它们所处的政商环境的差异,其发展轨迹才如此悬殊。以电报为例,在19世纪50年代中期以前,其行业规则都是有益于大量彼此竞争的网络供应商生存的,这些供应商处于一种我称之为"反垄断"的社会环境中。在这种环境中,立法者会调整行业规则以确保没有寡头电报公司能够借助其专利而谋求太多控制力。

常江:您对电报和电话这两种传播技术研究得十分深入、透彻。能具体讲一讲两者在美国的诞生和发展究竟有什么差别吗?

约翰:电报和电话的文化史围绕着一个令人瞩目的玩笑展开。

电报从一开始就被当作一项能够"改变世界"的划时代技术进行宣传。所有的舆论炒作都让民众以为电报公司会信心满满地鼓吹:"我们拥有一项伟大的技术,让我们一同大规模发展它。"但实际上,这些公司所做的恰恰相反。长期以来,电报公司拒绝承认这种新媒介将会为全人类提供公共服务这一共识,而是坚持认为电报在本质上只应该为少数顾客提供专业服务。这导致的结果是,电报直到1910年才成为大众媒介——这距离它最初商业化已经有六七十年之久了,而电话此时也已风靡美国大城市十余年。竞争迫使它们只能关注当时当地的情况:如果不能满足投资者的短期需求,就可能面临倒闭的威胁。与处于迥异环境中的电话公司不同,电报公司并不能使用交叉补贴手段促进这项技术的大众化进程。直到19世纪80年代,西联汇款公司(Western Union)的负责人仍声称,他无意向普通美国人提供电报设备。如果美国民众想要快速传递远距离的信息,他们只能选择传统的寄信方式。于是,吊诡的事情发生了:一种被视为当时最伟大的发明的传播技术,其推广者的商业策略却极其狭隘。电报网络供应商将电报使用者的范围局限在少数客户之内,一项新的传播技术是否能让普通人平等地享用,决定权不在大众手中,而在推广者手中。

  电话的情况则恰恰相反。除了少数例外,电话最初的商业化几乎没有引起公众的批评。在很大程度上,这是因为电话主要是作为一种对电报信息服务等业已存在的传播方式进行补充的城市媒介发展起来的。与电报相比,电话处于一个迥异的政治环境中。电话网络的经营者很快意识到:如果想要成功,他们就必须制定一个更加全面的商业策略。政治同样是关键的一环。电话公司需要从政府获得经营这项业务的特殊许可,这种许可的形式往往是市政特许经营权。这项许可的相关规定总是非常具体,包括对利润率和市场准入方式的种种限制。在实际操作中,这往往意味着同一座城市内不会出现两家以上同时运营的电话公司。相较而言,电报公司的竞争更为普遍——在许多州,这一格局是以《1848年纽约电报法》(*New York Telegraph Act of 1848*)为蓝本的反垄断法条的附带效果。市政特许经营权对电话运营公司的重要性在于,它可以解释为什么在19世纪90年代一些电话公司通过向大量民众提供电话服务设施可以推动这一媒介的大众化。

常江:您在两本著作中提出的概念"技术原罪论"(imputing agency to technology)是何含义?这一概念对我们理解过去和当前的技术与社会之间的关系有何助益?

约翰:其实这就是一种就技术论技术、用技术去解释其自身的思维方式。在当前的时代,我们很容易将重大的社会变迁视作技术革新引发的后果。我们时常谈论"Facebook(脸谱)革命""推特革命"或"新闻与信息的谷歌化"等。在我看来,技术不过是理解复杂社会现象的一个路径而已。我们总有一个坏习惯,就是会忘记机器、技术发明甚至形形色色的传播网络不仅有其发展的历史,而且拥有由政府机构和公民理念所赋予的行动逻辑。技术从未置身于历史与政治之外。对于促销人员、公关人员和广告商而言,从物质激励和技术进化论的视角去讲述那些看似真实的生动故事是轻而易举的,但我在《网络国家》中得出的一个主要结论是:这些故事都是错误的。它们并没有解释电报和电话的网络是如何演变的——它们的地域扩张、它们的目标受众,以及它们是如何被设计的。这是一场关乎技术所身处的更广阔世界的革命,而不仅仅局限于技术自身固有的属性。

例如,利用光线将信息从一个基站传递至下一个基站的杰出网络——光学电报,被很多国家所掌握,但只有在法国被广泛运用于满足一个特定的政治用途:在革命的年代里维护法国的统一。在当时,民族统一和团结的政治需求是普遍存在的,但只有在法国,光学电报被真正大规模投入使用。比如,1792年,美国国会宣布控制长途通信网络,即将扩张邮政网络的权力收归自己,而不赋予行政分支，同时坚持公共媒体上的信息（在当时主要是报纸上的信息）享有特权，这就使得美国的电信技术长期难以为行政力量所用，而彻底进入私人生活领域。虽然这两种传播技术的发展是相同的革命与共和理念的产物，但它们在法国和美国表现出极大的差异。在法国，光学电报被国家垄断，普通人（包括商人）不能使用它，这在美国是不可想象的。在美国，任何人都可以使用电报网络，商人也可付费使用。因此这是两个同时被建立，同属于公民共和运动，却有着截然不同的特征与使命的网络。从始至终，围绕"能否接触新技术"的公民理念以迥然相异的方式形塑着电报和电话的发展历程。就电报而言，从19世纪40年代到20世纪初，公民使用的服务主要由网络供应商提供；而就电话而言，情况恰恰相反，在1900年左右就成为走进千家万户的私人设备。在这两个案例中，"每个人都应该能够接触通信网络"这一假设是一个文化理念，而不关涉任何具体的技术属性。

理查德·约翰的传播史观有两个显著的特点：第一，着重在政治和商业交互作用的语境下，探讨不同类型的传播系统发展模式的异同；第二，反对从技术自身的属性出发去理解传播技术作用于社会结构的方式。他认为任何传播技术和传播模式都不能外在于自身的历史与特定的政治环境，并坚信只有在回归技术诞生和发展的具体历史情境下，我们才能对各种传播现象形成准确的理解。正是在这一基本观念的基础上，理查德·约翰展开了大量传播史领域的研究实践。

传播史的当下性

理查德·约翰热衷于挖掘传播史料，尤其关注承载信息的各种技术载体，如电报、电话、光缆等，在信息形态和传播模式中扮演的角色。在他看来，回溯历史的研究能够得出具有当下性的结论，令我们更好地理解当代世界的信息传播环境。比如，近年来，他就从历史的视角出发，对包括"网络中立性"在内的一些互联网文化理念做出了自己的解释。

常江：您曾广泛而深入地参与过对"网络中立性"的讨论，并认为这一理念其实源于一种成熟的历史脉络。您能具体解释一下吗？

约翰：从历史的视角来看，关于"网络中立性"的论争可以被理解为一种通过要求网络供应商允许互联网应用程序公平地使用其设施以使一些市场细分原则制度化的尝试。很多人认为这是一种新的提法，但实际上，这是一个从历史文献中可以找到充分依据的理念诉求。美国电信史的发展中存在着一种周期性的循环模式。联邦政府从未控制邮政系统传递的内容，邮政系统从未控制电报，电报从未控制电话，电话也从未控制无线电。在任何一种情况下，对"公平"的追求都是美国式的政治斗争的产物，我们不能武断地将其归因于技术必然性或商业逻辑。"网络中立性"的倡导者们认为，立法者可能会决定阻止网络供应商屏蔽内容或就带宽收取更高的费用。

关于这个问题，我们同样可以在历史中找到相似的案例。20世纪初，电话服务在美国主要城市中就已经开始流行了，在本地固定费率拨打计划被放弃后，电话的普及速度大大加快。固定费率服务允许用户在当地无限拨打电话——这一政策与我们当下可见的一些极端网络中立性诉求是相似的。固定费率服务给电话公司带来了巨大的困扰。倘若立法者没有允许网络供应商废除它的话，电话服务的普及可能会花费更长的时间。固定费率服务计划给20世纪初的电话运营公司带来的真正问题经常被电话史领域的专家所忽视。他们往往错误地认为美国消费者对无限的本地服务有不言自明的偏好，因而电话公司有义务为消费者提供这项服务。从这些专家的角度来看，始于20世纪初的大城市的这种从固定费率向按需费率的转变对于普通用户来说是一场灾难。这当然是不正确的。真实的情况恰恰相反，针对本地电话服务的按需费率极大地增加了小用户对电话的接触——这使得电话开始在美国其他城市广受欢迎。例如在芝加哥，成千上万的电话用户长期以来将这种现象视为理所当然。确实，电话服务经常变慢，但用户并不在意。商务用户往往会对在线等待电话接线员的时间比较敏感，但家庭用户不太介意。在很多情况下，相较于商务用户来说，家庭用户需要花费更多的时间去接通电话，他们也愿意选择廉价的电话服务。1900年左右，正是那些享受着固定费率的商务用户所拨打的成百上千的电话造成了带宽延迟。网络中立性的鼓吹者或许很容易想到，在缺乏区分大小规模用户的定价机制的处境下，网络供应商是不可能提供能够符合美国公民理念状态下的服务的。

常江：在人们对当下的互联网接入延迟和带宽速率等问题的讨论中，似乎出现了类似的论调。

约翰： 的确，当前的互联网带宽延迟与1900年的电话带宽延迟在本质上是一样的，这个问题如今给网络供应商带来的麻烦也并不比1900年时电话公司所面对的局面更棘手。立法者要求开源访问是一回事，阻止网络供应商制定合理的价格策略以更好地管理网络则是另一回事。倘使市议会拒绝电话运营公司施行按需费率制的话，电话在美国大城市中的普及速度将会大大放缓。同样，如果今天的立法者过分刻板地界定网络中立性原则的话，相同的问题会再次发生。关于网络中立性的另一个议题或许也值得强调，那就是，美国电信行业的发明有时是在一些公司内产生的——诸如贝尔公司，这些公司往往有着进行垂直整合的强烈需求，例如同时保有研发实验室和生产设备。我很好奇当前是否也是如此。倘若将网络中立性定义为禁绝上下游接触的话，那么诸多有助于促进公共利益的尝试也将被完全禁止。

常江：对"网络中立性"的坚持，在一些国家似乎导致了特定内容接受补贴。

约翰：在一些国家，的确有些内容总是能获得这样或那样的补贴。例如，高质量的新闻。针对新闻报道的种类繁多的补贴促使我在哥伦比亚大学新闻学院的一些同事尝试厘清当前的交叉补贴制度是如何设计的。很多时候，"网络中立性"明显会产生适得其反的效果：如果它不鼓励高质量的新闻报道的话，这将会是一个立法者要设法去解决的问题；而一旦立法者对某些内容进行补贴，"中立性"又从何谈起？可尽管如此，我还是要强调，总的来说，保持传播系统的独立性对美国大有裨益。在英国、德国和日本，存在太多叠床架屋的新闻补贴，但效果并不尽如人意。假如我们对科技公司日益集中的垄断权保持警惕的话，历史文献已经为我们提供了充分的理由去鼓励——甚至通过立法、司法裁定或行政手段去命令——网络供应商和内容供应商之间，或不同网络供应商之间进行分割，而无须干涉内容生产本身。我相信，如果电报当时占据统治地位的话，电话或许不会那么具有创新性；我也相信，如果美国电话电报公司（AT&T）在20世纪20年代垄断了无线电通信行业的话，我们也不会得到优质的服务——在政治约束缺位的情况下这几乎是必然的。所以，关键在于反垄断，而不是补贴内容。我认为，那种在立法层面提出的、旨在强化竞争的，且长久以来能够缓解由企业兼并所导致的种种问题的政策，不但会鼓励创新，而且会有效地限制对市场权力的滥用。反垄断是一个源远流长的公民理念，以富有创造力的方式推动着美国电信行业的发展，使之如此与众不同。或许现在是时候重新理解为什么反垄断长期被定义为美国传播政策的特色了。

常江：互联网的兴起及其产生的社会影响似乎巩固了经验研究在传播学研究中的主流地位。那么，对历史的理解与对当前"数字时代"的理解有何关联？

约翰：万事万物皆有其历史，数字媒介也不例外。但目前，关于互联网兴起的主流历史叙事——如吴修铭（Tim Wu）的《总开关：信息帝国的兴衰变迁》(*The Master Switch*：*The Rise and Fall of Information Empires*)——对传播网络的前世今生做出了一系列晦涩的、非历史的、极易令人误解的假设。历史不可预测，但至少我们可以质疑那些脱离对历史的正确理解而对未来所做的断言。目前我正在撰写一部关于独立战争以来美国的反垄断传统的史书。在美国各大新闻学院的同事们看来，这个主题显而易见与我对谷歌、Facebook、亚马逊等当今的数字巨头的批判性思考有关。

在理查德·约翰看来，我们对于当下传播领域的问题的很多讨论，其实都源于传播技术在其发展史中形成的诸多"原型"。围绕互联网和数字媒体出现的大量"新状况"，其实是一些高度稳固的文化理念在新的技术环境下的外在体现。扎实的史料能够帮助我们更好地理解传播行业的未来，并肃清种种缺乏事实依据的迷思和预言。

关于新闻传播研究与教育

理查德·约翰任教于美国最著名的新闻学院，但他所从事的研究却主要与历史相关。两种专业话语体系之间的关系和冲突，使得他形成了对于新闻传播研究与教育的独特思考。

常江：您在哈佛大学接受了系统的历史学训练，现在却任教于美国顶尖的新闻学院。您是否在日常生活中体验过历史学与传播学相抵触的地方？如果有的话，您是如何处理这种冲突的？

约翰：我在哥伦比亚大学主要做的，就是围绕历史、社会思潮和媒介理论展开教学、阅读与写作工作。我并不教授新闻学院的硕士生新闻报道或其他专业性的课程，但是我为新闻专业的学生开设了一门持续七周的必修课，其主要内容是1450年以来的英美新闻史。此外，我也和许多传播学的博士生开展了紧密的合作。我需要给他们讲授一门长达两学期的1450年以来的英美新闻史课程和一门长达一学期的美国资本主义研究课程。这三门课程同时开放给历史系的同学。目前我也是四位博士生的导师，他们的研究课题各不相同，有人做佛罗里达州的气候变化史，有人做当今社会的另类权利表达的民族志。此外，过去五年间，我一直讲授哥伦比亚大学四门重要的本科生核心课中的两门。其中一门课程名为"当代文明"，主要考察从柏拉图到阿马蒂亚·森（Amartya Sen）这段时期内的西方社会思想和道德哲学。这样的工作内容自然会令很多人认为我必须要面对历史学和传播学之间的冲突，但事实上这种冲突并不存在。尽管我有时会因为学生们只关注人类历史的最后十分钟（the last ten minutes of human history）而感到沮丧，但由于我和他们接触不多，因此这对我并没有造成太大的影响。总而言之，尽管我竭尽所能与来自哥伦比亚大学乃至来自美国、欧洲或中国的艺术和科学领域内的学者们保持联系，但我确实与新闻学院的同事们并没有太多的互动。就我的经验来说，新闻从业者往往瞧不起学者，因为他们需要以报道为生，而学者们也倾向于批评新闻作品的肤浅。我很荣幸自己能够与诸多杰出的新闻从业者同楼办公，但实际上，我们之间的互动主要是在例会上。

常江：您认为历史学和传播学之间到底有什么关系？

约翰：关于历史学和传播学之间的关系，我的基本观点是：历史学是一个学科，而传播学并不是。我在哥伦比亚大学新闻学院的教学工作也说明了这一点。我们新闻学院的硕士生学习繁复多样的技能，但他们并不阅读新闻领域内的教材或理论著述。反之，从第一天入学开始，他们就浸入一种要求他们不断进行报道、开展采访、写作和掌握多种视听传播技巧的教学环境。至于我们的博士生，则与来自历史学、社会学、政治学或其他相关领域的博士生没有什么不同。最大的区别可能是传播学的博士毕业生能够在更短的年限内拿到教职。

常江：是否有某种特定的演进模式，让拥有不同政治和文化构成的社会（例如美国和中国）的传播历史的研究者可以摒弃社会背景的差别来共同遵循？

约翰：在《网络国家》一书中，我提出在1840年到1920年间美国的传播网络经历了三个阶段：商业化、大众化和本地化（并不一定按照此顺序）。我希望这个模型也适用于其他语境下的传播网络变革过程。

常江：您能否就如何规划未来的研究生涯给中国的年轻传播学学者们提一些建议？

约翰：我对中国的传播学学科的发展情况不太了解。我仅能提供以下三个已经在哥伦比亚大学传播学博士生教育中被证明为行之有效的技能：第一，掌握基本的代码和数据分析能力；第二，熟悉外语和异文化；第三，尽可能多地开展民族志研究。

显而易见，在理查德·约翰的学术生涯中，人文学科与社会科学、传播研究与新闻教育这两组时常引发广泛讨论的概念范畴之间并不存在冲突，而令他实现这种贯通的，是历史学的方法和视角。在理查德·约翰看来，在新闻传播学这一"研究领域"中，多种范式的兼容并包与交叉融合，有助于本学科特有理论与方法的产生，进而巩固传播学学科建制的合法性。

（资料整理及翻译：田浩）

弗雷德·特纳

技术乌托邦主义是一种失败的社会变革方案
——民主诉求下的传播技术批判

弗雷德·特纳（Fred Turner）是美国著名历史学家和传播学学者，现任斯坦福大学传播学和历史学教授。特纳是研究美国战后文化史的有重要影响力的学者之一。他从媒介和技术变迁的角度考察美国社会文化的演变过程，并提出了一系列有解释力的概念框架。

弗雷德·特纳先后在布朗大学（Brown University）和哥伦比亚大学获得文学学士和硕士学位。其后，他在哈佛大学肯尼迪政府管理学院和麻省理工学院（MIT）讲授传播学课程，并在波士顿地区从事自由记者职业，为波士顿当地报刊和包括《自然》（Nature）在内的学术刊物供稿。这段经历对特纳加入斯坦福后的学术研究实践产生了深远的影响。2002年特纳在加州大学圣迭戈分校获得传播学博士学位，并于次年起任教于斯坦福大学传播学系。2015—2018年间，特纳担任斯坦福大学传播学系主任。

弗雷德·特纳是三部有影响力的学术著作的作者，分别是《民主环绕：从二战到迷幻的60年代的多媒体与美国自由主义》（*The Democratic Surround: Multimedia and American Liberalism from World War II to the Psychedelic Sixties*）、《数字乌托邦：从反主流文化到赛博文化》

Fred Turner

(*From Counterculture to Cyberculture: Stewart Brand, the Whole Earth Network, and the Rise of Digital Utopianism*)和《战争的回响:美国的越战记忆》(*Echoes of Combat: The Vietnam War in American Memory*)。这三部著作为他赢得了许多荣誉,包括刘易斯·芒福德奖(The Lewis Mumford Award)、詹姆斯·凯里媒介研究学术奖(The James W. Carey Media Research Award)等。

在美国传播学界,弗雷德·特纳以对反主流文化的研究和对技术乌托邦主义(techno-utopianism)的批判而著称。他的思想脉络受媒介环境学派的影响,倾向于将媒介、技术和符号视为包裹社会、介入人的行为的虚拟环境加以考察。他提出的"民主环绕"理论可被视为媒介环境学说在当代的重要发展,这一理论求诸个体理性和能动性以对抗信息环境的侵蚀,设想一种平衡个体自由和集体利益的社会动力机制。

近年来,弗雷德·特纳十分关注硅谷的高科技公司对美国社会文化的塑造和影响,认为一种"文化架构"(cultural infrastructure)已经在传播技术的迅猛发展中成形,并在持续不断地塑造美国的主流社会观念。在一系列与他人合作的研究论文中,特纳对算法偏见、计算新闻等前沿话题也给予批判性的关注。特纳的研究实践丰富了主流传播学的理论光谱,并为媒介技术视角的历史研究做出了重要贡献。

民主环绕：一个开创性的概念

弗雷德·特纳对传播研究主要的理论贡献之一，在于他提出的"民主环绕"这个概念。在这一概念设定的认知框架中，特纳对第二次世界大战后美国社会文化和权力结构的组织方式和演进规律做出了深入的阐释。

常江：您提出了一个很有影响力的概念——"民主环绕"，并尝试通过对这一概念的阐释，来理解当代数字媒体的文化起源。您能解释一下这个词到底是什么意思吗？

特纳：所谓"环绕"其实就是一个包裹我们的三维空间，这个空间里富含各种图像、声音，甚至触觉和嗅觉信息。当然，我要强调的是，人们并不一定会沉浸在这个空间里。一个很好的例子，就是20世纪50年代现代艺术博物馆（The Museum of Modern Art, MoMA）举办的著名展览《人类大家庭》（The Family of Man）。在这个空间里，你是被各种个性化而非重复性的声音、视像和经验所围绕的。在这个空间里，你的使命就是把来自环境的各种经验融合到你的个体经验之中。在我看来，这个过程是民主化的。20世纪40年代，学术界提出了"民主化个性"（democratic personality）的概念。如今，我们似乎更多关注的是威权化个性（authoritarian personality），却忽视了这种个性其实就是在反对民主化个性的声音中被建构出来的。简单来说，民主环绕指的就是一种能够生产出民主化的人民的文化环境。只有在这样的环境里，人们才能实践民主赖以生存的各种认知技能。

常江：您的《民主环绕》一书尝试考察知识分子如何在不损及民主化个性的前提下来追求国家团结。在您看来，自发且有创造力的个体真的可以在政治上与国家行为保持完全一致吗？

特纳：说实话，对此我也不能完全确定。我希望这种情形可以存在。在我的书中，国家危机（其实也就是战争）能够以十分强有力的方式促进美国人的团结。然而，即使在二战时同仇敌忾的社会情绪下，美国围绕种族和阶级问题形成的各种内部矛盾也从未停止过。也就是说，哪怕是在"团结"为充分必需的历史情形下，美国人也从未真正实现完全意义上的团结，更不要说消除个人主义了。当然，在一些独特的历史时期，社会群体曾经因种种原因导向癫狂，很多人都心甘情愿为了"集体"而压抑个人欲望，但这样的历史时期最终都以大规模的灾难结尾，比如纳粹统治下的德国。也许正是出于这样的原因，我才希望能够在自己的著作中去实现你所问的那种"平衡"，尽管我对于这种平衡是否能够一直起作用并没有十足的把握。

常江：提到 1955 年美国现代艺术博物馆举办的著名摄影展《人类大家庭》，您在书中指出尽管该展览很有文化影响力，但实际上它给受众的选择十分有限，都是艺术家和策展人预先设定好的。这是不是意味着，这类旨在强调"团结"和"集体"的展览有可能释放出民粹和大众暴力的幽灵？

特纳：并不是这样的。尽管展出的摄影作品是由艺术家选择的，但整个展览的策划和设计，都给观众的个性化解读预留了充分的空间。展览的策划人爱德华·斯泰肯（Edward Steichen）用很多方法确保尽管展出的摄影作品涵括了全世界范围内各种各样的人，但美国观众仍然可以对其产生身份认同。策划这个展览的目的在于激发个体对各种类型的"他者"的同情心。根据我对各种历史档案的了解，这个目的达到了。2003 年，《人类大家庭》作为系列影像档案被列入联合国教科文组织的世界记忆名录，这就是对其历史价值的肯定。

常江：依然是在《民主环绕》一书中，您提到很多战后一代的社会科学学者都认为人的性格和心理是社会变迁的基础。这是否意味着大众传媒对人的影响首先体现在心理层面？

特纳：在20世纪40—50年代，美国很多知识分子都认为大众传媒对人的影响主要是心理上的。二战期间，受德国的刺激，美国人非常恐惧纳粹独裁者会通过控制大众传媒，比如电影和广播，直接把思想植入社会成员的头脑中。通过这种方式，媒体不仅影响人们的观念，而且会制造出新的感受和欲望，并将人们内心最深处的政治诉求激发出来。当时很多社会科学学者深受这种思维的影响，并在行为上体现出一种自相矛盾性。一方面，他们希望能帮助人们找到自我，并形成独立的、不受传媒干扰的欲望；另一方面，他们又尝试找到一些方法去组织和动员大众，使其既能保留自己的独立性，又能采取整齐划一的行动——当然，这种行动必须是民主意义上的行动。

弗雷德·特纳借助民主环绕这一概念，既预设了自己的学术研究的基本价值立场（追求民主），又隐晦地表达了对于大众文化和群体政治（mass politics）的一种批判态度。他希望通过求诸个体的文化能动性和判断力，来达成民主化自我与社会团结之间的平衡状态。在他看来，人对技术的使用方式，而非技术自身，决定了人类文化未来的走向。在这个意义上，特纳表现出了技术-文化共同决定论（techno-cultural co-determinism）的理论倾向。

技术乌托邦主义批判

弗雷德·特纳自始至终保持对围绕数字技术发展形成的盲目乐观态度，尤其是上升到认识论高度的技术乌托邦主义的批判。他在20世纪60年代美国社会的动荡之中找寻这种话语的历史根源，并在对历史的理解和解释中，剖析这种话语所能产生的负面的文化影响。

常江：您在《数字乌托邦》一书中提到，关于技术与当代社会结构之间的关系，人们曾经持有一种强烈的悲观态度，但这种态度如今已没有市场，更多的人认为技术实际上在帮助个体和社会实现成功转型。您认为技术让我们的环境变得更好了吗？

特纳：我不会说我们的环境变得"更好"了，但它的确变得和以前不同了。20世纪50—60年代，大规模的技术系统似乎让人们感到恐惧，因为这些技术强化了大公司和国家的力量。与此同时，人们认为去中心化的传播系统可以帮助自己抵抗这种力量。到了20世纪90年代，每个人都认为互联网让公共生活变得更加民主化，这种乐观也有其充分的依据。但今天，我们又看到了所谓的"去中心化系统"正变得无比巨大、无比强大，曾经有生命力的反主流文化也日渐乏力。例如，在美国，Facebook尽管是一个庞大的、中心化的高科技公司，但与此同时，它提供给用户的又是一种十分个体化的经验。难道今天的美国人比半个世纪之前的美国人更自由了吗？我不这样认为。

常江：但这种对于技术的乐观主义情绪似乎在全世界蔓延，硅谷取得的任何技术进步都吸引着几乎所有人的目光。您作为一位历史学家，觉得这种乐观情绪是从哪儿来的？

特纳：这种集体的乐观主义的源头在20世纪60年代。当时，新左派政治崛起，人们普遍信仰"改革"，对于打破社会等级秩序充满热忱。尽管这已经是半个多世纪以前的事，但你会发现，谷歌和Facebook这样的大公司在自我营销的时候，始终在强调"通过在人与人之间建立联系来让世界变得更好"。这样的话语给人们带来等级秩序即将被技术瓦解的想象，其运行的机制与60年代如出一辙。但我认为有必要指出的是，对这种盲目的乐观是需要警惕的，因为它在本质上有着浓厚的保守色彩。简单来说，当我们尝试否定固有的社会秩序的合法性并呼吁新秩序的时候，原本的社会资源分配系统就会失灵，我们会发现最后攫取权力的往往不是真正意义上的进步力量，而是那些看上去很有"个人魅力"、善于鼓动和宣传，但我们完全无法预测其本质的人物。也就是说，在颠覆原有的文化力量的同时，我们也让权力的运行朝着失序的方向发展。

常江：您曾经以特朗普当上美国总统这件事作为例子来解释这一观点。您认为，这一事件是数字媒体对其"反威权主义承诺"的公开背叛。我们应该将互联网视为一种威权控制的工具吗？还是说，有"个人魅力"的特朗普只是个案而已？

特纳：我认为，社交媒体，尤其是推特，会放大所谓的"个人魅力"，并赋予那些有"个人魅力"的人以特权。如今，每个人都有麦克风，于是那些情绪丰沛、有破坏力，同时善于使用市井俗语来吸引大众注意力的人，就获得了攫取权力的机会。如果没有社交媒体，这些人想在传统政治格局内部崛起，简直是天方夜谭。这就是特朗普能够当上总统的原因。他很好地完成了从电视明星到大国总统的转型。他最擅长的，就是传播，而不是政治，也不是国家治理。他在民主制度和公民权利方面毫无经验，因此对其肆意贬低。简单来说，美国的媒介系统在选择领导人的时候已经形成了一种偏好，这种偏好把特朗普这种有"个人魅力"的威权主义者送上了总统宝座。

常江：所以特朗普的当选，是技术驱动的结果吗？

特纳：毫无疑问，特朗普的当选与技术的发展密切相关，但技术并不是唯一的因素。技术对媒介系统，比如电视、广播和互联网生态的改变，是更加直接的原因。如今，我们已经完全嵌入全天候、无止息的媒介环境。某一个媒介平台，比如 Facebook 上发生的事，会被立刻传递到另一个媒介平台，比如电视节目上。这样，同一个事件就借助媒介平台之间的接力，实现了全球性的传播。技术使这种传播架构成为可能，但让这种传播架构有利可图的，却是经济的力量。也就是说，至少在美国，大公司对于利润的追求是技术得以发展和被应用的主要动力。

常江：我们似乎已经习惯于要么将互联网视为一个更加平等的新世界的象征，要么认为它带来了更多的控制。对于这个问题，我们只能二者择一吗？

特纳：这个问题当然不是这样非黑即白。我们需要做的，是对互联网所具有的各种社会效应之间此消彼长的关系保持密切关注。要知道，媒介技术从来不是独立发挥作用的，其影响力总是要受到社会、文化和制度语境的限制。有些时候，技术会放大特定权力，有些时候又会对特定权力进行消减。最近，我正在尝试用理解建筑的方式去理解媒介系统。如同建筑一样，媒介也包括不同的建筑物，以及联结这些建筑物的街道。在建筑领域，你在城市中铺路和盖楼的方式肯定会产生实际的社会效应，但这种社会效应并非独立的，而是始终受到栖居在这座城市中的人的政治和文化的塑造。媒介的效果，无论好坏，总是不完整的，这在我看来是一件好事，因为这意味着在系统的边缘地带——一如在街道的侧边——始终存在着一些让人们独立活动的空间。

常江：您认为这种技术乌托邦主义传统究竟会产生什么社会影响？

特纳：对此，我在《数字乌托邦》中有过专门的论述。简单来说，任何一种乌托邦主义都有极权的倾向。它往往在话语中表示我们可以通过一种单一的手段去解决全部社会问题，而历史经验告诉我们，这种"一体化"的社会变革方案根本就行不通。无论技术还是其他社会力量，都是我们所在的总体世界的一个组成部分，我们对高科技的使用经验与我们当初对高速公路的使用经验没有本质的区别。目前，由于技术的发展速度太快，人们总是处在目不暇接的状态中，无法以平常心视之。但我认为，我们必须要拥有平常心，必须要明白我们手中加速更新迭代的电子设备，其实与铺设高速公路的柏油和石子是同一类性质的东西。我自始至终都是反对各种类型的乌托邦主义的。在讨论技术时，乐观的精神是有益的，因为乐观并不必然意味着狂热，而乌托邦主义让我想起60年代的很多尝试一次性、永久性解决一切社会问题的极端思想。

常江：一些学者称，媒介平台上的声音过于丰富，但有价值的"好声音"不多。您同意这个说法吗？谁来决定究竟什么样的声音算是"好声音"？

特纳：在当今世界，数字媒体的版图实在太庞大了，因此要搞清楚究竟谁说了什么，在我看来意义不大。任何一个人，只要愿意，都可以发言，或者至少他们有能力发言，这不是坏事。但问题在于，究竟该如何让人们把注意力集中在那些他们需要听到的声音上。至于究竟谁有资格决定哪些声音需要被听到，我不知道。

不难发现，弗雷德·特纳对技术乌托邦主义的批判，是建立在他对这种狂热思想的历史脉络的深刻认识的基础之上的。在他看来，缘起于20世纪60年代的、以变革为名的乌托邦主义思想往往会导向一种极权主义的社会结构模式。他从一种相对温和的历史观出发，反对对于现行社会体系的不加分辨的破坏，主张对技术的解放性潜力进行语境化的理解，以实现对技术与社会变迁之间的关系的准确认识。

引领传播学发展的重要议题

弗雷德·特纳不仅是一位知名学者，也是有影响力的传播教育家。在他担任系主任期间，斯坦福大学的传播学系实现了突破性的发展。早在特纳尚未获得大学教职时，他便已经在哈佛大学和麻省理工学院以讲师的身份教授传播学课程。他从自己的专业背景和研究经验出发，对传播学学科的发展提出了自己的设想。

常江：您的学士和硕士学位都是文学。这一专业背景对您从事传播研究产生了什么影响？

特纳：我在美国文学领域的教育背景使我对美国历史有一种敏感性，我尤其关注美国人是怎样通过讲故事的方式去描绘和理解这个国家的使命的。在我看来，正是这些故事塑造了我们对数字技术及其影响我们理解自身的方式的思考。在刚刚涉足互联网研究的时候，我的绝大多数同行都在考察人的线上行为，但更吸引我的是：在蓬勃发展的互联网工业浪潮中，人们究竟如何想象这些新技术会给自己带来的益处。例如，我就对《连线》（Wired）杂志的创始人，以及那些转型为"创客"的人产生了兴趣。我发现，这些人对技术所持的态度和观点，早在他们出生之前就已在所谓的"美国神话"中形成了。我之所以能看清这一点，正是因为我曾经系统地学习过这些神话。

常江：您能介绍一下您从事学术研究的方式吗？比如您喜欢使用什么工具或媒介？

特纳：在研究方式的选择上，我是一个十分传统的人。在成为大学教授以前，我做了10年记者。正是在记者生涯中，我学会了如何接触潜在的信源、如何提出有挑战性的问题，以及如何在直觉和信源的指引下对未知领域进行探索。成为学者后，这种探究社会的方法也被我延续了下来。通常，我会时不时地对某一个问题产生兴趣，并且发现有一些问题是我目前回答不了的，就是俗话说的"心痒"。紧接着，我就会想尽办法去"搔痒"，这些办法包括与人交谈、查阅档案、阅读二手文献等。这些工作完成后，我会发现原本的问题和我获得的信息开始汇流，而我也就逐渐明确自己应该朝哪个方向思考了。这个过程或许要耗费数年的时间，但当眼前的路径骤然清晰的那一刻到来时，我会欣喜若狂。

常江：如今，传播学研究似乎以实证主义和量化方法为主流。您如何看待这一现状？推崇实证主义对整个学科的发展来说有帮助吗？

特纳：从很多方面看，传播学都不过是社会学的一个分支，因此也就不可避免地沿袭了社会学研究方法的"量化"与"质化"二分法。在我看来,无论量化方法还是质化方法都是传播学发展不可或缺的,而这两种方法中没有哪一个是十全十美的。有一些问题我们只能通过调查或实验来回答,而有一些问题则必须要通过长期、持续的历史研究才能得出答案。所以,关键不在于哪种方法好,而在于我们提出的究竟是一个什么问题,以及什么方法能够最恰当地解决这个问题。不过,对于量化方法在传播学中占据"显赫"地位我并不意外。原因很简单:如果一个概念是可以被计算的,那么它也自然可以很方便地被用于比较和分享,进而为商业或政治行为提供决策依据。至少在西方国家,量化传统是传播研究能够获得政府和企业资助的主要原因。但与此同时,如果我们赞成詹姆斯·凯里的观点,认同"传播是社会现实得以生产、维系、修复和转型的象征过程",那我们就必须要去考察世界究竟是如何被传播所结构的——既要考察当下,也要考察过去。也就是说,我们必须对传播的历史进程有正确的理解,而调查和实验无法让我们做到这一点。我最喜欢传播学的一点,就在于在这个学科里,无论你使用什么方法论,都可以做出成果来。

常江: 您认为传播学学科的发展方向是什么?这个学科需要解决哪些重要的问题?

特纳: 这是一个好问题,也是一个我注定无法完美回答的问题。我的总体判断是,目前正是社会传播系统对于人类社会的影响力达到巅峰的时期,人们正在以前所未有的方式迅速提升自己通过媒介技术生产、传递信息的能力。所以,眼下也正是传播学学科发展的最佳时期。具体来说,我认为传播学的发展需要解决如下几个重要的问题:第一,传播科技对社会生态产生了哪些影响。这个问题至关重要,但我们现在还无法就此达成共识。这个问题不解决,其他问题也只能悬置。这也是我在学术生涯中一直致力于搞清楚的问题。

第二，新技术是如何与新的社会空间融合的。长期以来，我们都以一种"一对多""点到面"的思维方式来理解媒介和社会空间之间的关系，电视、电影、广播莫不如是。但今天的情况显然大不相同，媒介与我们之间是环绕与被环绕的关系，而我们对于媒介与场所之间的互动方式仍一无所知。这也是我写《民主环绕》的重要原因，我想从历史的角度去考察"媒介场所"（media place）的形成。第三，传播的历史。如今的传播学似乎过于关注"当下"，大量的研究都是在研究近三五年里发生的状况，我认为这是一个错误，而这个错误会削弱传播学的重要性。当然，并不是说眼下的事不重要，而是说一个成熟的学科显然应该有更大的野心。传播学应该向英语文学学习，更加重视对历史视角的训练。第四，传播（communication）与交通（transportation）之间的关系。这是一个理论化程度严重不足的领域，上一个对此进行深入思考的人还是哈罗德·英尼斯。需要有更多人重拾这一传统，去严肃地思考类似飞机场和苹果手机之间的关系这样的问题。

常江：您对有兴趣、有志向从事传播研究的中国青年学者有什么建议吗？

特纳：在我看来，要想成为一个知识分子，就必须要善于提出启发性的、有益于社会的问题。这些问题可能并不是迫在眉睫的，却可以令公众对于自身所处的时间和空间有更加准确的认识，帮助公众在社会生活和家庭生活中做出更好的决策。传播学学者必须要勇于向自己提出各种不好解决而重要的问题。在这个过程中，我们可能遭遇巨大的困难，我们的思考和研究有些时候甚至看上去像是一个错误。比如，我在写博士论文的时候，就一度绝望地认为自己已经走入了死胡同。但只要问题提得对，坚持遵从自己的直觉和专业能力的指引做下去，就一定能够获得有价值的成果。

弗雷德·特纳从自己的文学训练背景和历史研究经验出发,为传播学学科的发展设计了基本的方向。他所指出的传播学需要重点解决的四个问题,固然受其自身思维方式和研究思路的影响,却也为我们摆脱实证主义加诸自己的思维限制,在一个更宏大的历史和时空坐标系中去思考这个学科的未来提供了启示。

(协助采访、资料整理及翻译:何仁亿)

特里·弗卢

国家仍是媒介研究的核心维度
——制度比较分析中的新自由主义迷思

特里·弗卢（Terry Flew）是澳大利亚昆士兰科技大学（The Queensland University of Technology）创意产业学院（Creative Industries Faculty）教授，在全球媒介研究和文化研究领域享有盛誉。他于1986年和1991年先后于悉尼大学（The University of Sydney）获得经济学学士和硕士学位，并以题为《文化、公民身份与内容：澳大利亚广播媒介政策与商业电视法规（1972—2000）》（"Culture, Citizenship and Content: Australian Broadcast Media Policy and the Regulation of Commercial Television, 1972—2000"）的论文于格里菲斯大学（Griffith University）获得媒介与文化研究博士学位。1994年至今，弗卢一直作为一名媒介研究学者在昆士兰科技大学任教。

特里·弗卢持有批判性的学术立场，其主要研究兴趣在于数字媒体、媒介全球化、媒介政策、创意产业、传媒经济学和新闻学等。迄今出版了十余本著作，参与撰写近60本书的部分章节，发表了九十余篇学术论文。他的著作包括《理解全球媒介》（Understanding Global Media）、《全球创意产业》（Global Creative Industries）、《创意产业：文化

Terry Flew

与政策》(*The Creative Industries: Culture and Policy*)等。他也有多篇文章发表在媒介研究、传播研究与文化研究的国际顶尖期刊上。此外,他编写的教材《新媒体导论》(*New Media: An Introduction*)目前是澳大利亚使用最广泛的新媒体教材,已出至第四版(中文版译为《新媒体4.0》)。他的作品已被翻译成中文、阿拉伯文、波兰文和土耳其文等多种语言。

特里·弗卢长期积极参与国际学术领域内的公共服务工作,致力于促进国际学术交流活动。目前,弗卢担任国际传播学会主席一职。近年来,弗卢积极推进东西方媒介与传播领域的学术交流,与中国学界有深厚的渊源。他曾在深圳大学、中国传媒大学和台湾政治大学担任访问学者,也是北京外国语大学的专家顾问。2018年在清华大学,特里·弗卢当选亚太新闻传播学会联盟(Asian-Pacific Communication Alliance,APCA)学术委员会主任一职。该组织是目前具有重要影响力的泛亚太学术共同体之一,清华大学为首个主席单位,清华大学陈昌凤教授被选举为首任主席。

民族国家作为媒介研究的重要维度

长期以来,特里·弗卢致力于强调民族国家在全球媒介研究中所扮演的重要角色,并对各种类型的"全球化"分析维度保持审慎态度。他通过一系列系统性的论述,不断明确政府力量在塑造媒介政策时所发挥的主导性作用,并主张研究者对此给予充分的重视。

常江:有一种观点认为,媒介全球化正在削弱民族国家(作为一个分析维度)的重要性。您对此观点提出批评,并呼吁学界继续重视民族国家在媒介进程中占据的中心地位。既然各种跨国的力量正在国家媒体机构、媒介政策和媒介文化内部发挥日趋重大的影响力,那么从您的观点出发,应当如何看待这一现状?

弗卢:媒介全球化当然是影响20世纪媒介政策的诸多力量之一。媒介加速融合,各种既非内容定制者又非生产者的数字平台的崛起,以及用户生产内容(UGC)正在全世界范围内重塑媒介政策。我的观点是,媒介全球化对民族国家的影响在一定程度上取决于我们所讨论的国家的类型。一方面,如果国家力量更为强大,跨国力量在一定程度上会屈从于国家政府。另一方面,在更广泛的意义上,媒介机构的生存能力取决于该媒介能否优先触达特定类型的受众,因此跨国媒体公司在非本土市场总是面临着多种挑战,其中就包括应该如何与当地政府打交道,而各国政府都有自己根基深厚的政治文化,同时拥有丰富的媒体应对经验。比如,在欧洲,政治家们长期致力于在国家话语体系下打造民族媒介品牌,以抵抗"谷歌威胁"等来自外部的竞争威胁。因此,政治、经济以及文化的民族主义对于全球媒体公司来说,仍是无法回避的重要议题。

常江：您一直在强调应该重视对媒介的跨国比较研究，但您也对那些描述性的、主要以理解国家间的差异为目的而不去提出新解释与新理论的比较研究持批判态度。您认为这样的主张能够如何促使非西方语境中的研究者更好地实现对比较媒介研究的理论化？

弗卢：在20世纪，我们理所当然地认为不同的国家有着不同的媒介制度结构，这样的制度结构反过来塑造着不同的媒介内容。雷蒙·威廉斯在20世纪70年代撰写过关于美国和英国电视制度差异的文章。他认为与广告商主导的美国模式相比，英国电视业所体现出的很多独特性是由英国广播公司所主导的公共广电服务造就的。这种差异又反过来影响着英国媒介制度的其他部分。哈林和曼奇尼在2004年出版了《比较媒介体制》一书，提出了自由主义、财团主义与侍从主义等不同模式，而每一种模式都是被媒介与政治系统之间的互动所形塑的。随着互联网的发展，我们很难说不同国家间的法律法规是毫无关联的，因为互联网显然是一种全球媒介。当然，互联网行业的现状在很大程度上意味着其他国家的传播制度要受美国制度的影响。正如《安全港协议》能够保护平台免于替用户承担其发布内容的法律责任一样。我们现在可以发现不同国家的监管机构都在质疑数字平台公司的权力。仅在2019年，世界范围内就有超过50场公开质询，它们都在关切数字平台的权力是如何被使用以及如何被滥用的。因而在数字平台所主导的时代里，互联网研究中的比较维度变得日益重要起来。

比较研究的必要性还在于，我们在媒介研究中难以避免各种无意识的偏见。世界上大多数用户接触到的互联网内容都比美国在宪法第一修正案庇佑下的内容受限更多，但这并不意味着美国的传播制度比其他制度更好。我们并非需要一种描述性的比较，例如，与印度尼西亚相比，印度全国有多少智能手机这类问题——事实上，两个国家的智能手机数量都很多。我们需要理解的是这种差异所导致的社会文化转向。拥有一种更广阔的全球视角要求我们对全球学术出版的政治经济学有更深刻的理解,而这一体系当前仍由美国与其他英语国家主导。

基于对民族国家作为媒介研究重要维度的认知,特里·弗卢对比较媒介制度研究提出了更高的理论化要求。在他看来,超越简单的描述性比较,深入不同国家的社会语境去分析制度差异背后的结构性因素,会让我们对媒介制度问题有更深刻的理解。

对新自由主义的使用与滥用

近年来,特里·弗卢的一个重要的研究兴趣,就是对批判媒介研究中"新自由主义"这一概念的使用方式展开考察和反思。他认为,这个词业已成为学者对各种媒介制度问题进行批判时一个方便找到的"替罪羊"。对此,他主张以一种福柯式的思考路径进行系统的、辩证的重新理论化。

常江: 您不但指出那些拥有类似制度的国家内部的媒介制度融合程度不足,而且认为在全球范围内,媒介政策正在呈现出融合趋势的说法是无稽之谈。您还认为:作为一种政治意识形态的"新自由主义"不足以令我们准确解释全球政策趋势;而且,新自由主义的霸权式影响力仅仅体现在公共政策领域,对国家资本主义的影响微乎其微。这似乎与批判研究的主流观点不大一致。请问您基于什么原因做出了这样的判断?

弗卢: "新自由主义"是一种需要警惕的全球政策趋向,但这个词如今在学术界的使用已十分随意和草率,以至于我认为继续将其视为媒介研究的核心分析维度是非常危险的。如今,人们不假思索地用新自由主义来解释宝莱坞主题婚礼的兴起、烹饪竞技秀、大学部门改革等包罗万象的内容。在公共话语中,它也变成了一个缺乏明确界定的、被广泛滥用的术语。在英国,《卫报》(The Guardian)的在线评论板块有一个评论者群体,只因他们长期表达与工党领袖杰里米·科尔宾(Jeremy Corbyn)不同的观点,就被粗暴地贴上了"新自由主义者"的标签。最近,当我和一位来自人文学科的学者讨论这个术语的使用和滥用时,我发现这位在国际上享有盛名的文化理论家的观点是:那些不相信新自由主义是我们这个时代的主导意识形态的人恰恰是新自由主义意识形态的施行者,因为否认新自由主义正是新自由主义确凿无疑存在的标志。我认为类似的观点已经落入了阴谋论的窠臼。

对媒介政策而言,新自由主义也不是一个特别重要的基础性原则。假如我们完全取消广播电视许可证系统并将BBC私有化,这对于英国媒介政策来说,无疑是一种新自由主义的趋向。但是,世界上大多数国家对媒体政策的改革都要比这谨慎得多。我们要警惕在新自由主义/反新自由主义的简单二元框架内谈论政策的话语倾向。在英国,是否让BBC继续依靠执照费生存始终是一个现实的问题,但"新自由主义"并不一定意味着质疑现有安排的公平性和可持续性。最后一点是,世界上许多国家并未在市场化的同时走上新自由主义的道路。比如,普京治下的俄罗斯似乎日益主张国家资本主义而非一个新自由主义体系。东亚几个国家的发展模式也是在经济结构中主张务实的国家干预行为。

常江:近年来,您似乎一直采取福柯式的路径来理解新自由主义。如您刚才所言,新自由主义业已成为一个对媒介系统进行批判性考察时被滥用的概念。那么,我们到底可以从福柯的思想中学到什么,以更好地理解新自由主义?

弗卢:新自由主义是西方学者经常使用的术语之一,但人们对其实际含义却未能达成共识。在很多人的观念中,只是大约确定新自由主义是个坏东西,而且跟自己无关。只要媒体的市场化引起了广泛的关注,便立即有人称其为新自由主义。社会中对这一与全球化相关的趋势同样有着强烈的反应。比如，在西方，民粹主义的崛起通常就是大众对全球化和所谓新自由主义代价的盲目反应。

米歇尔·福柯 1978—1979 年在法兰西学院开设的系列讲座的讲稿于 2008 年以英文出版，题为《生命政治的诞生——法兰西学院演讲系列，1978—1979》(The Birth of Biopolitics: Lectures at the College de France, 1978—1979)。这些讲稿是对新自由主义这一概念进行严谨分析的重要文献。新自由主义不仅是一个被批判人文学者广泛用来谴责与经济、市场相关的一切事物的术语，而且应该被视作一个重要的历史性时刻。在这个时刻，经济学家们与由弗里德里希·哈耶克 (Friedrich Hayek) 领导、被路德维希·冯·米塞斯 (Ludwig von Mises) 和约瑟夫·熊彼特 (Joseph Schumpeter) 启发的"奥地利学派"，由米尔顿·弗里德曼 (Milton Friedman)、乔治·施蒂格勒 (George Stigler) 等人构成的"芝加哥学派"，詹姆斯·布坎南 (James Buchanan) 的"弗吉尼亚学派"及"公共选择"理论家们 ("public choice" theorists) 一道，将自己对凯恩斯主义经济学和政府干预市场的批评发展成了一个关于政治经济学与社会秩序之间的关系的更广泛的观念体系。福柯巧妙地提出，第二次世界大战之后，联邦德国为其中一些想法提供了政策试验台，例如"积极"福利（福利的目的不是减轻贫困，而是使人们重返工作岗位）、优先考虑货币政策和低通胀而不是充分就业，以及"企业社会"思想等。

福柯的讲稿被翻译成英语也产生了一些有趣的后果。其出版恰逢 2008 年全球金融危机，许多人将责任归咎于 20 世纪 80 年代以来的金融市场放松管制，以及随之产生的消费者债务和金融机构的风险贷款的增加。随后，相对主流的经济学家对全球资本主义提出了严厉的批评，例如托马斯·皮凯蒂 (Thomas Piketty) 以数据为基础的著作《21 世纪资本论》(Capital in the Twenty-First Century)。因此，关于新自由主义的讨论已经变成了脱离学理基础的夸夸其谈——就像把一些事情称为小资产阶级 (petty bourgeois)，或把一些人称作红色保守党（Red Tory）一样。这些词汇本应作为基于实证证据的分析性概念来使用。

常江：从六年前开始教授研究生"媒介与文化研究"课程以来，我一直被一个问题所困扰：在马克思主义和福柯对新自由主义的论述之间实现某种理论和方法上的调和是否可能？例如，我们能否在将新自由主义视为一系列治理技术的同时，也对其与私人利益和各种形式的权力之间的关系保持批判性关注？您认为马克思主义和福柯主义在这个问题上是矛盾的吗？

弗卢：关于福柯，有一种讽刺性的说法，那就是：我们必须将福柯视作他那个时代的代表人物，因为是他揭示了"作者已死"。但是，理解福柯的思想在二战后的法国与马克思主义哲学和社会理论的批判性对话中发展演变的历史过程是非常重要的。尤其是，他反对法共代表的"官方马克思主义"，他与这一组织存在短暂而不愉快的关系。在他的作品中，我们可以看出他对传统马克思主义的三个核心概念的批判：无产阶级可以通过夺取对国家及其机构的控制权来改变权力的整体格局；大众生活在一种源自资本主义意识形态的错误意识中，这使得他们无法理解自己"真正的"利益；资本主义社会的根本矛盾局限在资本家和工人的关系中。随着1968年5月的起义所引发的对法国传统左派的批评，福柯开始自觉成为对各种"正统"思想展开批判的新社会运动的一部分。到20世纪70年代中期，上述运动已基本走入穷途末路，福柯在法兰西学院1978—1979年的讲座正是在这种变化的背景下举办的。这些讲座延续了福柯对国家治理的主要兴趣。有时候他也会反对"国家恐惧症"和"偏执狂思想"，认为自由主义政府模式实际上是在试图约束国家的权力，或者至少是通过各种社会群体分散权力的运作。在福柯看来，与马克思主义者一样，新自由主义理论家对国家权力也有深刻的洞察，他们认为这种"关于国家的理性"越有效，人们就越能充分发挥市民社会与公民自身的作用，而非简单地、自上而下地将权力强加于人民。这种思想的当代变体也可以在行为经济学及其"推论"中找到。

常江：福柯对于新自由主义的思考似乎也与他跟法国共产党之间复杂的关系有关。

弗卢： 的确，福柯一直对法国社会党和法国共产党所采取的共同计划（Common Program）表示怀疑。该计划为左派两个主要政党之间不稳定的结盟奠定了基础，阐明了左派政府上台后的施政纲领。特别是，在法国共产党看来，这种结盟可能预示着从资本主义到社会主义的转变，包括对大公司的国有化、全面的计划经济等。他对此的评论更为间接，但与他的主张息息相关，即权力不仅仅存在于国家机构中或处于经济基础上。他注意到人们在对这一问题的思考中，对具体的"治理术"，或如他所描述的，对"政府行为的尺度、模式与目标的合理性和可计算性的度量"的反思，常常是缺失的。他认为在一些方面，左派可以向新自由主义者学习，去细致地思考哲学理念究竟该如何与政府的实践计划相协调。他批评法国左派将政策的侧重点置于教条式的整合（例如究竟应该将多少公司国有化）上，并主张新自由主义者应当在一定程度上吸纳社会变革的思想，将变革作为一个过程，并将其嵌入政府的实际工作。换句话说，左派需要少一些"文本主义"，而多一些务实精神。

当然，现在的问题是，福柯究竟是否含蓄地赞同新自由主义式的治理模式——这种模式在 20 世纪末 21 世纪初成为世界政府的主流。丹尼尔·萨莫拉（Daniel Zamora）和迈克尔·贝伦特（Michael Behrent）主编的《福柯与新自由主义》（*Foucault and Neoliberalism*）对此进行了详尽的讨论。考虑到福柯在法国发表这些演讲的时间（1978 年），他没有关注到撒切尔夫人上台后给英国带来的影响。撒切尔将许多在 20 世纪 70 年代后期的法国孕育出来的治理理念付诸实践。在我看来，福柯可能对通过市场实施治理的模式抱有过分乐观的态度。倘若能活到 90 年代，福柯可能会成为一位"第三条道路"理论家。但是这样的猜测毫无意义。重点在于，福柯是作为一个深谙马克思主义精髓的理论家,对经典马克思主义进行反思的。正因如此,我们很难将福柯的思想融入作为一种新马克思主义立场的霸权理论。

常江:您还讨论过韦伯对福柯关于新自由主义的系列讲座的影响,并将福柯对历史变化的论述与韦伯对国家资本主义经济社会学的研究联系起来。将此二者联系起来如何帮助我们理解新自由主义,并有助于您所主张的对国家媒介系统的反思性的比较分析?

弗卢:当下的媒介研究中有很多关于融合的话题。我们通常使用这个术语来讨论技术融合以及相关的发展,例如行业融合(谷歌、Facebook 等数字平台的崛起对传统媒体巨头的挑战)、文本融合(例如跨媒介叙事),以及数字平台上的内容融合,等等。但是,新自由主义理论中隐含着这样一种观念,即我们正在经历一种更广泛的政策融合:世界正在从政府高度介入的媒体监管模式转变为更加宽松的管制模式、公共广播公司逐渐私有化,以及媒体内容逐渐市场化。也有人认为,媒介全球化正在使比较媒介系统研究变得冗杂,因为日益增多的移民和流散人口使用新技术来知晓全球媒介内容,并且逐渐减少依赖由领土所界定的国家媒介系统。

关于马克斯·韦伯的研究以及福柯对韦伯的运用,最有趣的一点在于,它重申了对机构和国家治理体系进行比较研究的必要性。"资本主义的历史只能是经济制度的历史,法律关系不是经济关系的结果,而是经济关系的基础。"这一主张可以追溯到涂尔干,并且一直是自马克斯·韦伯和卡尔·波兰尼(Karl Polanyi)以降的经济社会学的核心观点。这一主张带来了对媒介政策新的理解,令我们得以避免将其简单视为全球新自由主义恶性政治意识形态的副产品。制度主义的核心概念是路径依赖思想:制度结构的历史影响着其自身对新发展的回应方式,这是因为机构不仅是一种文化,也是一种在历史中形成的社会、政治或经济实体,且机构内部成员的思维方式也受上述历史的影响。这意味着,除了政策融合的力量,如各种国际贸易协定之外，我们还需要重视制度形式的深层结构，以及在不同民族国家内部形成的那些历史悠久，且与价值观、习俗与信仰密切相关的非正式制度——这些制度对政治经济同样具有形塑力。道格拉斯·诺斯（Douglass North）等新制度经济学家和杰弗里·霍奇森（Geoffrey Hodgson）等批判经济理论家都对这些问题保持了警惕。

常江：您觉得媒介全球化正在削弱国家媒体系统的作用吗？为什么？

弗卢：对于那些认为媒介全球化正在使国家媒体系统变得冗杂的人，我会说"并没有那么快"。我与佩特罗斯·约瑟菲迪斯（Petros Iosifidis）和珍妮特·斯蒂默斯（Jeanette Steemers）共同主编了一本名为《全球媒体和国家政策：国家的回归》（*Global Media and National Policies*：*The Return of the State*）的论文集。在该论文集中，许多作者认为，即使本国公司和跨国公司共存的情况越来越普遍，媒体发展的主要动力仍源于本国公司。诚然，当代媒介行业发展最快的领域之一是国家广播公司的全球扩张，包括中国中央电视台（CCTV）、今日俄罗斯（RT）、委内瑞拉的南方电视台（tele SUR）、伊朗英语新闻电视台（Press TV）、阿拉伯世界的半岛电视台（Al Jazeera）等发展中国家电视机构的崛起，以及英国广播公司、德国之声（Deutsche Welle）、法兰西24电视台（France 24）和日本放送协会（NHK）等发达国家大台的国际业务的扩张。当然，这与冷战后世界争夺政治霸权的斗争有关，因为通过国际广播获得文化软实力始终是一国公共外交政策的重要组成部分。在某种程度上，这可以被视作媒介全球化的一个进程，但这是各国政府出于自己的国家政治目的而精心策划的全球化。我们是否处于"后全球化"时代还有待观察，但是有很多证据表明威斯特伐利亚体系（Westphalian System）仍将继续保持其中心地位。

不难发现，在特里·弗卢看来，我们对于任何概念的使用，都应当避免简单化和非历史化的倾向。在对新自由主义所倡导的媒介放松管制潮流进行反思的基础上，我们也要明白任何一种分析维度的形成都有其深刻的历史脉络，脱离历史就会形成错误的判断。弗卢认为福柯的微观"治理术"思路能够在一定程度上调和经典马克思主义和新自由主义关于国家的理解原则，这一观点尽管值得商榷，却也揭示了不同研究范式就同一研究对象实现价值共识的可能。

媒介研究的语境化与全球化

除知名媒介与传播研究学者外，特里·弗卢还有一个重要身份，就是国际传播学会的现任主席。他以这一身份广泛参与欧美和泛亚太地区的学术交流活动，并在不同场合呼吁来自不同国家和社会背景的传播学学者展开国际交流合作。

常江： 您是否认为研究者所处的特定政治文化语境在研究者的思考和判断过程中起了关键的作用？在澳大利亚这个国家展开研究对您的媒介理论化工作产生了何种影响？

弗卢： 虽然国际会议与国际期刊的存在促使学者与来自其他国家的同行交流，但具体的国家和社会语境的确对学术研究有重大的影响。作为国际传播学会的主席，我一直非常关切这个在历史上曾由美国长期主导的学术组织的国际化需求。就澳大利亚而言，在历史上它一直对来自全世界的媒介内容保持开放的态度。虽然被澳大利亚媒体所接纳的主要是英美的媒介内容，但在1980年设立的作为多元文化广播渠道的特别广播服务（Special Broadcasting Service）使来自世界上更多国家的电视内容能够被澳大利亚观众接触到。此外，作为一个移民国家，澳大利亚本身就包含来自多元文化背景的群体，因而许多人都在消费着他们自己母语的媒介内容。

常江： 我们在尝试理解澳大利亚的媒介系统时，是无法绕开一个关键人物的，那就是传媒大亨默多克。

弗卢： 鲁珀特·默多克（Rupert Murdoch）对澳大利亚政治的影响要比他在英国的影响大得多。比如，在2013年联邦大选中，默多克的报纸普遍施行反工党路线，而前总理托尼·阿伯特（Tony Abbott）则与默多克报团旗下的编辑和专栏作家之间有着非常密切的关系。我的观点是，与30年前相比，默多克这样的传统媒体大亨在今天对选举政治所具有的影响要小得多。如今报纸的发行量只是过去的零头，人们可以通过多元的网络渠道与社交媒体获得政治信息。而且，至少在澳大利亚，政治领导的周期也比以前更短。当前作为自由党领袖的托尼·阿伯特失去民众的支持时，即使是默多克报系所刊登的那些拥护他的专栏文章也无法将民众重新团结起来。

常江： 政府在媒体规制方面有什么政策举措呢？

弗卢： 长期以来，澳大利亚的历届政府都限制广播领域内的竞争，此举旨在鼓励奖金雄厚的商业广播机构投资制作更多本地节目。这一政策不仅得到了左右两种政治势力的支持，而且得到了诸多本地节目制作公司的支持。开放广播市场的政策措施可能会威胁商业广播网和地方制片公司之间互惠共赢的关系。当生产力委员会（Productivity Commission）在2000年对这一政策的可取性和可持续性提出质疑时，其论点在很大程度上被行业本身噤声。随后，霍华德政府——尽管其声称自己奉行新自由主义——很快废止了针对澳大利亚媒介政策的诸多市场导向的改革措施。当前，像网飞（Netflix）这样的第三方内容商正在挑战传统广播网的统治地位，如何更好地支持本地节目制作这一问题很有可能会被不断评估。我认为一个竞争更充分的市场并不一定会带来改革派们理想中的结果，例如对当地内容或儿童节目的持续投资。

常江： 作为享誉全球的媒介研究学者和国际传播学会现任主席，您能给有志于从事媒介研究的中国年轻学者提一些建议，帮助他们为未来的职业生涯做更好的准备吗？

弗卢：作为现任主席，我向中国媒介学者提供的建议是：做好在全球范围内参与学术生产和政策讨论的准备。中国的大学目前处于世界上最先进的大学行列之中，这一点逐渐被传播学学者们所认可。但是，中国仍然有许多东西是世界上其他地方的学者需要去了解的。因此，做好广泛参与国际合作的准备将会长期有益，使各方互利互惠。

特里·弗卢认为，尽管民族国家之间的历史和制度差异是难以弥合的，但国际学术组织可以在其中发挥更加积极的作用。对于正在走向世界的中国传播学界而言，如何提升本土理论在国际学术环境中的能见度，摆脱英语学术出版的"政治经济学"桎梏，广泛而深刻地塑造国际学术生态，将是一个有价值的议题。

（资料整理及翻译：田浩）

第二编

媒 介 文 化

约翰·哈特利

从文化研究到文化科学
——文化理论对当代知识的破坏性建构

约翰·哈特利（John Hartley）是澳大利亚科廷大学（Curtin University）文化与技术中心主任，主要研究领域为文化科学、新闻学、媒介与文化研究。他出生于英国伦敦，本科专业是英语文学。他于1990年在默多克大学（Murdoch University）获得哲学博士学位，于2000年在威尔士大学（The University of Wales）获得文学博士学位。其后，他在卡迪夫大学（Cardiff University）、默多克大学、伊迪丝·考恩大学（Edith Cowan University）、昆士兰科技大学担任过教职。

哈特利是文化研究领域的知名学者，他对文化研究与人文学科的现代化有着浓厚的兴趣。他着力发展"文化科学"理论体系，试图将文化研究与进化论等科学观念体系的前沿思想结合起来，实现对文化的重新定义。近些年他的研究兴趣主要集中于创意经济，尤其关注用户生产内容或自生产内容在数字媒体与社交网络中的作用，以及创意产业的跨国发展。

哈特利的学术成果包括200余篇学术论文与20多部著作。他出版的第一部著作是1978年与约翰·菲斯克（John Fiske）合著的《解

John Hartley

读电视》(Reading Television)。这是第一部从文化视角分析电视的著作，被翻译为多种语言，并被广泛视为该领域的权威读物。他学术生涯中的著作大多以文化研究与文化创意产业为主题，其中《数字素养的运用》(The Uses of Digital Literacy)、《传播、文化与媒介研究的关键概念》(Communication, Cultural and Media Studies: The Key Concepts)、《文化与媒介研究的数字化未来》(Digital Futures for Cultural and Media Studies) 等著作在学界产生了巨大影响。他近年出版的著作仍然沿着原有的学术道路前进，主要关注文化科学的主题，包括《文化科学：故事、亚部落、知识与革新的自然历史》(Cultural Science: A Natural History of Stories, Demes, Knowledge and Innovation) 等。

哈特利也积极参与本专业与国际学术共同体的建设，受到学界广泛的认可与赞誉。他是澳大利亚研究委员会 (Australian Research Council) 专家成员、国际传播学会会士、澳大利亚人文科学院 (Australian Academy of the Humanities) 院士、英国皇家艺术协会 (Royal Society of Arts) 终身会士以及澳大利亚勋章 (Order of Australia) 的获得者。

从文化研究到文化科学

约翰·哈特利是文化研究领域的知名学者,也是文化理论在当代的代表性人物,一直在着力推动对文化研究的科学体系的建构。他的学术思想试图清晰地勾勒这一学术领域的思想基础与发展脉络,巩固文化科学的建设合法性。我们对他的访谈正是从这个角度切入。

常江:您近年来不断呼吁将文化研究改造为"文化科学"。您为何做此呼吁?是因为经典文化研究的发展陷入了某种困境吗?

哈特利: 与许多西方的文化研究学者相似,我本身的学术训练主要在文化领域内,而不在社会科学或自然科学领域。但是我从未在人文类的院系工作过,而一直在媒介、传播、新闻或创意艺术系所耕耘。我的职业生涯横跨文学理论深入影响相近的学术领域与公共话语的那个时期。但是在当时,"英语"这个主导性学科拒绝接受流行媒介研究与大陆理论(continental theory),因此我不得不在其他学科寻找教职。我们过去常常开玩笑说我们的"专业"其实取决于我们的交往对象:对于雇主来说,如果我们的专业是(作为实用技能的)传播学或者新闻学,那是十分具有吸引力的;对于学生来说,如果我们的专业是媒介的话最好,因为他们想要学习如何进行媒介实践,而非理解媒介研究;而当面对学术界同侪,我们的专业就名为"文化研究"——这是一系列跨学科知识理论与文化的通用名。在那时,文化研究还仅仅是一种批判的模式与话语,而非一个学科。

然而,一旦"文化研究"被编纂进期刊、被吸纳进课程或被设立为一种职业,它就变得体制化、僵化且意识形态化了。在美国尤其如此。与此同时,我察觉到了生物科学与计算机科学的剧烈变化。企业资本主义也在推动技术加速发展。而文化研究持续在个人、经验与文本层面上探索"身份、阶级、性别与性的政治"。除了保持对权力的关注之外，文化研究与当前的数字技术、全球化媒介、贸易与消费主义的扩张似乎格格不入。转向社会科学寻求帮助是无济于事的，因为政治经济学无意于探究意义或内容，而心理学将文化简化为行为研究或病理研究。我想要探索一种能够联系个人维度与世界维度的方法。这种方法既能够聚焦于语言、文化、文本性、身份、意义以及（权力与娱乐之间的）关系这些领域，又能够深入理解全球化体系与数字化传播的运作规律。

常江：您能简单介绍一下您所尝试建构的"文化科学"作为一种学术研究范式的内涵吗？

哈特利：我发现"文化符号学"领域的尤里·洛特曼（Yuri Lotman）的研究已经给出了关于这个问题的答案。他提出了一个"文化-语言-传播"系统理论模型。这与主导西方文化研究（包括影响了我自己的研究取向）的索绪尔主义进路截然不同。文化科学就植根于这种进路，并被约瑟夫·熊彼特和杰森·波茨（Jason Potts）等人的进化经济学以及斯图亚特·考夫曼（Stuart Kauffman）与圣菲研究所（the Santa Fe Institute）所代表的有关应用复杂网络的计算科学理论所催发。我之所以一直致力于寻找将这些研究进路与经典文化研究融合到一起的方法，是因为政策制定者与有影响力的科学家正在随心所欲地使用文化领域内的概念，而忽略了人文领域内的诸多学术成果。文化研究也被视作一个时髦但并不严格的培训项目。

对我而言，最主要的理念转变是要了解科学本身已经由演绎经验主义（reductive empiricism）转向了系统动力学（system dynamics）。文化显然很适应这种转向。通过这种进路，我们能在全球范围内对文化进行大规模、跨种族、历时的研究。这样，文化就不再局限于"过往的遗存"或"人们的非生产性主体身份"。现在，文化可以被看作适应性知识的引擎：它既是知识在大规模人群内部与外部快速传播的手段，也是在不同系统之间的相互作用（包括冲突）中出现的"创新"机制。

常江：经典文化研究与文化科学研究的过程有何不同之处？

哈特利：文化研究主要关注媒介与日常生活中的文化实践。文化科学其实也立足于此。文化研究深入探索诸多群体自身与"他者"之间的话语关系，尤其是深藏于性别、种族、阶级、民族以及其他身份差异之中的权力关系。文化研究还鼓励人们将注意力由曲高和寡的高雅艺术转至日常生活行为。而文化科学进一步将这种科学进路归结为两个重要的步骤。首先，它主张运用一种源自信息论、控制论与网络科学的系统方法。其次，它采用一种进化论方法，不但关注领导者或精英人群的行为，也在较长时间段里寻求对整体人类社会活动的阐释。

当然，自然科学与生物科学已经在进化理论的道路上前进了一个世纪之久，社会科学仍然在这条道路上缓缓前行。但人文学科经常抵制进化理论，因为它曾被用来为种族主义政治服务。然而，进化经济学已经表明，将进化论方法应用于解释人类如何创造知识、生产价值的过程的前景十分广阔。正如文化科学想要借助在数字时代蓬勃发展的计算机理论的优势一样，它也试图从这些跨学科领域汲取养分。如今，我们可以借助编程与算法大规模地"解读"人类行为。如果我们不参与社交网络，不去理解计算技术所积聚的"大数据"的话，我们就无法真正理解现代全球文化。

因此，文化科学试图去理解文化如何创造群体［我们将这种互相了解的群体称为"提姆"（demes）］，群体如何创造知识，知识如何在较长的时间段里被发展、被挑战以及被改变。我们想要理解知识是如何在一个整体架构中被跨群体"翻译"的。这些群体之间的边界包括国家、意识形态以及基于身份、情感、组织关系与创造力的个人"提姆"。我们在这里使用"翻译"这个词语而非"传播"，主要是因为知识不仅是一种静止的数据，还是一种意义、一种价值和一种用途。此外，文化科学还研究已有的文化系统是如何在其内部,以及在跟其他竞争性系统的动态交互中演进与变化的。

常江:您所提出的"文化科学1.0"和"文化科学2.0"之间的区别是什么?

哈特利:理查德·霍加特(Richard Hoggart)在创建伯明翰大学(University of Birmingham)当代文化研究中心(The Center for Contemporary Cultural Studies,CCCS)之后所做的第一件事,就是邀请社会学家艾伦·沙特尔沃思(Alan Shuttleworth)向该中心介绍欧洲大陆关于"文化科学"的研究。伯明翰大学当代文化研究中心最早的会刊(*Stencilled Occasional Papers*)就刊登了沙特尔沃思的马克斯·韦伯研究和文化科学研究成果。循着这条线索,雷蒙·威廉斯在他1974年的演说之后,也将自己的知识创新模型称为"文化科学"。他在这个模型中特别引用了马克斯·韦伯和威廉·狄尔泰(Wilhelm Dilthey)的研究成果。他追溯了学者们对文化的研究:现代社会早期的研究尝试将文化视作精神或意识驱动的普遍人类发展的产物,而后期则将文化看作物质所生产出的概念。威廉斯更进一步,将20世纪后期的文化科学的中心问题界定为"不同实践之间的关系",并将传播视作一种可供文化科学分析的实践形态。托尼·本内特(Tony Bennett)迄今仍然在沿用这种对文化科学的界定,其核心在于"社会、文化与人文学科"。

雷蒙·威廉斯如此形容"文化科学":"我所要描述的文化科学归属于文化研究。"换句话说,文化研究就是这样被想象的。威廉斯被文化科学的开放性所吸引,称赞其精神"深刻开放,机敏通俗",并试图效仿其"蓬勃而普遍的人性"。他使用文化科学来表述他所称的"公开共谋",并认为这种共谋将会以新的方式进行反复试验,但最终会以公开的方式发挥作用。这是对文化科学非常好的描述。我所倡导的"文化科学2.0"与之一脉相承。我认为文化研究的目的仍然是探索不同实践之间的关系。所不同的是,文化科学现在可以超越其"拉丁文"形态的前进化阶段。鉴于20世纪60—70年代以来的发展，文化科学需要得到更新以研究实践中的演进性变化；同时，不仅需要着眼于结构关系，而且需要进一步探索因果关系。

常江：这种演进性变化指的是什么？

哈特利：索尔斯坦·邦德·凡勃伦（Thorstein Bunde Veblen）认为，这是"经济行为"的"累积序列"中的"因果关系"。在文化研究中，它笼统地指知识的增长。在这里，我们需要将新达尔文主义的进化科学（neo-Darwinian evolutionary science）与传统的社会达尔文主义区分开。后者是诸多文化研究传统提到进化论的时候的想象。我们这里所说的进路并不试图通过虚构的起源来合理化当前的权力关系。相反，它试图使用自然主义的方法来解释变化。在这一点上，尽管这种进路运用了更好的方法，但其目的与早期文化研究的经典作品并无不同。

对于文化研究，乃至更广泛的"文化转向"来说，重要的是探索更开放的文化领域，而非推动研究内容的内卷化。因此，文化研究首先将流行文化和日常生活纳入它的分析系统，这种系统旨在形成对精英艺术的审美和道德判断。文化研究进而尝试关注大量的文化实践，而非仅在文学传统中实现自身的经典化。文化研究也推动人们关注文化的政治经济维度，促使人们追问"关系性实践"（relational practice）的问题。例如威廉斯所追问的：谁会在实践中受益？实践是出于什么目的？

因此，文化研究（"文化科学1.0"）寻求一种恰当的实操性方法以分析所谓"自然"的结构特征。尤其是在罗兰·巴特（Roland Barthes）之后，文化研究将指导性常识斥责为资产阶级意识形态。人们越来越多地寻求一种总体的"宏观"理论模型，以理解生产"微观"结构的系统。文化研究在与其他研究领域对话的过程中沿着这条道路不断进行探索。首先是通过韦伯等人与社会学的对话。随后，尤其是在斯图亚特·霍尔执掌期间，伯明翰大学当代文化研究中心通过银幕理论（screen theory）实现了与符号学和文本形式主义的对话。再之后，则通过更复杂的方式与女性主义、种族身份乃至其他身份政治联结在一起。

常江： 文化研究自身的发展的确立足于跟其他思想体系之间的对话。

哈特利： 是的。最长期的对话发生在文化研究与马克思主义之间。这种对话属于理论马克思主义或"科学马克思主义"，对于阿尔都塞和葛兰西的作品而言尤其如此。这种对话也不是《资本论》抑或《共产党宣言》，而是《政治经济学批判大纲》或《德意志意识形态》。并非只有伯明翰大学当代文化研究中心转向了"大陆"马克思主义。威廉斯也在《马克思主义与文学》（Marxism and Literature）一书中从马克思的"经济基础和上层建筑"模型中发展出文化研究中最为持久的宏观结构关系。从那时起，学者们对于社会结构（阶级的不平等）、文本性（意义的建构）、身份（个人政治）和结构马克思主义（经济基础和上层建筑）的持续关注一直推动着文化研究的发展。与马克思主义的对话对可以用以确立抵抗身份的系统保有结构主义式的兴趣，而对"累积顺序"和变化没有产生演进式的兴趣。同时，它将宏观变化理解为"外在的"而非"内生的"，也就是说，宏观变化来自革命（外部冲击）而不是进化（累积序列）。

尽管文化研究持续与人类学、后殖民主义和近期的地理学等许多领域产生了富有成效的交叉成果，它却很少与经济学产生对话。仅有的对话是以缩略形式的政治经济学而存在的。新马克思主义政治经济学虽然在经济学中处于边缘地位，但占据了这一领域的主导地位，出现了艾弗拉姆·诺姆·乔姆斯基（Avram Noam Chomsky）、赫伯特·席勒（Herbert Schiller）、尼古拉斯·加纳姆（Nicholas Garnham）等学者。文化研究因此对经济学领域内的剧烈变化不甚敏感。事实上，新古典经济学正面临着多重挑战，这些挑战具有后我向（后自闭、后孤独）与异质性等特征。这些挑战具有明确的进化特征。由于缺乏进化性转向，文化研究往往会陷入倒退和停滞的状态：它变得规范化、道德化，倾向于追求"本质规则"（如马克思主义对权力的解释），以及通过了解不同行动者（如艺术家、知识分子或大型机构）的道德价值来预判因果关系。

常江：找到了症结所在，就可以探索应对的策略，是吗？

哈特利：是的。在现在的文化研究中，要预先知道在哪里可以发现谬误，在哪里应该表示同情，这实在是太容易了。这与最初的"文化科学1.0"已经大相径庭了，尽管后来有大量的拥护者不断赞美与神化这一领域内的开拓者。建立文化研究这一领域的目的是利用经验事实（例如文本），对能够近距离观察的实践进行经验分析，同时注意威廉斯所说的"结构之间的关系"，并发展出理论化的综合体。文化研究需要"开放、机敏和普适"的精神来分析意识形态，但是多年来，它已经逐渐违背了自己的初衷。它吸纳了某种预判的、带有偏见的政治派别与立场的意识形态，不再围绕着当前的现实问题，而是在前人的羽翼下开展研究。现在，对于文化研究（"文化科学2.0"）而言，重要的是不要停留在伯明翰的"荣光"中。是继续前进的时候了，或许我们也需要一些熊彼特式的"创造性破坏"来扫清道路。这就是"文化科学2.0"的旨归。

常江：为了使读者能够清晰明了地理解，您能说说文化科学最重要的理论价值是什么吗？

哈特利：文化科学将我们的目光引向具有特殊价值的文化与经济的融合区域。如果缺乏对身份、创造性与语言的关注，经济本身的问题也无法被解释。经济和文化价值的这种坍缩融合，是否意味着我们在掩护新自由主义的发展？许多同侪都赞成这种说法，但也有另一种出人意料的观点。2009年，当代最重要的激进主义组织之一——《广告克星》（*Adbusters*）杂志，有一期专门研究异质性和进化经济学。这说明进化经济学恰恰是用以反抗现状的武器。

当然,文化研究需要与新古典经济学保持距离。用凡勃伦不朽的名言来说,新古典经济学就是"一个人坐在一个自足的欲望小球上"。但是,文化研究绝不能使自己沦落到这样孤独、充满渴望却不与他人沟通的状态。文化研究可能会简单地(经意或不经意地)再现新古典主义的模型。在某种程度上,我们仍然倾向于在"充满渴望的个人"这一术语的框架内研究身份和创造力,这正是文化研究所做的。

约翰·哈特利作为深耕文化研究领域的代表人物,从历史、理论、特征与发展前景等方面,对文化科学这一领域的现状与未来进行了清晰的介绍。他认为,文化科学应该适应当前科学领域内的发展趋势,在新的环境中持续关注不同文化实践之间的关系。此外,他强调文化科学要继续保持其开放性,在与来自各个领域的前沿成果保持对话的基础上实现自身理论体系的进化。

文化研究视野下的新闻学

约翰·哈特利对以文化研究视角所进行的新闻研究也颇有心得。他表示新闻研究与文化研究在许多方面都具有相似性,这为我们从文化进路出发进行新闻研究提供了合法性。对此,哈特利认为,新闻研究在某种程度上就是一种文化研究,并在此基础上进行理论化探索。

常江:作为一名文化研究学者和新闻研究学者,我对您从文化研究角度进行新闻研究的方式非常感兴趣。您为什么认为这种理论化新闻的进路是合理的?

哈特利：文化研究和新闻学在很多重要方面都有重叠。它们都对复杂社会中技术对意义的中介化作用感兴趣。它们都以日常生活为研究对象：新闻学从可报道的事件角度切入；文化研究从日常生活经验角度出发。它们都表现出解放主义的倾向：新闻学是现代自由主义传统的一部分；文化研究是围绕身份、权力和再现斗争的批判性话语的一部分。但是，成长于大学校园中的新闻研究传统倾向于不关注新闻在现代社会中的总体性目标，而是关注新闻在工业化和公司化生产模式中作为专门职业的目标。在这种研究传统中，文化的进路只发挥了很小的作用。在以冲突为主要特征的社会中，尽管文化和新闻进路在意义的交流方面具有共同利益，但这两者通常被视为对抗性的或相互排斥的。

新闻学并不是作为一种专业技能而是作为一种意识形态实践被纳入文化研究的。文化研究尝试分析新闻文本（包括图像和视听形式的报道）在符号学、叙事学和其他传播属性方面的特性，以确定是什么原因导致了批评家们所观察到的政治或社会影响，以及确定普通民众应该如何抵抗这些影响。在对新闻的研究中，接受新闻的语境与生产新闻的语境同样重要。这些语境被视作文化意义上的社区，而非经济学意义上的市场或政治学意义上的选区。新闻研究的文化路径并非一种学科建制，也与约定俗成的方法论无涉。由于这种进路的外生性与跨学科特质，多年来它的显著特征之一就是反身性。这意味着在政治上和在已有的学科基础上理解研究者的立场。实际上，这是一种干预主义的分析形式。它的支持者不仅试图理解世界，而且希望改变世界。这个进路上的诸多理论家都在积极培养行动者。

常江：您在2007年曾提出"作为人权的新闻"。我认为这实际上是您对20世纪90年代后期新闻研究与文化研究之间激烈的媒介战争（Media War）的自然反应。您能简单说说这种主张的意涵吗？

哈特利： 简单来说，我们需要将自由主义新闻的普世追求与文化研究的解放性主张相结合。在这里我们有必要提及《世界人权宣言》第 19 条所提出的大胆假设，尤其是它所表达出的一种极端理想化的自由主义主张——所有人都毫无例外地拥有寻求和接收信息的权利，以及传播信息和思想的权利。第 19 条原文为："人人有权享有主张和发表意见的自由；此项权利包括持有主张而不受干涉的自由，和通过任何媒介和不论国界寻求、接受和传递消息和思想的自由。"

如果我们将新闻视作一项人类的基本权利，而不仅仅是某种精英职业的培训，那么就会出现一些问题，这些问题有助于推动研究的进一步发展。第一是如何获得写作权的问题。新媒体研究中的识字能力并不仅仅是技能问题，而且包括从自我表达到引人注目的交流、描述和论证这一整套创造性能力。这也就将识字能力从阅读能力扩展到了读写能力。第二是如何组织和编辑数十亿页文字的问题。这个问题不仅包括数据规模化、数据挖掘和数据归档等具体的技术问题，还涉及如何编辑既是生产者又是消费者的媒体饱和群体（media-saturated population）的更深层次的问题。这些都是关于编辑的问题。第三是如何在社会中呈现事实与观点的问题，也就是如何彰显观点的问题。第四是如何讲述真相，以及在被告知真相之后如何讲述它的问题。这是一个关于传播伦理的问题。第五是如何将审判和事实基础结合起来的问题，即如何在寻求真相的过程中，通过对话将多样化的读者联系起来，以了解正在发生的事实。这要求我们在重视表达而非理解的语境下实施对读者实践的研究。第六，在每个人都是新闻工作者的时代，那些"典范性新闻"身处何方？它们如何提升知名度？这就提出了一个作为"读者文本化体验"的新闻的吸引力和传播力的问题。这就是以往所说的新闻的"文学性"问题。

常江：您是否认为现今具有各种数字形式和"智能"模式的新闻仍然是人的基本权利呢？在数字时代我们如何实践这样的理念呢？

哈特利：我认为这件事没有任何选择。只有人们站起来去实践，新闻才能成为一项基本权利。没有人能够阻止他们。新闻是当今能够识字的人们交流信息和知识的手段。新闻在系统层面具有一定的文化功能。它能够聚集群体、叙述现代性，而且能够协调不同的知识体系（通常情况下新闻会偏好"我们的"，而贬抑"他们的"）。新闻同样能够允许差异的冲突和对真相的检验。

有时，新的玩家会闯入系统并更改规则。他们可能会面临抵制，但随着时间的推移，他们的创新会融入通行系统。例如，"新闻"（由公司和官方法规主导的专业新闻编辑室实践）花了很长时间才适应了数字革命。诸如切尔西·曼宁（Chelsea Manning）和爱德华·斯诺登（Edward Snowden）这些"吹哨人"展示了数字数据如何被篡改，而维基解密（Wikileaks）这种新的新闻方式进一步宣传了它。这使主要的行动者丧失了自由，甚至更多。同时，执法机构否认朱利安·阿桑奇（Julian Assange）是一名记者。这就是为什么它是一项人类的权利。

我更倾向于将新闻视为公共对谈，因此新闻应包括关切现实的多种文章，而非专业人员所定义的"新闻"。这也表明了我对"文化新闻"（例如流行和时尚杂志中的新闻）、业余新闻、社区新闻（包括博客等）以及社交媒体的兴趣。在这些形式中，"真相"正在以一些主流新闻从未想到的方式被检验着。新闻业是否可以推动形成全球公众（global public）还有待观察。我认为格蕾塔·桑伯格（Greta Thunberg）是一个值得关注的案例。

从文化研究的视角进行新闻研究，实际上是将新闻视作一种文化实践。可以发现，约翰·哈特利对新闻研究的理解恰恰植根于他对文化研究多年的探索。这种理解不仅重新界定了作为文化实践的新闻概念与新闻目标,而且建议新闻研究应该反思文化反身性。此外,哈特利拒绝将新闻视作一种职业,而主张大众去追求一种"文化新闻"意识,即在数字时代推动新闻概念的"文化化"。

文化理论的"破坏性建构"

约翰·哈特利对于文化研究在中国的发展有着浓厚的兴趣。他认为,文化研究在"中国世纪"有着非常广阔的发展前景,但是这种发展可能恰恰指向了一种更广泛意义上的知识合法性危机。同时,哈特利也强调,我们应该对具有"破坏性建构"能量的文化理论保持乐观的态度。

常江:您曾经说过,文化研究(或文化科学)在 21 世纪,或者说"中国世纪"有着非常广阔的发展前景。我们应该如何理解这种观点呢?

哈特利:在西方,文化研究一直是破坏性知识力量。这可能给中国带来许多经验。其中之一是,破坏性的创新通常会引起社会相当消极的反应。直至它们被广泛地采纳,这种罗伯特·休斯(Robert Hughes)所说的"新冲击"才能够被消除。作为一种知识活动,文化研究当然是正确的。科学和政策话语往往会忽略甚至保留一些"秘密",但文化研究往往会脱口而出这些一般性知识,因此文化研究激发了很多讨论。这个"秘密"是所有知识都面临合法性危机,因为知识的合法性无法被预先确定。作者(或称专业见证人)的权威、方法(科学)的充分性,甚至是观察到的表象(常识),所有这些都被文化研究的"后现代"模式视作源于语言的建构、修饰,权力的计谋或虚构,总之,并非现实。因此,文化研究招致科学家、被激怒的经验主义者和那些希望相信流血真相的人（新闻工作者）的嘲弄。

但是，在热度消退之后，我们会发现，这仅仅是医生所谓的牵涉痛。问题的根源不在于文化研究，而在于现代知识本身。现在，知识已经是"知识经济""信息社会"和"媒介文化"中经济增长、公共政策、商业实践和知情公民（更不用说老练的消费者）的动力。由于知识对经济、政治和文化生产力都至关重要，因此我们显然需要信任知识。同样显而易见的是，这种信任是不可靠的。合法性的连续危机正在席卷世界。从诸如切尔诺贝利事件、博帕尔事件、转基因食品、生物科学等"大科学"是否安全，到我们是否能够讲述诸如气候变化的真相，再到诸如伊拉克和伊朗等国家是否拥有大规模杀伤性武器，以及政客、记者和作家是否在伪造故事，都是让文化研究本身感到尴尬的事件。

常江：也就是说，文化理论的批判性面向，并不总是能够为建制和大众理解，这也影响了文化研究的话语体系在社会进程中的角色。

哈特利：文化研究乐于对现实主义"文本"进行"解构性"阅读。这种文本并不局限于传统的文学作品，还包括现实社会的一隅——例如科学与政治。难怪当真理被破坏时，那些与真理息息相关的人会表示愤怒。它要么被知识所暗含的不确定性所损害，要么不可避免地被多元化，成为一种经验而非事实。例如，有宗教信仰的人既承认科学真理，又承认神圣真理，尽管这两者具有明显的不可通约性。如果真理意味着人们所喜爱的事物，那么主观主义的衰落就难以避免了。这一点在电视喜剧演员斯蒂芬·科尔伯特（Stephen Colbert）的"真实"概念中得到了说明。尽管有人主张真理是"模拟性的"或"直接的"，但事实上，真理只能是语境化的、中介性的和可辩驳的。批评家则倾向于把真实的问题归罪于"信使"，他们往往指责文化研究者们持有在文本中发现的观点。他们对此感到十分恼火，因为文化研究往往扎根于那些体面的知识的边缘地带。它往往集中于大众教育学院而非声望甚隆的科学系所，或专注于媒介、性别乃至文学研究这些无足轻重的学科而非医学院。简言之，文化研究已经被视为一件麻烦事，一种二流大学的后现代理论家强加给本科生的痛苦。

然而，正是这些边缘学科的破坏性现象促使理查德·李（Richard E. Lee）认为文化研究是一种更大的知识合法性危机的一部分。它对于社会科学与人文学科以及科学领域内的复杂研究发挥着相同的作用。李认为，文化研究和复杂研究共同标志着一种由"强调平衡和确定性"向对立面的转变。在其中，因果关系被定义为"先验条件和随后发生的事件之间的一致关联"。这种关联适合进行重复性实验和假设检验。换句话说，文化研究和复杂研究分别是社会科学和自然科学中现代主义知识范式的"创造性破坏"（熊彼特的著名概念）的推动者。这将引发整个知识界的重构。在这一过程中，价值中立的实证主义科学与具有价值立场但经济中立的文化都将遭到破坏。科学和文化都已经超越了牛顿的均衡理论，重新陷入历史变化的"时光之箭"。这一过程不可逆转，同时要求我们重视历史的偶然性与个人的地位。

尽管他们可能十分渴望，但早期的文化研究产生的这些深远影响并未立即为观察者所见。但从那些微小而简单的起点开始，寻求理解文化意义上的解释可能会比分析社会经济结构更正确；一些系统层面的重要意义仍然在跨学科、跨机构与跨问题领域传播着。

常江：目前在中国，文化研究作为一种学术研究的形式一直处于某种尴尬的境地。对于左派的政治经济学家来说，文化研究的批判意味不足，甚至有修正主义的色彩；而对于右派的功能主义者来说，文化研究没有多大用处，因为它并没有创造出什么实质性的东西。几乎没有定期出版的中文文化研究期刊,文化研究的学者们(包括我本人)必须以英文发表论文。您曾在数所中国大学访问,根据您对中国社会科学学术界的观察,您认为我们应该采取什么措施来保持文化研究在理论上的相关性?

哈特利: 的确如此,但这与中国以外的情况并无太大不同。但我认为以"文化研究"为名的文化研究恐怕不会起步,这不仅仅是因为你上面所提到的差别,也是因为"文化战争"(culture wars)已经毒害了公共对话。这类文化战争由另类右翼和新法西斯主义"小团体"所推动,受助于默多克的媒体公司与英国的《每日邮报》(*Daily Mail*)。他们利用数字可供性和社交媒体将辩论推向荒谬的极端。在20世纪90年代所谓的索卡尔事件(Sokal Affair)中,文化研究是这种事件的牺牲品。当时,一位科学家把一篇故意设置了一些常识性科学错误的论文发送至某文化研究杂志,结果编辑们并没有发现这些问题,决定将其发表,这使得那位科学家成为全球名人。从那以后,许多科学家简单地将文化研究假定为反真实的——正如文化研究的敌对者们所做的那样。我们想要在决策桌旁坐一圈,但名为"文化研究"的那张桌子的腿已经被锯掉了。这就是为什么我们需要文化科学!

他们声称自己喜欢"证据"(也就是数字),但他们自身就是根据引人入胜的故事行事的。实际上,文化科学并不恐惧大数据。但重要的不仅是提高数据挖掘的效率,并以此支持专制统治或企业行为,还要理解身份、意义、关系、知识和公众这些概念,以及探寻不同群体的人们和谐共生而不破坏地球的可能性。我们需要宣扬我们作为关注事实的科学而不是关注价值的研究所做的事情,即使我们也想批判这些明显的对立方。这就要求我们像经济学家一样,与新的科学进行对话以吸引注意力。

我们承认文化包括遗产(也就是传统或过往)和主体性(也就

是身份），但是我们还需要提倡文化作为"创新的源泉和对新环境的适应能力"。我们可以推动"文化正义"成为一个议程。这不是局外人的一句口号，而是库尔特·冯内古特（Kurt Vonnegut）所谓的"讲故事"。

这些事情总是需要花费很长的时间，往往要靠一代人甚至几代人来推动。

作为当代文化理论的代表人物，约翰·哈特利对文化研究的发展前景具有深刻的见解与强大的信心。他相信，即使文化研究受到了来自不同领域的攻击，但对当前社会各种类型的知识和流行常识的解构性研究仍然能够凸显文化研究的意义。他尤其强调文化研究在价值上始终对各种类型的数据科学、信息科学对专制主义和企业行为的支持保持警惕，而这一点恰是文化研究的"理论之树"长青的根本原因。

（资料整理及翻译：田浩）

洪美恩

文化研究是超越国族的世界主义
——不确定时代的身份迷思

洪美恩（Ien Ang）是媒介与文化研究领域的知名学者，也是女性主义电视研究和华人流散（Chinese diaspora）研究的主要先驱之一。作为一位出生于印尼的华裔女性，她在荷兰长大并接受学术训练，先后于阿姆斯特丹大学获得学士、硕士和博士学位。复杂的文化身份构成成为洪美恩大量学术研究的出发点。从1996年至今，洪美恩执教于澳大利亚西悉尼大学（Western Sydney University）文化与社会研究所。此外，洪美恩还因其卓越的学术成就当选澳大利亚人文科学院院士。

与同时代的媒介与文化研究学者，尤其是出身于伯明翰学派的学者相比，在欧洲大陆传播研究科系接受训练的洪美恩呈现出了与"正统"文化研究既相关联又有差异的特色：一方面，她关注文化研究的诸多一般性议题，如种族问题、性别问题、移民问题以及文化政策问题等；另一方面，她比其他文化研究学者更重视媒介在对人的组织和动员以及人的身份形成方面扮演的角色。

洪美恩的研究经历与成果大致以2000年前后为界分为两个阶段：

Ien Ang

20世纪80—90年代，她的研究以电视受众为核心，代表性成果包括由硕士论文扩充而成的著作《观看〈豪门恩怨〉：肥皂剧与戏剧性想象》(*Watching Dallas: Soap Opera and the Melodramatic Imagination*)、《不顾一切搜寻受众》(*Desperately Seeking the Audience*)和《起居室战争：后现代世界的媒介受众再思考》(*Living Room Wars: Rethinking Media Audiences for a Postmodern World*)等；进入21世纪以后，她的研究兴趣逐渐转向跨文化身份研究，其中最具影响力的作品是以其自身构成复杂的国族身份（出生于印尼、成长和从业于西方的华人女性）为出发点的《论不说汉语：生活在亚洲与西方之间》(*On Not Speaking Chinese: Living Between Asia and the West*)。

　　洪美恩是将文化研究的方法运用于媒介分析的先驱。她在20世纪80年代对于风靡全球的美国肥皂剧《豪门恩怨》的荷兰女性观众的研究，对后来作为一个独立领域的电视研究（television studies）的发展和建制化产生了深远的影响。一如露易丝·斯彭斯（Louise Spence）所评价的："洪美恩重新定义了研究者的位置和分析所用的语言，对当时如日中天的理想化研究思路提出了挑战，对那种追求研究者超然于观察对象之外并使用中性语言描述'冷酷事实'从而导致理论与数据分离的社会科学方法进行了祛魅……她提醒我们——研究者既不是天真无邪的，也不是全知全能的。"

文化研究的现状与进路

洪美恩是在20世纪80年代初期进入文化研究领域的。彼时的文化研究在其领军人物斯图亚特·霍尔的推动下，影响力业已超越英国本土，成为一个高度国际化的学术领域。而这一时期在媒介发展史上，又与电视媒介发展的黄金时代相吻合。包括洪美恩在内的很多青年学者，就是从电视研究，尤其是受众研究出发，迅速产生学术影响力的。洪美恩的硕士论文选择在全球多个国家热播的美国肥皂剧《豪门恩怨》为研究对象，通过对42封观众来信的分析，厘清了该剧的荷兰观众，尤其是女性观众的解读策略，得出了细腻的、语境化的结论，与当时强调一律效应的主流传播效果研究形成了鲜明的反差，验证并推进了霍尔的"编码-解码"阐释模型。

常江：很多文化研究领域的学者都受到您在20世纪80年代所做的《豪门恩怨》研究的影响。然而，电视媒体发展的高峰已经过去，我们所处的媒介环境发生了很大改变。您认为早期电视研究的相关成果仍然适用于当下的媒介环境吗？

洪美恩： 你说得很对。电视最辉煌的时代已经过去了，这对于文化研究而言是一个至关重要的转折点。在电视作为公共生活和家庭娱乐中心的年代，文化研究所考察的东西，无论是文本的意义还是受众的接受情况，都是系统性的、总体性的。但今天，整个机制变得特别碎片化，尤其是在移动媒体和互联网的领域，我们所处的视听环境已经发生了很大的改变。所以你会发现，在今天，已经很难再看到任何一个流行文本如80年代的《豪门恩怨》一样拥有海量的追随者。不过，尽管单个文本的影响力被大大弱化了，但围绕着某些特定的文化现象形成的大众追随效应仍然广泛存在，比如"韩流"。所以我认为，我研究《豪门恩怨》时提出的一些观点，在今天仍然是有解释力的。

常江：在您刚刚进入媒介研究领域的时候，似乎美国主流传播学的效果分析和量化研究的影响力非常大。直到今天，从事传播研究的人还是会探讨"美国传统"和"欧洲传统"的差别。您如何看待"美国传统"对文化研究的影响？

洪美恩：斯图亚特·霍尔在世的时候，曾经有一些美国的私立大学以高薪邀请他去做教授，但他最终还是选择留在了英国。他曾说："美国如今拥有一种帝国文化，就像古代的罗马和19世纪的英格兰一样，而我更愿意从边缘而非中心地带去观察世界。"他的这句话对我影响很深。在我看来，无论是传播研究还是文化研究，在美国都过于迅速地专业化（professionalization）和建制化（institutionalization）了，于是就出现了霍尔所说的"理论娴熟"（theoretical fluency）问题。当然，这不是说文化理论在美国发展得过于成熟，而是说"理论娴熟"成了人们所追求的全部，出现了"为理论而理论"的倾向。这种为理论而理论的研究机制之所以在美国成为可能，得益于美国大学高强度的学术生产框架和密集的研究生院体系。在这种框架和体系下，哪怕是对于权力、种族、阶级、性别、他者性这些概念的考察，最终也往往掉入自说自话的窠臼，很难与学术高墙之外的社会实践和社会语境发生关联。文化研究是一项学术工作（academic work），但文化研究的学者更要是知识分子。这是欧洲的左派传统留给文化研究的宝贵遗产，大约也是所谓"欧洲传统"与"美国传统"的不同。

常江：但是，"欧洲传统"似乎也在20世纪80年代新自由主义浪潮中受到了冲击，是这样吗？

洪美恩：新自由主义浪潮把一套精致的管理主义（managerialism）带进了大学校园和研究机构，产生了极大的破坏性影响。有一段时间，大家都在思考：文化研究在大学里还有一席之地吗？在新自由主义的时代里还有可能践行文化研究的理念吗？这些思考直到现在仍在继续。幸运的是,在霍尔等文化研究先驱的努力之下,以伯明翰大学当代文化研究中心为旗帜,文化研究的科系与中心在全世界遍地开花,即使在该中心因种种原因而停办之后,这些学术建制仍然以自己的方式生存和生长,在不同国家和不同文化的语境下探索"文化研究"的不同意涵,让我们得以在世界上的不同地方辨识文化研究的多元"球土化"(glocalization)的实践路径。所以,多少有点自相矛盾的是,尽管霍尔始终反对文化研究的建制化,但在面临新自由主义的危机时,正是这些遍布在大学里的文化研究机构延续了这个领域的生命力,甚至让文化研究进一步国际化。

常江:您选择离开荷兰,在澳大利亚从事研究,是否也是出于上述考虑?

洪美恩: 的确如此。1991年,我下决心离开荷兰,加入澳大利亚的默多克大学,一个重要的原因就是,我发现在默多克大学及澳大利亚的其他很多其他大学里,"文化研究"都被设立为传播研究的核心课程。而在那时的阿姆斯特丹,实证主义和量化的传播研究思路已经占据统治地位。在澳大利亚,文化研究始终是一个蒸蒸日上的学术领域。整个20世纪90年代,文化研究都居于澳大利亚关于复兴人文学科的社会讨论的中心。1998年,澳大利亚人文科学院甚至专门设立了文化与传播学部,这意味着文化研究在这个国家获得了与历史、哲学、英语等传统学科同等的地位。能不能被广泛认可为一个独特的学科(discipline)或研究领域(field of research)对于文化研究的发展而言至关重要,它决定了研究者是否可以将自己的研究行为界定为文化研究,也决定了从事文化研究的人能不能获得一种共同的专业身份和话语空间。

常江:在过去30年里,文化研究的范畴似乎变得越来越宽泛,几乎所有前沿的社会理论都被它吸纳到自己的系统之中,而来自不同政治文化背景的学者也会时不时地使用文化研究的话语逻辑去阐释完全不同的现象。您认为今天的文化研究仍然是一个自足的研究

领域吗？文化研究的未来到底会走向何处？

洪美恩：我很赞同你的观察。今天被人们称作"文化研究"的这个领域，的确容纳了范围十分宽泛的理论视角和方法论，同时关注着各种各样的现象和议题。所以，我们似乎很难在这个领域中找到什么"牢不可破"的东西。但这个问题并不是文化研究所独有的，其他拥有更加深厚传统的学科，例如社会学和人类学，其实也面临着同样的处境。纵观整个人文学科和社会科学，跨学科混杂（interdisciplinary hybridity）正在成为一个普遍现象，没有任何一个学科的边界还能保持稳定与牢不可破。事实上，文化研究的诞生和崛起，本身就是人文社会科学领域跨学科转型的一个重要组成部分，这一过程在过去几十年间极大地改变了学术研究的版图。作为"跨学科运动"的一个结果，文化研究与周边学科（例如社会学、地理学，甚至是历史与文化）的区别已经变得十分模糊。

尽管如此，我还是认为我们完全可以勾勒出文化研究的一个大致的轮廓，用以和其他学科相区分，那就是：无论你要考察的是什么样的经验问题，只要你在宽泛的意义上将这些问题与文化和权力的关系、这种关系在其他社会关系中的体现，以及这种关系对日常生活和主体性的影响结合起来，你所从事的就是文化研究。与此同时，我们也必须清醒地认识到如下事实：在21世纪的当下，很多截然不同的事物都成为文化研究的考察对象，比如气候变化、科技的迅速发展（如机器人的崛起），以及地缘政治的变迁（如中国的发展）。这与20世纪70—80年代的文化研究所关注的对象（主要是阶级、种族、性别等问题）已经有了很大的不同。文化研究要想保持自身的影响力，就必须不断发展成熟的研究思路去解答层出不穷的新问题。"常新"才是文化研究未来的必由之路。

在洪美恩看来，尽管文化研究在总体上是一个主张去中心化、反建制的研究领域，但西方大学体系中的各类文化研究学术机构的存在和发展，是该领域得以不断自我更新的重要原因。文化研究的生命力将取决于该领域的研究者在两个方向上的努力：一是对各种新的社会现象和社会问题做出"文化-权力"阐释框架下的考察，二是坚持立足于研究的语境（context），实现真正意义上的学科本土化。

后多元文化主义时代的文化研究

洪美恩自身所具备的多重文化身份，尤其是华裔身份，是她后期研究的主要立足点。她关于国族身份的混杂性与交叉性的思想，集中体现在著作《论不说汉语》上。在书中，洪美恩从自己访问中国台湾的经历出发，勾勒出一位出生于印尼、成长于荷兰，如今又在澳大利亚生活且不会讲汉语的华裔女性在面临自己的"母文化"时的复杂感受。洪美恩在这部著作中对"中国性"（Chineseness）在全球范围内的崛起，以及西方话语将"华人身份"等同于"亚洲人身份"的倾向做出了批判性的考察，在文化研究学界产生了很大的反响。

常江：《论不说汉语》是一本非常有意思的著作。不过，有些人提出，在传播与通信技术日益介入身份认同机制的当下，我们对于"流散"和文化身份的理解都需要做出修正。您认为我们应该在讨论文化身份问题的时候，对传播技术的作用进行严肃的考量吗？

洪美恩：显然，传播与通信技术的发展，尤其是社交媒体的崛起，使文化身份认同问题变得比以往复杂得多，也使人的身份认同行为在更大程度上受制于很多临时性的状况、全球话语的介入以及某些侧面的影响。在《论不说汉语》的第四章，我尝试对印度尼西亚的情况做出一些考量。在印尼，流散身份显然同时受到了全球话语和国际及本土力量的影响。当然，在这个领域内还有很多工作有待完成。不过，尽管技术正在扮演越来越重要的角色，我还是反对将这种角色视为决定性的因素。我们在考察文化问题的时候必须要抵御技术决定论的诱惑，要看到起决定性作用的，仍是那些更加持久的文化、社会与历史过程。我对中国社交媒体的发展图景并不十分了解，但有人曾指出中国的社交媒体比其他国家的更为先进（比如微信）。我十分乐意去探索这些新的技术平台是如何改变人们的自我认知过程的，但我也认为，绝不应该轻易下结论说过去的那些身份认同的模式已不再适用。

常江：我记得您曾在一些文章中提到，"9·11"事件是国族身份（ethnic identities）问题开始成为文化研究核心议题的一个标志性事件。为什么这样说？

洪美恩：无论从历史的角度还是符号的角度看，发生在21世纪初的"9·11"事件都是全球现代性发展过程中的一个分水岭。这一事件及其产生的连锁反应，让文化研究不得不去面对这样一个艰难的问题：人类究竟应该如何在一个全球化的世界里共存？在17年后（2018年）的今天，我认为这个问题仍然没有得到很好的解答——甚至变得比以前更难解答。国族身份及其导致的全球现代性的分裂，展现了人们所向往的"普遍人性"的理念是如何被历史现实反复割裂的，也一次又一次地提醒我们整个人类或人类文明如何不间断地将自身建构为多元而互斥的人群的简单集合。所有这一切，都给当代的文化研究提出了一个难题，那就是如何在人与人之间的巨大差异之中，实现人与人的平等。今天，国族、身份、社区、国民性这些概念，都变成了众说纷纭的东西。在20世纪最后几十年，西方国家，尤其是加拿大、澳大利亚、英国、荷兰等国所积极推崇的多元文化主义（multiculturalism）理念，在"9·11"之后开始分崩离析，市场越来越小。在今天的很多民族国家内，人们对于"他者的文化"的态度越来越不耐烦（如果不是敌视的话），移民时常被当作国家空间的非法入侵者。这是与20世纪90年代截然不同的状况。如何对这样的状况加以把握和解释，将是文化研究在21世纪的发展的一个重要议题。

常江：所以说，在国族身份日益固化和具有排他性的影响下，文化研究必须要去解决"后多元文化主义时代"提出的新问题？

洪美恩：你所说的"后多元文化主义时代"的确正在形成，但文化研究界显然尚未对这个时代的各种特征达成共识。学术界在过去十年间对这一状况做出的主要反应，是其研究兴趣迅速转向了对混杂性、流散和跨国主义（transnationalism）的研究，而这些概念无一例外地指向边界的不确定性和身份的易碎性。这些概念解构了关于国家是一个"求同存异"（unity in diversity）的文化体的理念。但实际情况是，民族国家不但会持续存在，而且其对学术研究的影响力也将持续发生。我们所使用的语言和公共话语，还是会翻来覆去地指向国家利益、国家经济、国家安全、国家文化这些话题。我们期待解构国家这一概念的自足性，但在使用英语（盎格鲁-撒克逊民族的语言）并参与各类全球事务组织的活动时，我们其实是在维护和确认民族国家的合法性。今天的文化研究学界在总体上还是要面临一个两难的局面：一方面，批评民族国家在确保人类安全和团结上的乏力；另一方面，无法对作为一个分析维度的民族国家视而不见。

近年来，文化研究学界采取的策略是：超越民族国家。例如，展开对方法论意义上的民族主义（methodological nationalism）的批判，呼吁全球社会学（global sociology）体系的建立，引入"流动性范式"（mobilities paradigm），或反思新的跨国治理形式的可能性，等等。尽管这些探索目前仍未取得主流地位，但过去十几年间出现的大量对于多元文化差异性的民族志考察，如艾什·阿明（Ash Amin）、约翰·内格尔（John Nagle）、格雷格·诺贝尔（Greg Noble）等人的研究，还是取得了显著的成果。这些研究在不同的情境下指认了人们针对差异展开协商（negotiation）的可能性和复杂性。

常江：这样看来，文化研究在诞生之初所设定的理想主义的宗旨，在今天其实是很难实现的了。我们应当如何看待这样的情形呢？

洪美恩：的确，文化研究最初所构想的那个可以让研究者去依靠的乌托邦，或者说一种关于未来的革命性的展望，在今天看来已经是不复存在的了。在这种情况下，我们只能努力在我们所栖居的这个不完美的空间里，去践行一种"跨文化团结"（intercultural togetherness）。文化研究在未来的重要工作，是去处理那些难以化解的文化困局，去控制糟糕的情形与遭遇，去努力寻找可行的本土解决方案。这不仅是学术界所要面对的问题，而且是国家社会中所有公共空间——只要该空间是由多样化的人群构成的——要共同面对的问题。

对于"后多元文化主义时代"的深入理解与批判性考察，是洪美恩近20年学术思想的主要出发点。她清楚地意识到在"9·11"事件及其后果的影响下，文化研究与民族国家之间的关系已变得既错综复杂，又自相矛盾，而这一状况又不可避免地干预了文化研究学界学术实践和话语策略的选择过程。与此同时，洪美恩亦表达了对于技术决定论的警惕。在她看来，无论是前沿传播技术导致的"新状况"，还是后文化多元主义时代的"新状况"，其实都只是为文化研究提供了新的选题和视角，并不会动摇文化研究的价值内核——对"跨文化团结"的追求。

超越国族的文化研究

作为一名身处西方世界的华裔学者，洪美恩坚持文化研究应当具有超越国族的理论视野。在访谈中，她也以一种乐观的精神展望了"超越国族的文化研究"应当具有什么样的面貌，以及中国的研究者可以于其中扮演的角色。

常江：国族身份究竟在文化研究中扮演了什么角色？

洪美恩：我们所处的是一个混乱的世界。一方面，所有业已确立的惯例都在努力适应新的、流动性的社会现实；另一方面，新的、流动性的社会治理模式仍然是缺位的。在这种情况下，国族身份所起到的作用并不是给问题提供一般性的解决方案，而是在绝望的氛围中为人们带来一种确定性。源于国族身份的文化力量既强大又持久，对于文化研究而言，其意义既有政治上的，也有学术上的。比如，今天人们都在讨论国际权力的中心正在从西方转移到亚洲，这就是一个所有研究者都无法回避的关于国族和超越国族的问题。那套追求"单数的人性"（a single humanity）的话语已经无法让我们准确把握当下的全球人类社会，更不可能帮助我们实现人类的团结。相反，重视对话与交流过程的世界主义（cosmopolitanism）视角，也许是帮助研究者实现对于国族身份的超越的更好选择。在我看来，国族身份的力量和影响力将在这个人类历史发展的危险阶段扮演至关重要的角色；而文化研究围绕国族身份问题展开的讨论，也将成为这个学科发展史上的一个重要阶段。

常江：对于大多数社会科学研究者而言，其自身的国族身份是一个难以回避的因素。您能从这个角度给中国的媒介与文化研究学者提出一些建议吗？

洪美恩：在我看来，文化研究有一个重要的优势，那就是它能够为各种思考视角提供理论给养，并使研究者能够对各种看似不相关、实则深度交缠的复杂问题做出多个维度上的分析。在当代世界局势下，文化研究的上述优势进一步得到了凸显。全球范围内的相互关联性（interconnectedness）和相互依存性（interdependency）将人们置于广袤的不确定空间中，导致人们在不同层面（社会、政治、经济、文化……以及本土与全球层面）上对未来深感焦虑。鉴于此，我对中国媒介与文化研究学者的建议是：在尝试理解和解答上述错综复杂的问题时，不要习惯性地去寻找一种简单的（甚至是不现实的）统一答案。无论生活在世界的哪一个角落，我们其实都在面临同样的挑战。文化研究或许不能从根本上解决这些挑战带来的问题，但它能够帮我们找到描摹和阐释这些问题的智识路径。

对于中国的媒介与文化研究学者而言，洪美恩的观点有着显著的现实意义。一方面，她对于文化研究超越国族身份、立足于整个人类社会福祉的终极目标提出了务实的理论和方法论选择（世界主义与多元文化民族志）；另一方面，她也强调了文化研究在尝试描摹和解决社会问题时应竭力避免某些理论视角下常见的简化论与还原论。在洪美恩看来，文化研究既要坚持多元文化主义（以及世界主义）的价值内核，又要努力在既有的学术生产建制内实现对于全球问题的语境化解读并给出本土化解决方案。这一观念体系对于我们锚定中国当代的诸多文化问题（如族群冲突、流行文化、民粹主义等）的根源，有着可贵的参考价值。

（资料整理及翻译：田浩）

劳拉·穆尔维

流媒体技术使文化民主成为可能
——女性主义电影理论的当代面向

　　劳拉·穆尔维（Laura Mulvey）是当代著名的女性主义媒介理论家和电影创作者。她毕业于牛津大学圣希尔达学院（St Hilda's College, University of Oxford）历史学专业，于20世纪70年代早期开始在电影理论研究领域崭露头角，并借助一系列影响力巨大的学术作品成为该领域的代表性人物。目前，穆尔维任伦敦大学伯贝克学院（Birkbeck College, University of London）电影与媒介研究方向教授。

　　穆尔维的早期批判理论集中讨论观看的是个体身份和男性凝视之间的关联，她尤其关注经典好莱坞时期的电影，并于1975年在《银幕》（Screen）杂志上发表了《视觉快感与叙事电影》（"Visual Pleasure and Narrative Cinema"）一文，将弗洛伊德和拉康的精神分析框架引入电影研究领域，阐释了20世纪50—60年代的好莱坞电影的视觉机制如何将男性放置在观看主体的位置上，又如何将女性塑造为"窥淫欲"和"恋物癖"之下被观看的欲望客体。这篇文章以跨学科的研究方法，首次将电影理论、精神分析和女性主义结合在一起，成为女性主义电影研究领域的奠基之作。她提倡一种新的

Laura Mulvey

女性主义先锋影像，呼吁女性参与到影像创作的各个层面，以批判性的眼光审视这种"视觉快感"。

近年来，穆尔维的关注点转移到"散文/论文电影"（essay film）这种逐渐为主流学界所认同的电影类型。这种类型的电影主张在实验影像的前提下，尽可能打破影像和现实、纪录与虚构的边界，追求类型的模糊与融合，鼓励对已有影像的再加工，并允许电影创作者的知识、感官与所思所想以不受制约的方式介入影像。穆尔维与电影人苏·克莱顿（Sue Clayton）于2017年共同出版的新作《他者电影：政治、文化和20世纪70年代的实验电影》（Other Cinemas: Politics, Culture and Experimental Film in the 1970s），以集体创作的方式和人类学式的笔触回顾了20世纪70年代实验影像的创作浪潮，此书可以被看作对任何形式的非主流影像（世界电影、先锋影像、数字媒介影像、艺术影像、交互影像等）进行研究的集大成之作。

穆尔维从未放弃探索和宣扬女性主义电影创作的政治立场。她为英国电影协会（British Film Institute，BFI）工作多年。近年来，她作为英国Underwire电影节的赞助人，继续支持和鼓励女性以自己的方式创造、改变与评论影像。

男性凝视与女性主义电影理论

劳拉·穆尔维最为人所知的学术作品是她发表于 1975 年的《视觉快感与叙事电影》一文。这篇文章至今仍是电影研究、女性主义、传播研究、文化研究等领域的重要文献。从这篇文章的内容和主旨出发,将有助于我们厘清劳拉·穆尔维学术思想的脉络。

常江:对于中国的媒介和传播研究学者而言,您的文章《视觉快感与叙事电影》最广为人知,这篇文章于 20 世纪 70 年代问世,如今仍被广泛引用。这篇文章似乎表现出弗洛伊德和拉康的精神分析理论框架对您的重大影响。在 40 多年后的今天,您本人对这篇文章有何新的见解?您认为这篇文章中提出的观点及其阐释框架是否仍然适用于当代的叙事电影?

穆尔维:要回答这个问题,或许有必要回溯精神分析理论的影响和弗洛伊德对我写《视觉快感与叙事电影》一文的启发,弗洛伊德对我的影响要远远大于拉康。我认为在解读父权制的无意识作用时,尤其是在集体无意识的层面上,比如在男性支配和商品文化这些问题上,精神分析始终是一个重要的学术理论工具。我首次接触到弗洛伊德和精神分析是在 70 年代早期的女性解放读书会(Women's Liberation Reading Group)上。我们发现弗洛伊德的观点颇具启发意义,因为他处理的问题与我们的处境息息相关:生物性别(sexuality)、社会性别(gender)和人的主体性在介入社会生活时往往因为性别的不同而产生相异的价值判断,而男性的权力总是高于女性。再者,精神分析为我们提供了一套词汇和概念,让我们得以开始讨论这些复杂的问题,并且试图解释这种"性别的政治"归根结底是一种"影像和再现(representation)的政治"。对于我们来说,弗洛伊德没有揭示事物的本质,但是他指出了事物在父权制下呈现的状态。朱丽叶·米切尔（Juliet Mitchell）在她颇有影响力的著作《精神分析和女性主义：彻底重估弗洛伊德精神分析》（*Psychoanalysis and Feminism: A Radical Reassessment of Freudian Psychoanalysis*）一书中描述了女性气质（femininity）是如何作用于人们的观念的，确切地说，是怎样在一种特定的社会状态下作用于人们的观念的。我觉得从一个批判性的角度而言，女性主义总是绕不开弗洛伊德。即便我们认为他提到的许多关于女人的问题都是不正确的，但这不妨碍他提出的无意识和俄狄浦斯情结（Oedipus complex）等概念是有趣的、及时的和与政治相关的。

常江：在您的女性主义电影研究实践中，弗洛伊德，或者说精神分析的理论是如何得到运用的呢？

穆尔维：我从女性影像的政治性角度接着讨论这个问题：如果这些遍及流行文化的色情化影像（eroticized images）不能代表女性，那么这种"女人"的形象是怎样产生的并且指涉什么呢？为何一个影像所代表的意义和它外在的形象会产生如此大的差异呢？精神分析理论提出了一个置换（displacement）的概念。考虑到弗洛伊德用很大篇幅分析了性别是怎样通过复杂的心理结构被建构的，尤其是俄狄浦斯情结和阉割焦虑（castration anxiety），不难发现，这些影像可以被理解为一种症状，直指男权无意识之下呈现女性身体所遇到的难题。之后，弗洛伊德在《性学三论》（*Three Essays on the Theory of Sexuality*）中进一步探讨了父权制度下的女性这一问题，在这里他提出了施虐/受虐（sadism/masochism）和裸露癖/窥淫癖（exhibitionism/voyeurism）两组二元对立的概念。这里，他将"主动的"原则界定为"男性的"（masculine），将"被动的"原则界定为"女性的"（feminine）。尽管个体的精神状态通常同时具备男性和女性的部分，即用弗洛伊德的观点看来，由主动和被动的原则共同组成，然而，打破主动/男性和被动/女性这种联结的观点还是给了大众传媒、大众文化和消费文化怎样呈现女性以启示。

常江：**这篇文章问世于 40 多年前，今天您是否会修正自己于其中提出的观点？**

穆尔维：几年前我开始重新审视《视觉快感与叙事电影》这篇文章并找到了与它妥协的方式。我发现我对它更为感兴趣的地方，不在于当时的措辞是否准确或精确，而在于它是一篇能够提出问题并引起争论的文章，用我的好友曼迪·默克（Mandy Merck）的话说，它是一篇政治宣言（manifesto）。诚然，如同所有政治宣言一样，它只提出了一两个观点，这也就是它全部的力量之所在了。现在我明白了当时我是怎样成功地用一些措辞和语汇抓住了公众的关注力，点燃了他们的想象力，从而使这篇文章被以各种各样的方式反复引用。但是我也感觉阿尔弗雷德·希区柯克（Alfred Hitchcock）那一部分内容有些被过分强调了，而约瑟夫·冯·斯登堡（Josef von Sternberg）那部分有些被简化了。我也曾经设想过再增补一些有关"恋物癖"的内容。这篇文章对于我而言依然很有价值，从其中发展出来的观点最终被装进了《24 倍速的死亡：静止与移动的影像》（*Death 24x a Second*：*Stillness and the Moving Image*）这本研究"静止"的书。在某种程度上，这本书中提出的"沉思的观者"（pensive spectator）受到了《视觉快感与叙事电影》中的"窥淫的观者"（voyeuristic spectator）的制约。对于女性主人公的凝视和观看在某种程度上让影片暂停或者停滞了，因为这种窥淫式的凝视其实是对"静止"而非移动的一种凝视。因而，尽管我后来研究的对象是"沉思的观者"，所采用的意识形态阐释视角与之前十分不同，但同时我认为这也与男性/窥淫的凝视有诸多关联，并且有助于我们思索怎样反思并转化电影中的凝视。对于这篇文章本身来说，我的研究大多还是停留在好莱坞电影的框架内。近年来，我也开始去思考种族问题，比如非裔题材的不可见性：好莱坞对美籍非裔演员的视而不见，也许意味着好莱坞电影在本质上仍然是一种种族隔离式的电影。

常江：您曾经提出消解父权的好莱坞体制的唯一途径是激进地用女性主义的方法替换并重塑好莱坞的经典电影语言策略。您认为在过去的几十年中，好莱坞是否改变了它的父权策略？主流电影中是否出现了新的、更为微妙的、应当引起我们注意的宣扬父权制的方式呢？

穆尔维：这个问题对于我来说很难回答！我最近对好莱坞电影关注不多，但是，我强烈地认同近来的几次女性主义运动。这些运动呼吁提高女性在主流电影制作中的参与度，因为她们作为编剧和导演所拥有的权力，可以改进银幕上的女性形象。当女性在创作过程中占有与男性平等的地位时，父权策略也就相应地无所遁形，或者它需要寻找其他途径介入。在当下的旧片重拍潮流中，如翻拍的《瞒天过海：美人计》(Ocean's 8)，女性在很大程度上仍是在扮演男性。这些可能是你的问题中提到的那种策略，而且数据显示这样的做法并不少。但同时，美国的独立电影也日益受到瞩目，女性导演因此更多地进入公众的视野。我们看到新一代的女性导演正在崛起，诸如阿娃·迪韦奈（Ava DuVernay），这就为好莱坞根深蒂固的主流意识形态引入了一种美籍非裔人士的视角。我认为派蒂·杰金斯（Patty Jenkins）的《神奇女侠》(Wonder Woman) 也做得不错。这是一部我最近看过的好莱坞电影，是我的孙女带我去看的（作为我去年的生日礼物），她自己看过三次了。这真是一部风趣又"神奇"的作品。

常江：但您仍然坚持认为应该有更多女性视角的实验电影出现，去突破好莱坞电影那种让人"不知不觉地舒服起来"的商业作品，是吗？

穆尔维：是的，我仍旧坚定地支持那种允许女性参与并且展开影像语言实验的电影项目。我本人的兴趣点始终落在电影形式本身与银幕女性形象呈现之间不可分割的关系上。当然，这里也包含着一种意识，一种与观众对话的模式，一种对观看方式和叙事方式的实验。在我看来，今天的观众更加适应和接受内容比较艰涩的电影，比如克里斯托弗·诺兰（Christopher Nolan）的成功就是一个佐证。尽管我本人对他的电影不是特别感兴趣，但是这些作品暗示了叙事方式的改变以及主流的电影制作可以走多远，而观众未必就不能接受这种改变。从一个更为个人化的角度来看，我注意到普通观众更能接受长电影，能够接受延长的篇幅，比如香特尔·阿克曼（Chantal Akerman）的《让娜·迪尔曼》（*Jeanne Dielman*）在重新上映后，今天的观众就比20世纪70年代它最初上映时自发去观看的观众有更好的接受度。毫无疑问，最吸引我的东西依然是女性主义实验电影，但这些电影至今依然很难找到拍摄资金。不过日益明确的是，公共投资对于支持女性电影项目具有基础性的意义。因而，在法国这样政府支持力度强的国家，就诞生了许多了不起的女性导演和有政治意义的作品。在英国，如安德里亚·阿诺德（Andrea Arnold）和克里奥·巴纳德（Clio Barnard）这样的导演也受惠于开明政府的支持。但是即便电影拍摄完成之后，女性制作的影片依然面临着发行和展映方面的歧视。

不难发现，与《视觉快感与叙事电影》一文所呈现的激进性别政治意识不同，劳拉·穆尔维本人的女性主义电影理论视角体现出一种辩证的精神与温和的气质。一方面，她坚持认为业已受到广泛批判的弗洛伊德精神分析思想体系始终在基础观念和话语层面上为我们理解父权制下的女性身份政治问题提供了无法替代的框架；另一方面，她也反对流行激进女性主义体现出来的非黑即白的斗争策略，主张在坚持女性主义语言与文化实验的前提下，严肃审视流行工业体系在性别问题上出现的变化。

碎片化时代的电影接受实践

作为仍然活跃在电影和视觉文化研究前沿的资深学者，劳拉·穆尔维近年来围绕新媒体环境下的影像生产和接受实践展开了大量探索性的研究。她在《24倍速的死亡：静止与移动的影像》中，对自己的思考进行了系统化和理论化的整理。

常江：在您的著作《24倍速的死亡：静止与移动的影像》中，您提出观众已经不会再被迫从头至尾、以一种线性的方式连续观看一部完整的电影了。取而代之的是，今天的观众展示出他们对自己消费的电影有更大的掌控力。您能详细解释一下您的这一观点吗？

穆尔维：在写作这本书的那几年里，我一直在同时进行观看方式的实验，比如我熟悉的暂停、重放、慢放等，我希望通过这些实验来推演我在书中提出的观点。在我所分析的案例中，这种新的、观众更具操控性的观看方式与观众对电影的熟悉程度密切相关。那时，我以为这种观看方式会迅速传播开来，由于其和迷影文化（cinephilia）、和对电影形式的好奇心相关，我姑且称之为"民主化的文本分析"。然而，多年来我一直在询问不同的人，在研讨会上、讲座中或者问我的朋友们等，我想了解他们观看电影的方式是否在任何程度上有所改变，以及他们是否采用了《24倍速的死亡》中讨论到的观看方式。我很惊讶地发现许多人依然在以顺序的叙事线索以及正常的速度观看电影。我这才意识到，这种实验确实是一个迷影者（cinephile）的先入为主的立场，它的适用性仅限于那些对电影的形式、语言和风格好奇的群体，而这个群体的数量是相对有限的。但是，普及度急剧增长的流媒体等方式也间接提高了公众对电影知识和电影史的关注度，这不可避免会带来迷影文化的民主化可能。那些对于某种特定风格的电影感兴趣的观众，或者对于某个特定历史时期的制作感兴趣的观众，都可以在数字化发行的作品中找到相应的信息；并且，许多老电影的新发行版本也增补了影评人音轨的其他信息，等等。

暂停和静止的过程给予观看者思考时间的空间，这个行为是指向历史的，会引出电影制作的历史语境；它同时也是索引性的，会保存电影所记载的某个特定的时刻。如今，人们已经可以将电影看作一种文化的载体，而非只是一种大众娱乐方式。新的技术手段让电影制作更加民主化，这和它对迷影民主化的影响是相似的。但是别忘了，将电影这种文化形式个人化的行为在影史上早有先例，以16mm胶片拍摄电影是数字化可能性的先兆，但是新的技术手段毫无疑问简化了制作的过程，并且让电影变得更为个人化。从这个意义上说，新的发行机制也在经历着真实的革命。

常江：这种新的传播和接受形式，对于我们理解影像爆炸时代的女性主义发展有何意义？

穆尔维：尽管上述几点都没有明确地提到女性和女性主义观看方式，但这些新的观看方式的确提供了一种可能性，使得任何人、任何充满好奇心的年轻姑娘得以去分析男性凝视究竟是怎样的，又是怎样被建构的，从而推演一种可替换的女性主义视角，进而发展出一整套新的基础电影语言，用于指导她们进行各种各样"另类的"观看。这有助于铸造一种女性主义的抵抗文化（counterculture），让女性能够分享她们的经验和洞见，让她们可以从思考电影的观看方式出发，形成理论观点。目前，我们看到女性的形象正在遭受数字化的歪曲，女性正在被不切实际和过度理想化的形象狂轰滥炸。我想，也许是时候回到弗洛伊德和他有关男性无意识及其弱点的推测上了。

常江：在当下的中国，女性主义的内容和意义正在经历急剧的变化，部分原因在于传播技术的变迁及其对大众观念塑造的影响。您认为在性别结构的建立和调整过程中，技术起到了或者将会起到怎样的作用？

穆尔维：长话短说。新的记录影像和创作故事、评论音轨、纪录片、散文/论文电影等方式都是我所欢迎的，并且这些新的可能性作为一种可替代的方式应该能够为已经成熟的媒体提供创造性的源泉。毫无疑问，一种新的技术将会发展出自己的美学形态，但是我更感兴趣的是观众如何运用数码手段去回看,回看赛璐珞胶片上的电影在新技术手段下的折射。我认为,通过慢放或暂停旧电影,我们能够创造出一种新的观看方式,进而去思考影像本身的新含义。可以明确的一点是,在这个技术狂飙突进的年代,把玩意象和性别扮演都比过去更容易实现了,性别流动性的概念正逐渐更为广泛地为社会所接受。

在我看来,当前很重要的一点是平衡媒体爆炸和年轻女性蓄势待发的影像创作及实验之间的关系。当代的年轻人接受着各种图像信息的轰炸,他们完全可以意识到消费文化是怎样运作的,并且具备精进的理论技巧。今天,对影像进行理论化处理不再为学者所独享,也不再是一项艰难的活计。对于每一个暴露在急剧发展的数字化商品时代的人来说,这项活动应当变成日常生活经验的一部分。

从上文中不难看出,在技术变迁与文化民主的关系问题上,劳拉·穆尔维持有与瓦尔特·本雅明(Walter Benjamin)相近的乐观论调——后者在《机械复制时代的艺术作品》(*The Work of Art in the Age of Mechanical Reproduction*)中指出大批量复制的影像生产技术使艺术鉴赏成为一种政治行为。劳拉·穆尔维从流媒体时代的影像接受的一些十分具体的实践(如暂停、重放等)出发,探讨新的视觉科技可能带来的潜在的文化民主化变革。同时,她认为这些新的技术为她长期以来所倡导的女性主义实验电影提供了新的可能性。

面向未来的女性主义电影理论

对于劳拉·穆尔维来说,从事电影研究工作的一个不容忽视的因素,就是学者所必需的超然立场与自身作为深度电影观众的文化身份之间存在的张力。在运用精神分析的话语体系进行女性主义电影理论的阐述的同时,她也在不断解析自身在具体的观影情境下的心理状态,并努力将其转化为理解和阐释的源泉。

常江：您是怎样从一个"迷影者"转变为一个严肃的理论家和学者的呢？

穆尔维：我出生于1941年，在第二次世界大战结束之前一直住在乡下，所以在我6岁来到伦敦之前都没怎么看过电影。我印象中看过的第一部影片是《北方的纳努克》(Nanook of the North)。我真正的迷影岁月始于大学毕业之后，我开始和一群朋友一起去看电影。这些朋友深受《电影手册》(Cahiers du Cinéma) 的影响，他们使我开始对好莱坞电影、对《电影手册》基于"作者论"(politique des auteurs) 立场所推崇的导演制度产生了兴趣。20世纪60年代我花了很多时间看电影，努力建立起自己对好莱坞的系统性的认识。而我的观看理论的形成则与女性主义运动有着密不可分的关系。我发现，突然有一天，我开始用不同的眼光审视那些自己曾经喜爱的电影，不再是沉浸在银幕、故事和场面调度当中，而是感受到一种愤怒。从那一刻起，我不再是一个窥淫的、男性的观者，而是突然变成了一个女性的观者，一个在观看电影时与电影保持一定距离并且持有批判立场的观者。我对女性主义运动的接触始于牛津大学的女性学术团体。我和许多学者一起阅读弗洛伊德，并展开即时的讨论。虽然我们并不是对他提出的所有观点都认同，但讨论的过程还是为我们阐释自己感兴趣的问题和议题提供了一个切入口。当我在写作《视觉快感与叙事电影》一文时，好莱坞其实已经开始走下坡路了。与此同时，我自己的观看立场极大地受到女性主义精神分析理论的影响，并且逐渐向先锋美学靠拢。如我之前所说，这个世界总是在不断变化的，但研究好莱坞依然具有重要的意义，原因在于：其一，它依然是我深深喜爱的一种电影样式；其二，它极为恰当地为女性主义和精神分析提供了批评分析的文本。

常江：您是否能为中国的媒体和性别研究者提供一些职业方面的建议呢？

穆尔维：对于这个问题，恐怕我不能给出实践性的或立竿见影的建议，但是我会重申我在回答第一个问题时指出的一点，即政治性的集体创造能够输出进步的思想、社会性的意识以及有创意的观念。《视觉快感与叙事电影》一文是当年的女性解放读书会的成果之一，那段经历让我明白，应该勇敢地接触伟大的男性们创作的伟大著作，并且饱含激情地生产属于我们自己的、女性主义的观点来与之呼应。对此，我终生难忘。

在劳拉·穆尔维看来，女性主义的进步事业，以及女性主义电影理论在未来的发展，仍然需要一种积极的、政治化的集体思想实践。而真正杰出的电影理论家，会始终保持对自身经历和兴趣所导致的观影立场的批判性反思，从而超越历史和社会加诸自身的局限性。这一点，对于从事媒介、传播和文化研究的学者而言，具有重要的参考意义。

（协助采访、资料整理及翻译：李思雪）

安吉拉·麦克罗比

流行文化导致性别平等的幻象
——重返伯明翰的女性主义政治

安吉拉·麦克罗比（Angela McRobbie）是英国著名媒介文化理论家、女性主义学者，同时是一位媒体评论家，长期密切关注流行文化、当代媒体实践与女性主义的发展。她于苏格兰的格拉斯哥大学（The University of Glasgow）获得学士学位，于伯明翰大学当代文化研究中心获得硕士学位。1986年以前曾在伦敦的拉夫堡大学（Loughborough University）担任教职，现于伦敦大学戈德史密斯学院（Goldsmiths, University of London）任传播学教授。她的研究领域主要包括青年女性、社会阶级、大众文化、亚文化及时尚等。此外，她对青年日常行为中的文化产品、英国时尚设计师的生活及劳动形态也多有涉猎。

麦克罗比的研究生涯始于20世纪70年代在伯明翰大学就读研究生时，她在这一时期即撰写了许多有关女性气质、流行音乐、青少年杂志的论文。麦克罗比的早期论文被集中收录在《女性主义与青年文化》(*Feminism and Youth Culture*)一书中。20世纪80年代中期，麦克罗比开始关注媒体所承载的过分性征化的图像、刻板印象与

Angela McRobbie

广告对女性的再现,并在针对女性杂志的专项研究中指出女性主义修辞正在进入青少年流行文化,这似乎证明了女性主义常识正在融入更广泛的文化领域。从90年代后期开始,麦克罗比的思想经历了"后现代主义之后"的转向,开始对后现代性问题进行反思。她认为后现代性在批判现代性的宏大叙事的同时,自身却逐渐占领了元叙事的领地,并批评后现代主义的都市情结和消费主义漠视下层生活的变化。她呼吁重返唯物主义传统,用马克思主义的方法分析社会问题,同时给予边缘身份更多关注。

麦克罗比是女性主义大众文化研究领域内的佼佼者,她的研究填补了伯明翰学派在女性文化研究方面的空白,有力地扭转了文化研究前期的男性中心主义倾向,并且进一步开拓了青年亚文化的研究领域。更为可贵的是,麦克罗比始终保持着一名文化研究者应有的"介入"态度,对边缘群体的境遇有着深切体察与人文关怀。在这个意义上,麦克罗比是文化研究核心价值观真正的支持者与践行者。

流行文化与女性主义的消亡

安吉拉·麦克罗比学术兴趣广泛,研究领域众多,但在不同的研究议题之间,始终贯串着一条明晰的线索,那就是女性主义在当代文化中的存在方式。20世纪70—80年代,麦克罗比以热忱的态度看待流行文化和亚文化中的女性主义元素。但随着新自由主义在80年代中后期的崛起,她开始严肃审视"女性主义消亡"的问题。我与她的对话,就从她2008年出版的《女性主义的后果:性别、文化与社会变迁》(The Aftermath of Feminism: Gender, Culture and Social Change)一书开始。

常江:您的著作《女性主义的后果》目前没有中文版。您能向中国读者介绍一下它的内容及其与女性主义发展的关联吗?

麦克罗比:这本书主要关注女性主义在过去20年间是如何消亡,以及如何仍然呈现出难以阻挡的消亡趋势的。我采用了接合(articulation)的概念并将其倒过来使用,因此这实际上是一种政治和历史的脱节(disarticulation)。这种脱节是与一种看似更为流行的关于选择、赋权与自由的话语同步发展的。这种"虚假的女性主义的自由"首先被商业文化所利用,然后又通过政府治理发挥作用,而实际上的目的在于终结女性主义。这个过程比它看起来要复杂得多。女性主义被简化为一种幽灵般的、萦绕不散的存在。但我在这本书的结尾部分真正想说的是,女性主义在学院中仍以它自己的方式存在着。你走进欧洲的每所大学,都会发现非常有活力的年轻女性。例如,越来越多年轻的黑人女性将自己认定为女性主义者或酷儿(queer),并且对女性主义抱有难以置信的热情。在这本书的最后一章,我试着找出女性主义在学院体系中正发生着什么变化,我所做的就是要挑战那些盲目乐观、积极的当代女性主义版本。因此一定程度上可以说这本书是回到了我大学时关于文化研究的讨论之中，回归了雷蒙·威廉斯，重新开始关注有关接近、有关外界教育以及有关人们需要什么才能进入这些空间的问题。我在其中建立了一种联系，深入参考了加亚特里·斯皮瓦克（Gayatri Spivak）的研究，并且追问如果说一切都是游牧式的过程，那它最终将成为什么。

常江：您曾在许多场合提出，从 20 世纪 90 年代起出现了"性别平等的幻象"。您能详细解释一下这个说法吗？

麦克罗比：在过去的 10—15 年间，我对这种平等幻象的形成方式产生了极大的兴趣。以前，我作为一个女性主义者，往往很容易能够指出年轻女性在哪些地方受到歧视、遭到不平等待遇。但现在，真的有点时过境迁的感觉。真正引起我注意的是现实似乎恰恰相反，人们好像真的认为女性，特别是年轻女性，已经在某种程度上获得了与男性平等的地位。而我作为一名社会科学家想对这一点提出质疑，因为这十分可疑。

在英国、西欧和北美，从 20 世纪 80 年代开始，女性主义的确对整个社会产生了影响，我这一代女性的努力与斗争也产生了实实在在的成果。这一时期，涌现出了很多关于媒体上女性的负面形象的辩论，如过分性征化的形象、商业广告中的女性刻板印象等。我认为对于我这一代女性主义者来说，这些讨论在某种程度上是有其内在驱动力的，会迫使掌权者、杂志编辑和政府官员真正地去采取措施。这种事同样发生在教育界与法律界等特定社会领域中。可以说，所有重要的社会机构都受到了女性主义的挑战。我认为这一过程从 80 年代中期到 90 年代中期持续了 10 年。但从那以后，事情开始变得有些不同了。

常江：体现在什么地方？

麦克罗比：从 90 年代中期开始，社会上出现了强烈反对女性主义的声音。当然，在任何时候都会有反对者存在，也总有一些力量始终以女性主义为敌，但在 90 年代中期，我看到了一种本质的变化。我所看到的是"反对行为的复杂化"。虽然很多人都会习惯性地说"没有人应该全职居家或仅仅成为一个母亲"这样的话,但还是发生了一些决定性的转变。我选择使用"反对行为的复杂化"这个表述,是因为我察觉到反对性别平等和拒斥女性的行为在权力关系中的可见性,而这一点被许多人作为常识去认同。越来越多的人认为,女性主义的确可以发挥一些作用,但是它已然走得太远,甚至开始起反作用。一些似是而非的调查指出,很多家庭之所以解体,女性主义是罪魁祸首,是女性主义导致了离婚率的上升。社会开始警惕女性去从事以前主要由男性从事的工作,认为这导致了男性气质的危机。在大学里,对所谓"学校课程的女性化"的批评则意味着男性正在被学校教育所疏远,因此对于男孩在学校的不佳表现,女性主义也被认为有不可推卸的责任。

常江:这个观点是来自您的阅读积累还是观察经验?您是否做过实证研究来证明这个观点?

麦克罗比:这对我来说是个好问题,它可以帮我搞清楚自己究竟是一个怎样的社会学家。在写《女性主义的后果》时,我大量阅读了当代的女性主义的实证研究成果。我对这些研究进行细致筛选、重新解读,努力在整整20年的研究中寻找可以借鉴的东西,例如女性主义与教育中的性别问题之间的关系等。因此,我的分析更着眼于去发展、拓展一些在现有实证研究中形成的概念。我不是那种善于搞问卷调查的社会学家,也不是那种关注14—16岁女孩饮食失调问题的官方研究员。我更喜欢拿到其他研究结果或报告后去仔细阅读,这与我对文本分析的偏好以及这方面的专业技能相契合。我喜欢用多种方式分析文本。我最初的学术训练开始于英语文学领域,之后进行了一些社会学的训练,然后才是文化研究,因此我最擅长使用的是解释性或定性的方法。所以说,我不是一个真正的民族志爱好者,尽管这是伯明翰的优良传统。虽然我曾经做过很多可被视为有实证基础的研究工作,比如有关英国时尚产业的研究和年轻女性时尚创业方面的研究等,但我的方法论取向总体上是十分人文化的。我喜欢与人们交谈和做非结构性访谈，我也喜欢观察并使自己沉浸在文化情境中。

常江：谈到您从事过的关于时尚产业的研究，您曾明确批评过该产业为女性设立了负面角色模式，同时损害了性别关系。时尚产业在性别平等的衰落中究竟扮演了什么样的角色？

麦克罗比：我非常关注后女性主义视野下社会权力的主要运作方式。年轻一代的女性和男性似乎已经变得平等，这些女性似乎也拥有了更加卓越的地位和职位，至于以前被称为"父权制"的旧式标准，或如皮埃尔·布尔迪厄（Pierre Bourdieu）所说的"男性统治"，也似乎逐渐淡出了人们的视野。但我在书中想要论证的是，传统男性权威的门槛和限制已经被时尚和美容工业所替代。内奥米·沃尔夫（Naomi Wolf）在多年以前也表达过类似的观点，但我认为我是以更本质、更为理论化的视角去审视时尚与美容的。我的观点主要受到福柯提出的"规训"概念的启发。日常的规训机制是如何对年轻女性产生作用的？消费文化、时尚和美容实际上均扮演了旧式父权制的替代品的角色，而且从某种程度上来说比前者更有效。然而，没有人可以说"这是男性的错"或"男性统治的模式依然存在"，因为看上去似乎是年轻女性在主动选择这种消费结构和身体意识，她们是在"为自己"做出选择。这就是我前面说到的"性别平等的幻象"。

常江：现在很多女性似乎在尽力避免被贴上"女性主义者"的标签，至少在中国是这样的。

麦克罗比：这是因为，如今的流行文化与流行媒介满载着对女性主义的潜在敌意。在各种公共话语里，女性主义被贬损、戏弄、讥讽，女孩们最不被鼓励做的事就是认同女性主义。女孩在这种环境下成长，就必然会表示自己愿意和男朋友一起去脱衣舞俱乐部。她们认为自己并不需要借助女性主义证明性别平等，而这实际上是一种自我贬低。在更年轻一代的女性中甚至存在一种恐惧感，不知为何，她们恐惧来自男性的非难。仿佛性别政治这个想法本身已经迷失，从而引发了年轻女性的胆怯与恐惧。我以理论化的方式谈论了这个问题。我引用了朱迪丝·巴特勒（Judith Butler）、福柯的观点，并对正在发生的真实事件做出分析。总的来说，在美国，自由女性主义的确有非常深远的影响，英国的女性主义则带有更多社会主义的色彩。对我来说，女性主义的类型越多越好，但这并不意味着我对所有的类型都赞同。我认为，现在的关键问题还远谈不上到底应该有一种女性主义还是多种女性主义，而是要先搞清楚在这个全球化、霸权主义和新自由主义主宰的世界中，究竟可以存在什么样的女性主义。我们很难看到比较统一的女性运动。女性主义者似乎认为自身是碎片化的、分散的、矛盾的、依差异定义的。

不难发现，安吉拉·麦克罗比关于女性主义的观点，其实经历过一个转变的过程。从20世纪70—80年代积极投身于对各种类型的后女性主义文化表征的考察，甚至对后现代主义持有高度积极的态度，到世纪之交开始重新考量当代女性主义的政治经济构成，尤其是女性主义在"全球化、霸权化和新自由主义"语境下的"消亡"，这体现了麦克罗比学术思想"重新政治化"的过程。这一过程，实际上与斯图亚特·霍尔在世纪之交面对文化研究的后现代化时所做出的努力是一致的。因此，要想真正理解麦克罗比的女性主义思想观念的缘起和流变，就必须要回到她接受训练的地方：伯明翰。

伯明翰的观念遗产

安吉拉·麦克罗比在伯明翰大学当代文化研究中心学习期间，正是伯明翰学派发展的巅峰时期。尽管霍尔执掌下的伯明翰大学当代文化研究中心对性别问题并不十分"感冒"，但麦克罗比仍然表示自己的女性主义思想是在伯明翰孕育、生根的。伯明翰的观念遗产，一直是麦克罗比学术实践的主线。

常江：在作为后女性主义理论家的整个职业生涯中，您似乎对于伯明翰的传统一直采取既拥护又抵制的态度。您在当代文化研究中心读研究生时的生活是什么样的？这段经历又是如何影响了您的研究实践与学术思想？

麦克罗比：我于 1974 年 9 月来到伯明翰。在当代文化研究中心，我享受了一整年的没什么负担的研究生活。第二年夏天我怀孕了，并满怀期望要成为一个女性主义妈妈。从那时开始，一些事情逐渐明晰地浮现在我的脑海中，我的思维沉浸在左翼激进派和女性主义政治中，并发现当时的社会充斥着带有暴力式色彩的争论和冲突。如今回想起来，当时关于学术道路的想法和规划学术生涯的策略竟然从未被我提上日程。相反，充盈着我的生活的，是政治的混乱以及对于马克思主义、女性主义和反种族主义的强烈兴趣，这种理论兴趣给予我饱含热情、激情、危险与合作的生活。至于论文，则只能算是事后的一点想法。

当时，很多人认为伯明翰的这些青年学生是麻烦制造者，尽管他们的这个想法不过是随大流而已。我在研究生第一年艰难地阅读了大量以前从未接触过的大陆理论。我刚到伯明翰的时候，阿尔都塞的影响力如日中天，同时被推崇的还有罗兰·巴特和葛兰西。我们在伯明翰成立了《政治经济学批判大纲》阅读小组，并发展了合作研究、集体写作的学术生产观念。直到女儿出生之后，我才开始专心写论文。我们住在学校旁边，她去上托儿所，我就坐在缪尔黑德塔（Muirhead Tower）的六楼工作，房间里放着一大堆《杰姬》（*Jackie*）杂志，要么是我自己买的，要么是要求当代文化研究中心图书馆帮我订购的。伯明翰给予我们的，是学术生活和政治生活的联结。

常江：我在夏洛特·布伦斯顿（Charlotte Brunsdon）的回忆文章中读到，当代文化研究中心内部对女性主义有些许敌意，那是真的吗？

麦克罗比：现在想来，情况也未必完全是那样。当时，女性研究小组有着广泛的兴趣，包括国民劳工辩论、国内电视的女性受众、媒介中的女性形象、精神分析与女性主义、工人阶级女性的日常生活和反种族主义等。我们撰写了各种各样的文章、小册子和书，这些活动并没有受到什么限制。但今天，关于女性主义在当代文化研究中心的爆炸性影响已经有了很多种说法，有谴责、对抗、同情与沉默。但我的确有一些想法想要传达给今天的女性学生们。我当初参与这些争论实际上是站在了一种相对非个人化的立场上，这一切不仅与我个人的生活经验相关，而且与抗争行为本身相关。总体上来说，左翼男性学者确实是认真对待女性主义的，尽管有时这种认真是令人不快的。当代文化研究中心的女性并不害怕被视为"仇男者"。我们针对性别问题进行了充满力量的抗争和无休止的辩论、成立阅读小组、论争、发布宣言、昼夜不停地争吵，我想这都得到了男性同行的尊重。我的男同事们心甘情愿地报名协助托儿所的工作，去照顾孩子，对于有关性、身体与快感的话题也有着非猎奇的兴趣，这些话题也进入了我们的日常谈话。

常江：所以您仍然认为伯明翰是您的女性主义思想成熟的地方？

麦克罗比：也许与其回顾当初我们在伯明翰生产出了什么内容和提出了什么观点，不如去思考形塑了我们工作方式的主流女性主义行为规范。对集体知识活动的高度重视是有实用价值的，却也耗费了大量的时间，因为每个环节都须得到集体的普遍认可，专业观念只能被再次推至一边。雄心勃勃的人在伯明翰多少有点不受欢迎。中心的日常氛围就是强烈反对竞争，这是有问题的，且与大多数研究生院，特别是美国研究生院高度竞争性与高度个人化的氛围相去甚远。当然，我们无须在日常研究的方方面面都采用自己认可的方式去开辟真正精彩的理论争鸣空间。我认为我们最终都从中心以及斯图亚特·霍尔的谦逊品质中获益良多。

常江： 您在谈论性别问题时似乎更偏好一种亚文化路径，而非经典的伯明翰式的阶级分析话语，这是为什么？

麦克罗比： 这是个有趣的问题，我需要思考一下。如果把你的这个判断置于早期文化研究的语境下，我是同意这一点的。但在某一时间点后我忽然不想再思考亚文化问题，不想再做同样的工作了。而且，令我不太舒服的是，尽管我认为伯明翰学派对于阶级的重视在当时十分重要，但这一关注点后来不得不被种族、性别、性等问题取代。我从未对工人阶级的文化主义观点感到不满，但那也的确不是我的经历。如果你从结构主义的视角来看，阶级是一种你可以从不同角度去审视的概念范畴。围绕着阶级问题，总是存在着某种浪漫主义情调。如果我们思考一下以下问题将会很有意义：为何我认为自己必须要去探讨有关工人阶级女性的问题？原因很简单，你无须为中产阶级年轻女性操心，因为她们已经享有特权。在那时的社会学以及社会学与文化研究的交叉视野下，你只能从中产阶级或工人阶级的角度去思考问题。选择中产阶级女性，意味着一种视野的褊狭；而要研究工人阶级以及工人阶级女性，又缺乏理论支持。但我觉得，以亚文化为切入口可以解决这一问题，因为亚文化本身就是一种阶级的混合与种族的混合。

总体而言，安吉拉·麦克罗比对于伯明翰学派的观念遗产持有一种辩证的态度。一方面，她始终认同伯明翰主流的阶级分析方法的广泛适用性，认可对于阶级问题的敏感应当贯串于各个维度的研究议题。但另一方面，她不赞成伯明翰学派的许多成员将阶级分析发展成某种"原教旨主义"，进而忽视种族、性别等维度的独特政治价值的做法。她在自己的研究实践中，巧妙地选择亚文化为切入口，有效地回避了可能出现的观念冲突。对于亚文化的关注不仅是麦克罗比的研究兴趣所在，而且是她从女性主义立场出发，保持与伯明翰的观念遗产的"接合"的学术策略。

文化、性别与政治

近十年来,安吉拉·麦克罗比围绕文化、性别与政治三者之间的关系,展开了大量归纳式的论述。她开始反思后女性主义业已确立的各种范式,并尝试重返伯明翰学派的经典分析方法,呼吁文化理论和性别研究的重新政治化。

常江:在过去十年间,被后结构主义理论影响的新分析思路为"流动性"这个概念赋予了重要地位,超越了身份范畴,甚至超越了"交叉"(intersection/intersectionality)范式。这是否意味着"女性身份"或"女性主义"的观念内核被动摇了,或者应被收编至整体性的"酷儿理论"中?

麦克罗比:我认为交叉理论有些过于僵化了,而且过分关注这个理论和那个理论的融合问题。酷儿也许是一个更具包容性与流动性的主题。我也认为酷儿政治为复兴性别激进主义提供了可能,但我还是要为与同性恋政治相关的女性主义的消亡感到惋惜,为女性主义单身父母与女同性恋母亲的共性空间的消亡感到惋惜。若酷儿理论在未来取代了女性主义,那么问题是:哪些人、哪些思想能够存留下来?我也为在20世纪80年代初期至20世纪90年代初期的社会主义女性主义思潮中发出的声音的消亡,以及女性主义精神分析的前景感到惋惜。吉尔·德勒兹(Gilles Deleuze)与菲利克斯·伽塔利(Felix Guattari)在《反俄狄浦斯》(*Anti-Oedipus*)中也传达了这一意思,但我仍想知道女性主义政治精神分析是否会拥有一个专业且更为公开的空间。

常江:您如何理解文化研究与其政治意图之间的关系?这两者是否互相干扰了对方的专业性?

麦克罗比:我认为在很长的一段时间里文化研究和政治的互动十分融洽,且具有蓬勃的生产力,同时无须抛弃自身的理论价值。很多人对两者的关系处理得很好,比如尚塔尔·墨菲(Chantal

Mouffe)、厄尼斯特·拉克劳（Ernesto Laclau）、斯图亚特·霍尔，以及杰奎琳·罗斯（Jacqueline Rose）——尽管她并不是一个文化研究者。我认为关键在于主流政治建制的构成。斯图亚特·霍尔以前就常常参与主流政治活动，参与英国的政治体制与政治文化。但我认为那个时代已经结束了，这真是件令人绝望的事。我还想到了其他类型的政治：英国文化研究、英国国家、对真理的批判、对新工党的批判等。实际上，由于整个政治体系已经僵化了，因此尽管有许多人经常试着去介入，但我认为那已不是一个值得介入的具有生产力的空间了。相反，大学以及某些类型的更具有生产力的政治出现了，如朱迪丝·巴特勒所参与的那种。不过，我们无法预测这个过程会产生什么影响，因为它的运作方式是开放式的。政治是什么？或许政治仅仅是事件与偶遇而已，有些事件与偶遇比以往更为接近大学，而不在欧盟的知识和政治议程上。

常江：人们往往把文化研究和性别研究理解为"跨学科"或"反学科"的。您将自己的研究归为哪一类呢？

麦克罗比：我从事这项研究已经很久了，一直被文化的世界深深吸引着。我认为我是个文化社会学家。在写作方面对我影响最大的人是皮埃尔·布尔迪厄；当然还有福柯，他是个历史学家、哲学家；还有朱迪丝·巴特勒。我更倾向于和文化论坛合作，并在此基础上发展政治讨论、解读文化论坛，而非参与规模宏大的政府资助项目。

不难发现，安吉拉·麦克罗比对有着后现代倾向的交叉理论和酷儿理论持有温和的反思态度。她缅怀文化研究与政治保持良性互动的时代，并呼吁性别理论和文化理论应当具有更加鲜明的社会参与意识，哪怕是一种学院式的参与。事实上，对研究自身所基于的逻辑或范式的反思，始终是文化研究最具生命力的部分，这种学术式的自省对于当下的社会科学研究有重要的观念价值。

（资料整理及翻译：史凯迪）

大卫·莫利

新媒体带来了新的排斥形式
——社交媒体时代的霸权分析

大卫·莫利（David Morley）是英国著名文化理论家和社会学家，是伯明翰学派的代表人物之一。20世纪70年代，莫利求学于伯明翰大学当代文化研究中心，师从斯图亚特·霍尔，并在获得博士学位后成为该中心的研究员。此后，他先后于布鲁内尔大学（Brunel University）和伦敦大学戈德史密斯学院等校任教，同时担任《文化研究》（Cultural Studies）、《欧洲文化研究杂志》（European Journal of Cultural Studies）、《电视与新媒体》（Television and New Media）和《亚洲文化研究》（Inter-Asia Cultural Studies）等众多国际知名刊物的编委。

长期以来，莫利的研究兴趣集中于媒介技术对公共领域和私人领域的塑造机制，并在这一领域开展了大量的民族志研究工作，是电视媒介巅峰时代具有重要影响力的理论家之一，在文化研究的图谱中占据着重要地位。在当代文化研究中心担任研究员时，莫利与夏洛特·布伦斯顿等人组成了"媒介研究小组"，通过对英国广播公司制作的王牌电视节目《举国上下》（Nationwide）的文本进行研究，剖析电视如何建构和影响受众的意识形态，对霍尔关于编码和解码的

David Morley

思想进行了验证和拓展。随后,他以民族志为方法取向,对家庭内部的电视收看行为进行研究,深入剖析其中的性别权力关系,并进一步对家庭领域内多重传播技术的使用状况进行了研究。在研究成果的基础上,莫利出版了《〈举国上下〉的观众:结构与解码》(The 'Nationwide' Audience: Structure and Decoding)、《家庭电视:文化权力与家庭休闲》(Family Television: Cultural Power and Domestic Leisure)和《电视、受众与文化研究》(Television, Audiences and Cultural Studies)等一系列代表性著作。

莫利的研究表现出了对平民阶层媒介消费行为的极大热情,他始终倡导将与现代传媒密切相关、与精英文化截然相异的大众文化作为研究和关怀的对象。近年来,莫利扩大了研究范围,致力于通过跨学科方法研究文化地理学和媒介人类学,尤其关注媒介技术在不同规模的社区建设中、在脱域/再域化进程(de/re-territorialization)中、在重构边界和技术区域等方面的不同作用。除了通信技术和虚拟信息传播,莫利同样关注交通技术发展对全球人口流动、媒介文化消费和受众文化认同的影响。莫利的理论使文化研究学派的研究方法得到了极大的完善,为此后的研究构建了一种从科技与文化的角度分析其内在机理的方法,能帮助我们更好地理解后现代语境下的跨文化传播和民族认同问题。

经典文化研究及其政治性

大卫·莫利在伯明翰学派接受了正统的文化研究训练，并在这里开启了他的学术生涯。纵观他的学术思想，政治一直是一个明确的主题。尽管文化研究如今大大超越了伯明翰时期专注于个体在日常生活中的意义生产行为这一狭窄范畴，但这一学科对资本主义社会的文化不平等结构导致的政治不平等现象，始终保持着尖锐的批判。我对大卫·莫利的访谈，就从他在伯明翰的求学和研究经历说起。

常江：您是在伯明翰大学当代文化研究中心走上媒介与文化研究道路的，您认为伯明翰的研究是政治性的吗？如果是的话，政治是以什么形式与文化研究相结合的？

莫利：没错，我认为伯明翰大学当代文化研究中心是改变"政治"定义的关键机构之一。大约在20世纪60年代末70年代初，英国出现了各种社会运动，但当时人们仍然认为政治是党派的政治，它只与罢工、革命和体制有关。文化政治（cultural politics）这一概念的出现，以及如今我们习惯于从文化维度思考政治的做法，实际上是学术研究重塑常识的结果。而这正是中心所做出的巨大贡献之一。举个我自己身边的例子，我认为我的两个女儿在很大程度上已成长为后女性主义者，不过，那只是因为她们在成长的过程中将女性主义前辈们为之奋斗终身的事情视为理所当然。对我女儿那一代人而言，所有这些观念就像早餐应当吃吐司一样"不言自明"。她们都不会自称女性主义者，但是任何仅因为她们的性别就试图给她们制造麻烦的人根本不可能得逞。

我认为当代文化研究中心在政治研究方面所做出的最显著、最有意义的贡献是重新定义了政治，尤其是推动了文化政治研究的发展。有些学者参与了传统形式的政治活动。例如，罗宾·拉舍（Robin Rusher）曾在伯明翰大量参与爱尔兰人的政治活动，这在当时是非常危险的。但在我看来，这种直接的政治参与行为，相对于中心所做的主要政治贡献而言只是例外，中心更多的是在重塑人们对政治的认知，以及重新界定哪些问题应当被归入政治研究的范畴。然而，由于保守势力所施加的负面影响，近年来，媒体和传播研究领域在这方面经历了不幸的倒退。出于各种原因，那些与所谓的传统媒介社会学联系紧密的人所取得的成功对学界里一些关键机构的人员构成产生了影响，无形中敦促学者们去研究媒介领域那些精英化层面的东西，从而使媒介理论更符合关于"什么是政治""什么是重要的"以及"什么是值得研究的"等一系列问题的传统观点。我们仿佛一夜之间回到了理查德·霍加特和雷蒙·威廉斯当年所面临的局面。

常江：所以您在伯明翰所从事的研究工作，也是有着特定的政治意图的？

莫利：是的。正因如此，当时在伯明翰，我所在的媒介小组才选择研究像《举国上下》这样的所谓"地位较低"的大众化节目，而非更精英化的节目。但是当前，至少在英国，在那个文化研究者们成功证明了研究电视肥皂剧、西部文化、流行音乐等大众文化之重要性的时代里一度胜出的研究领域，已然走向了没落——除了少数例外，比如关于"粉丝群体"和电视真人秀的研究。所以，随着近几年文化研究对传播学的影响力的减弱，学界逐渐恢复了那种着重于展现政治和其他"重要"类型的时事节目的传统，而忽视了对通俗小说和流行文化的认真研究。越来越多的人看到了这种研究方法倒退的迹象，这是非常遗憾的。

在"新媒体"领域的研究中，我曾在参加两个国家举办的会议时感到困惑不已，因为几乎所有的论文都有一个共同的假设，即使用与满足理论能够为数字化媒体研究提供绝对正确的途径。我对此备感困惑，因为在某种程度上，早在20世纪70年代的伯明翰，这种研究方法就已经被废弃了。这并不是说这些学者们已经在论文中对我们此前的批评做出了回应，相反，他们完全忽略了我们的意见，仿佛它们从未被提出过！我能想到的唯一解释是，在意识形态层面上，使用与满足理论对个体的媒介消费选择的非社会化本质的解释，恰好能与当今数字媒体营销环境下的个人主义消费文化完美契合。不同观念体系在意识形态上的同源性本身是需要被剖析的。

常江：一些文献尝试将文化研究定位为"中间学科"，甚至是"反学科"。不知道您是否认可这种观点？交叉性对于文化研究来说，真的有那么重要吗？

莫利：至少我本人就是这样做研究的。在大学时代，我最开始打算研究经济学，之后觉得社会学更加有意思，于是转到了社会学专业。随后，我发现社会学也不能回答所有的问题。于是，在当代文化研究中心，我开始了解考古学、人类学、地理学等其他学科。对于我而言，那是我学术生涯的定型时期。有时候考古学家们会说"考古学如果没有民族志就毫无意义"，对我而言，相似的说法是"文化研究如果不是交叉学科就毫无意义"。我对于交叉学科、跨学科和反学科规训这些概念之间的区别没有太多研究，也从未遇到过能准确区分它们的人。不过，就我个人而言，从不同学科的角度考虑问题是它们的共同本质，这也正是文化研究的价值所在。没有这一点，文化研究就没什么拿得出手的东西了。

常江：所以说，文化研究还是要有自己比较明确的定位，不能过分模糊自身的边界。

莫利：的确。我觉得许多自称是文化研究的成果实际上并不是交叉学科的，而更像是一种文化社会学的成果。在这个问题上，差不多每隔十年就会有些人提出，是时候抛弃一切"过时的"、杂乱的跨专业内容，围绕着更为系统化、理论化的文化社会学理论重新组织这一学科了，仿佛体制化才是唯一的正解。十年前，西蒙·弗里思（Simon Frith）和美国的杰弗里·亚历山大（Jeffrey Alexander）等人曾主张进行这样的改变。保罗·史密斯（Paul Smith）也在不断发出这样的声音。对我来说，按照史密斯等人的方向走下去就是死路一条，而非通往文化研究领域所需要的"革新"。这种奇怪的观点仿佛认为，雅克·德里达（Jacques Derrida）、吉尔·德勒兹、迈克尔·哈特（Michael Hardt）、安东尼奥·内格里（Antonio Negri）和乔治·阿甘本（Giorgio Agamben）等人在某种程度上比索绪尔、沃洛西诺夫（V. N. Volosinov）、罗兰·巴特、阿尔都塞和葛兰西等正统的文化理论学者更加"理论化"，而后者的作品正是当代文化研究中心在20世纪70年代的研究对象。

常江：所以说，文化理论的发展在某种程度上背离了文化研究的初衷？

莫利：我觉得我们应当按照原来的方向稳步前进——我相当认可格雷姆·特纳（Graeme Turner）在其著作《文化研究的内容》(*What's Become of Cultural Studies*)中对文化研究提出的批评，而且我确实对他所讲的自己参与文化研究会议的感触产生了共鸣。据他所说，你有时能看到"破旧不堪而又被装饰一新的理论之车"沿着"令人绝望的熟悉地形"走下坡路。然而，问题的关键在于，如果你按照弗里思、亚历山大和史密斯等人所指的道路走，在最好的情况下，你最终只会得到一种抽象的和去语境化的文化构想（如全球化、风险社会和新媒体）的高级理论哲学形式。我认为它和文化研究毫无关系。让我担忧的是，"新奇"越来越被认为是了不起的，而且由于摒弃了以前那些陈旧的、过时的成果，它甚至被建构得更加正面，更加积极。

举个例子，这些年比较常见的一个观点是伯明翰学派的霸权（hegemony）理论已经过时了，应该被更适合我们这个时代的理论所取代。但我认为，在英国，霸权理论仍然比迄今为止提出的任何替代性范式都更有效。事实上，虽然自从霍尔提出撒切尔主义

（Thatcherism）是独裁的民粹主义霸权的一种具体表现形式迄今已30多年，但他的理论仍然行之有效。虽然霸权联合体（hegemonic block）的各个组成部分之间的制衡关系各不相同，但整个霸权计划本身保持着惊人的一致性。在有人能提出更好地理解它的政治构成的方法之前，我认为继续沿用这一理论是很有意义的。

常江：我在中国几所大学教文化研究的课程，的确感觉到它的与众不同之处会给教学工作带来挑战。

莫利：这要回到你上面关于跨学科的问题，我对此持相当保守的态度。我不认为文化研究是一门适合面向本科生开设的课程，它更适合在研究生层面开设。就学术定义而言，文化研究是且必须是跨学科的。最重要的是，它是帮助我们摆脱"能找到一种可以解释所有现象的简单理论"这一假设的良方。与此假设相反，研究人员必须充分利用尽可能广泛的理论方法，从中选择最有效的那一种，以便充分地理解正在研究的具体情况。让一个人直接去研究交叉学科是行不通的，他/她应当在充分了解一门学科之后再从中跳出来。正如路德维希·维特根斯坦（Ludwig Wittgenstein）所说，你可以在爬到梯子的顶端时把它扔到一边，但前提是你得到达顶端。我们的一些本科生虽然对福柯和别的理论家有所了解，但是他们并没有扎实的学科基础。所以我认为广泛开设文化研究课程并使之成为面向那些没做好研究交叉学科准备的本科生的一门课程是行不通的。我对北欧学者卡勒·诺登斯特伦（Kaarle Nordenstreng）的观点很认可，他提出了如何弥补目前传播学和文化研究领域中的交叉学科研究所存在的缺陷，并且提醒我们这正是托马斯·库恩的观点——在转向跨学科之前，需要熟练掌握特定学科的理论视角。在此背景下，他得出结论：一个理想型学者在作为学术传统的忠实捍卫者的同时，如有必要，应当成为一个反传统者，最重要的是他应当清楚在什么情况下扮演什么角色——我本人对这一角色很有共鸣。

常江：您认为文化研究作为一个学科（或领域），若想实现更好的发展，需要这个领域的研究者做出什么样的努力？

莫利：首先，我认为人们必须认识到如今文化研究有很多种形式。我自己一直从事的这种文化研究形式源于20世纪70年代伯明翰大学当代文化研究中心，它非常特殊。这种形式的与众不同之处以及在我看来最重要的方面在于，从定义上来说它是跨学科的。它拒绝承认任何一门学科（无论是经济学、社会学、人类学、哲学或是其他学科），或者任何一种特定方法（无论是马克思主义、精神分析法还是符号分析法）是唯一的真理。这种文化研究是建立在这样一个理念之上的：一个人必须从不同学科和方法中获得最好的东西，并适当地"拼组"不同的方法，以更好地适应你意欲分析的具体情况或问题。它拒绝认为任何一组独立的因子——无论是一个国家的经济或政治机构，还是文化历史本身——足以解释事物的整个发展过程。因此，研究者需要充分利用一系列学科提供的理论方法储备，创造出一套"个性化"的方案，以理解特定社会［斯图亚特·霍尔可能称之为"事态"（conjuncture）］的所有维度。霍尔本人也坚持这样的观点，即没有一套终极真理是可以放诸四海而皆准的，我们不能保证一个特定的解释框架必然会给出针对任意情况的最佳分析。

还有一个定义这种文化研究途径的方法，就是将它与全然相反的替代性方法进行对比，包括：用社会经济基础解释其他事物的观点；基于弗雷德里克·詹明信（Fredric Jameson）等人的抽象理论回顾形成的所谓"资本主义的逻辑"；或如斯科特·拉什（Scott Lash）等后现代社会学家那样，认为我们的时代已经完全被新技术主宰，而这些新技术本身具有唯一的决定性逻辑，它们不仅决定着人们感性体验的变化，还是解释当今社会生活的主要因素。据我所知，文化研究学者从根本上反对抽象的普遍模型，而对发展一套动态分析特定事态或"时刻"的方法更感兴趣，并会在解释过程中参考多元因果（multiple causality）理论，这源自霍尔在对阿尔都塞、尼科斯·普兰查斯（Nicos Poulantzas）、葛兰西和拉克劳等人的理论进行反思的基础上发展而成的"超定论"（overdetermination）模式。当然，归根结底，文化研究的目的不在于理解现状，而在于如何进行更有效的干预，使社会在政治和学术的维度上都朝着理想的方向转变。正如斯图亚特·霍尔一直主张的那样，文化研究的部分意义在于它不仅适当地关注文化领域，还致力于研究政治、经济现象的文化维度。最关键的是，这种文化研究的目的并不是研究文化本身，而是理解文化如何不可避免地与权力和政治交织在一起。

不难看出，对于莫利而言，文化研究的跨学科属性及其鲜明的政治参与意识，是这个学科保持生命力和对人类社会进程的解释力的根本原因。因此，他反对带有去政治化色彩的、规训式的学科建构，而主张维护文化研究"凌乱而天真"的本质。正是在这种笃定的价值理念的基础之上，莫利开始了他在全新领域——文化地理学和媒介人类学的探索。

新媒体时代的文化排斥

从20世纪90年代末期开始，大卫·莫利的研究兴趣逐渐由传统的电视受众研究转向更加具有跨民族、全球性视野的文化地理学研究。这一过程大体伴随着互联网和社交媒体在人类日常生活中的崛起。在大卫·莫利看来，前沿传播技术不仅提升了信息流通的速率、塑造了跨越国界的虚拟社群，同时在观念和机构层面带来了新的"排斥"（exclusion）机制。我们结合眼下的欧洲难民危机，与他探讨了文化地理学的内涵与功用问题。

常江：您的主要研究兴趣似乎已经从媒介受众转向了和地理、交通有关的议题，尤其是，您参与了阿尔琼·阿帕杜莱（Arjun Appadurai）主导的"排斥地理学"（geographies of exclusion）的相关研究。您能讲一讲为什么会开始关注这些问题吗？

莫利：新媒体其实给人类社会带来了新的排斥形式，而这种排斥是和地理、空间、交通等概念紧密结合在一起的。在这个持续变动的互联网社会中，虚拟和现实领域之间的联系印证了现实地理学的持续重要性。毕竟，互联网本身就有十分清晰的地理结构，全球不同区域每平方公里的互联网连接数差异极大，而且说来也怪，在我们这个时代，互联网企业本身也表现出工业区域化的结构特征，集中分布在全球几个特定的城市区域。

常江：文化研究的跨学科属性，似乎很容易令学者对新的议题产生兴趣。

莫利：是的，作为文化研究学者，长期以来对其他相关学科的关注和学习，也是我的研究兴趣发生转变的原因。比如，人类学家帮助我避免了理所当然地采取西方中心视角，以及同时关注技术的象征意义和工具功能；地理学家帮助我更好地理解这个时代各种缩短空间距离的"远程技术"；交通地理学家则帮助我重新发现了传播的经典定义——传播不仅与信息的流动有关，而且包括人员和商品的流通。我尤为感兴趣的是在全新的地缘政治格局和传播领域里重新思考那些经典问题。传统意义上的"传播"是一个关于传输和发送信息或物体的概念，而现在我们认为"传播"完全是个修辞的概念，仿佛它的对象只能是信息。但是，我们目睹了像高速铁路这样的现实中的交通路线正在重塑欧洲，它们的建立基于这样一种愿景：北欧的商务人士可以在一天之内跨越全洲，还能回家吃晚餐。中国的情况也一样。问题在于，当某些地区之间的联系变得越紧密，那些被排除在交通网之外的地区就更被隔绝了。因此，无论是在地区、全国还是整个大洲的范围内，交通联系同样是社区建设实践的核心，它的重要性并不比通信技术和信息传播弱。

常江：但在我看来，"排斥"首先是一个政治问题，或许建立在特定政治决策的基础上，比如种族主义时代的排斥，或者一些社会领域对女性的排斥。您认为社交媒体是否拥有做出或者影响政治决策的能力呢？

莫利：我认为这是一个非常有趣的问题，但文化研究领域的诸多评论人士都对这个问题过于乐观，因为近年来经常有人提出新技术会带来"民主的潜力"。事实上，这种基于技术发展的传播能力"民主化"的学术观点已经存在了很长时间。很多人都认为，在我们这个时代，手机和所谓的"社交媒体"确实被赋予了能"引发"社会事件的能力——就像Facebook曾兴奋地宣布自己带来了当时被称作"阿拉伯之春"的政治变革一样。早在20世纪70年代，汉斯·马格努斯·恩岑斯贝格尔（Hans Magnus Enzensberger）等人就曾宣称，当时新出现的轻型便携式摄像机将很快带来革命性的变化，因为它们能够使视听信息的传播过程民主化。显然，这两种观点都是荒谬的，因为它们都认为新技术必然具有能够引起深刻变化的"内在"潜力——两种观点的本质都是不能成立的技术决定论。

常江：所以技术本身其实是中性的，人的作用才更加重要？

莫利：是的，我认为，技术的具体使用方式才是关键，而且这个使用的过程往往由文化背景所决定。很可能某些特定的技术具有不同于其他技术的能力，但在特定情况下能实现何种能力取决于技术之外的一整套背景因素。技术本身总是能产生不同的应用，且没有必然或内置的结果。如果以伊斯坦布尔的格济公园示威或者开罗解放广场起义为例，我们可以看到，当时这两场抗议活动的参与者和评论人士都倾向于认为个体通过移动设备联系所能带来的唯一的前所未有的优势，就是抗议者能够在面对不同情况时灵活地实时重组，以持续躲避那些试图镇压、打击抗议活动的国家暴力机器。新的沟通模式在全球各地的抗议活动过程中的确发挥了巨大作用，但国家安全部门和军队显然很快就会意识到，抗议者们在通过移动设备进行自我组织的同时,也暴露了他们在内部相互关系的"电子地图"。国家机器接下来要做的就是遵循"地图"的指示去行事,它们可以通过查看关键时段里谁向参与者们发送了最多信息来揪出组织活动的元凶,并确定是否需要立刻逮捕某个人。对于下一次潜在的抗议活动而言,这种打击是毁灭性的。

当然,并不是说这些新的移动媒体设备没有进步之处,据我所知,中国民众通过社交媒体移动端曝光了大量不可能被大众媒体报道的活动、灾难事件和贪腐行为。在这种情况下,新媒体技术为进步力量提供了可贵的支持。然而,相同的技术也可能被法西斯势力和种族主义者出于反动的目的而使用,因为技术本身没有内在的政治立场。硅谷那些热爱科技的进步人士的口号是"信息需要自由",我们目睹的现状却是 Facebook 这样的社交媒体所建立的并不是一个跨越地理距离的乌托邦世界,而实际上是一个潜伏着危险政治监控的强力系统。

常江:欧洲各国对难民问题的反应,似乎是这个时代关于"排斥"话题的最有价值的案例。我在瑞士工作时,对此有过亲历,产生了很深的感触。我记得您曾提到过,新的媒介消费模式导致了进步的身份认同的倒退,并最终造成了"焦虑驱动的排外行动"。欧洲一些国家对难民问题的处理方式,是由此造成的吗?应该如何实现一种更平等的文化地理?

莫利:首先,人们必须认识到,与全球化的早期(例如1880—1920年跨太平洋和跨大西洋大规模移民时期)相比,当今世界的流动性要差得多。流动人口在世界人口中所占的比例很小,而且事实上还在减少。未来,全球绝大多数人口将生活在第三世界城市的巨大贫民窟中,过着穷困潦倒的生活,几乎没有政治权利。他们既无资金,也没有相应的文化水平和政治资源支持自己移民。对于赤贫人口来说,合法越境总是很困难的,而非法越境的代价又高得惊人,会让一整代家庭背负债务。当然,在走投无路的情况下,世界各地的穷人都能设法借钱来支付人口走私所需的高额费用。但是,大多数国家的大多数人口仍在(并将会继续)过一种非常"本土化"的生活:他们中那些幸运的人主动选择过这样的生活,他们为自己谋取了舒适的特权地位,并且不希望这种地位被不受欢迎的外来者(包括第二代移民)打破;与之相反,有很多不愿意过"本土化"生活的底层民众却没有能力移民。

我想重申我在《家庭领域:媒介、流动性与身份认同》(*Home Territories: Media, Mobility and Identity*)这本书中提出的一个观点——这种通过排斥他者来创造安全感的倾向,并非欧洲专属的特点,而是一种人类普遍具有的倾向。当然,它的具体表现形式在不同文化背景下有差异,且情况越艰难、压力越大,就可能表现得越明显——但这种倾向是始终存在的。不信的话,只要看看种族隔离解除后,南非对来自其他撒哈拉以南非洲国家的移民表现出了何种程度的排外情绪就行了。试图像茱莉娅·克里斯蒂娃(Julia Kristeva)所说的那样去接受"他异性"(alterity)(包括无意识及所有令人尴尬的内容),去处理科贝纳·梅塞(Kobena Mercer)口中"与差异共同生存的巨大困难",去勇敢面对尚塔尔·墨菲所提出的"民主总是一个痛苦的过程"的观念,往往非常困难。从这个意义上来说,我不认为仅仅通过制定更好的政治战略或政策就能实现你所说的"更平等的文化地理"——尽管它们也很重要。我认为我们还需要不断改变在日常生活中与他者的关系,而这更多地受到基本社会化(primary socialization)、教育、住房和社区政治等问题的影响。所以我认为,问题的关键在于如何构建全新的日常生活方式,而不是制定抽象的道德禁令。

常江:您刚刚说,葛兰西的霸权理论仍然有着不可替代的解释力。对于我们从媒介文化的角度考察文化地理这一抽象概念,葛兰西的解释力体现在哪里?

莫利:20世纪70年代,当我还在伯明翰读书时,关于英国战后共识（post-war consensus）正在崩溃的观点方兴未艾，这一观点后来被证明就是"撒切尔主义"的政治现象的先兆。我还记得斯图亚特·霍尔提出的"撒切尔主义"观点在当时受到了多大程度的质疑。撒切尔主义是一种基于企业型个人主义和威权民粹主义的新融合而形成的新的霸权模式。几十年后的今天，我们看到这种特殊霸权形式的变体依然存在。因此，霍尔的观点显然已经证明了它的价值。我目前没有找到一种比之更有效的分析权力和意识形态的方法。

对于影响力甚大的福柯的"分散"的权力模式的解释力，我是存疑的，因为它过于抽象和笼统。詹明信的一系列后现代理论也是如此，尽管它迄今已发展得非常复杂、精细，但是事实上其中大部分内容仍是基于对恩斯特·曼德尔（Ernst Mandel）的观点的回归——后者真正相信经济基础能够最终决定（因此也能够解释）文化形态的固有逻辑。20 世纪 70 年代，当代文化研究中心在很大程度上借鉴了阿尔都塞和普兰查斯的研究途径，其核心意义就在于摆脱粗糙的经济决定论。那些相当抽象的权力模型缺乏有效的产出和令人信服的"中观分析"（mezzo-analysis）——它们总是直接从宏观结构（不管是经济还是技术）出发，在实证层面上寻求对具体微观事件的解释，而没有指出在特定的情境下这些因素是如何运作的。

常江：因此，葛兰西主义是作为一套框架而非一种观点而具有长久理论价值的。

莫利：是的，葛兰西所提出的模型的伟大之处，在于它坚持认为你必须要对那些联动的变化保持警醒，包括特定霸权联合体的动量在给定时间里如何变化，以及那些可能导致对学术辩论进行有效政治干预的问题出在哪里。从这个角度看，没有什么是完全被预先决定的，你必须直面联合反对你的力量拥有何等实力的现实。你还需要警惕自己可能和领域的前沿脱节的时刻，以及把握那些创造良好政治机会的危机——我认为，在当前引起了大量辩论的欧洲难民危机就是一次这样的机会。

不难看出，莫利并未将互联网技术及其塑造的虚拟社群文化与现实社会的地理区隔以及政治民主剥离开来。他从媒介史的角度出发，否定社交媒体"不言自明"的"社交性"，对人们寄予厚望的"新媒体民主"也保持着严肃的反思。他认为，从大型互联网公司的架构，到不同国家的互联网管理政策，其实都表明新媒体在创造了一些新的抵抗形式的同时，也给人类社会带来了新的排斥形式。而对于如何实现一种更加平等的文化地理，莫利选择了回归伯明翰的传统：坚持霸权分析，并不断在日常生活中改变与他者之间的关系。

媒介与文化研究的进路

作为当代媒介与文化研究领域具有重要影响力的学者之一，大卫·莫利对于这一研究领域的发展也不断进行着思考。近年来，他也涉足东亚以及中国当代文化的研究，不断尝试挑战这一领域的西方中心主义倾向。

常江：许多中国的媒介与文化研究者受您的著作《电视、受众与文化研究》的启发进入了这一研究领域。然而，近年来随着电视文化的衰落，当代文化研究的图景似乎已然变得分散。您认为文化研究者应如何应对这种新形势？文化研究领域是否需要"主动受众观"以外的新范式？

莫利：毋庸置疑，你提出的关于电视相对于其他电子媒介而言正在走向衰落的观点是很重要的。然而，我认为我们在理解这一现象时需要考虑更多因素，并正如你所说的，发展出一种更适合现状的新范式。首先，我非常反对使用骤变的范式，它会让我们相信在互联网时代电视媒介已然覆灭。几乎每一种媒介形式都曾被多次宣告"死亡"，可事实上，大多数媒介都经历了某种形式的重生，尽管是以新的形式出现。因此，我们会看到广播媒体在此前似乎已经消亡,然而实际上互联网给作为全球性媒体的广播带来了巨大的机遇。同样地,在50年代"电视将取代电影"的说法也曾风靡一时,可这并没有发生。电影业通过改变核心关注点,将自己与电视区分开来,成功创造并适应了与电视共生的全新媒介图景。所以,如今的电影主要专注于动作片、特效、原声等各种震撼人心的"奇观"体验,哪怕电视机的屏幕再大也无法复制这些体验。同样地,现在人们被告知互联网将淘汰电视——这根本不会发生。正如我们所见,电视已然全面适应了网络时代的到来,比如现在英国的电视节目通常会在结尾放置网站的链接,向观众提供更多相关信息,这补充了电视节目本身的不足。虽然许多人已经习惯于在电脑上看电视节目,但这并不会改变节目本身的性质。当然因为电脑屏幕画质相对较差,视角范围也有限,这种收看形式只能是非常个性化的,而不能像电视那样为受众提供共享的观看体验。

常江:新的媒介环境并不必然意味着新的媒介知识,是这样吗?

莫利:至少,我认为我们绝对不应抛弃在过往的时代里、从之前的媒介形式中所获得的知识,或是想象我们需要发明一套全新的范式,以更好地适应当前的环境。不久前,有很多人呼吁建立一种被称为"媒介研究2.0(甚至3.0)"的范式,宣称它将完全超越那些"过时"的常识。在我看来,这个提议十分荒谬:在以技术中心论、技术决定论的视角研究数字媒体时,人们会忘记——或者更确切地说,人们会认为根本没必要留意关于前一种媒介形式的所有研究成果。这无疑是一种非常危险的倾向。就我们所知,无论是观众面对不同媒体时具有的"主观能动性"还是其他特质,只要我们将过往的研究成果与当前受众的媒介消费习惯联系起来,就完全可以解释当下的情形。当然,对所谓的电视时代里的"被动的电视迷"和如今互联网用户极其主动的媒介使用模式做一些简单而荒唐的对比是没有意义的。正如威廉·博迪(William Boddy)等人多年来反复指出的,这种对比建立在关于"纸老虎"(指电视时代里被动的、愚蠢的观众）的错误假设上，而这从来不是真相，因为电视观众并不像有些观点所认为的那样，是全然被动的。

常江：今天的媒介与文化研究学者应该向什么方向努力呢？

莫利：我们实际上需要做的是对当代媒介消费者和技术使用者的行为模式进行更多实证研究。但实际上我们很少这么做——大多数关于新媒体的当代研究完全是推测性的，缺乏实证基础。我见到不少年轻学生幻想只要他们掌握了最新的"解构"理论就不需要做实证研究了，并理所当然地认为自己能通过关于媒介技术"本质"的哲学思考轻而易举地推导出它们（不可避免）的宿命。我本人觉得这种方法很可笑，但遗憾的是，这在当今英美媒介研究领域很常见。我还认为，我们需要更加谨慎地使用术语来描述研究对象。例如，将今天的"社交媒体"与广播时代的媒体进行对比已经成为一种司空见惯的现象。然而，问题在于当今所谓的"社交媒体"反而成了一种将多个排他性微型网络连接起来的新组织。在许多方面，它们远不如广播时代的媒体那么具有社会性——后者更注重协调统一个非排他性的共同体，且向成员提供具有象征意义的相同节目，使整个共同体在某些情况下能够就特定主题进行内部沟通和意见交流。

常江：总体上，还是要在尊重传统的基础上进行学科的创新，是吗？

莫利：简言之，我认为应通过抛弃旧范式、建立新范式来推动研究进步的观点非常不合理：当马克思和恩格斯谈论"超越"时，他们仔细地确认那些"被超越"的旧事物仍包含在新范式里，尽管是以全新的形式出现。我认为卡罗琳·马尔温（Carolyn Marvin）、林恩·斯皮格尔（Lynne Spigel）等人的研究成果是非常重要的，他们谨慎地提醒我们一定要从历史的角度去看当代事件，而非想当然地认为今天的媒体是最好的、最重要的、最有影响力的，或者在形式上是全新的、完全不同于以前的。若非如此，我们就会陷入对历史的无知，以居高临下的姿态俯瞰过往。也许，在不久的将来，当人们回顾当代人称之为"奇迹"并沉迷其中无法自拔的媒介形式时，他们会认为它相对于自己所处时代的新媒介而言十分原始、不值一提。

常江：您本人近年来对中国研究多有涉及。请问您能否为中国的媒介与文化研究学者未来的研究生涯提供一些建议？

莫利：从学术和伦理的角度出发，我的建议是：无论你的信念和学术观点在某个特定时刻是什么样的，要始终做好在不断变化的环境里重新审视它们的准备。永远不要认为自己发现了终极真理，必要时应随时修正自己的立场和观点。就学术生涯规划而言，我认为不仅要从个人发展的角度，也要从葛兰西所谓的"长期机构政治"的角度进行考虑，后者同样非常重要。你必须致力于与自己在价值上相互认同、情感上彼此信任的人建立联系，以便在未来的研究中互相支持，在纷至沓来的艰难时刻里同舟共济。你们不仅应当考虑如何独立地产出优秀的学术成果，还需要创建能让你们在未来共同获得创新成果的合作模式。

在大卫·莫利看来，对待传统与前沿知识的审慎态度、拒绝一切形式的决定论的交叉视角以及立足于日常生活一手经验的实证研究实践，是媒介研究和文化研究始终保持旺盛的生命力以及对社会进程的解释力的三个重要途径。对于有志于从事传播、媒介与文化相关研究的中国学者来说，这一观点有着重要的现实意义。

（资料整理及翻译：胡颖）

亨利·詹金斯

社会的发展最终落脚于人民的选择
——数字时代的叙事、文化与社会变革

亨利·詹金斯（Henry Jenkins）是美国著名的传播与媒介研究学者。他现任南加州大学安嫩伯格传播与新闻学院教授。此前，他曾于麻省理工学院比较媒体研究（Comparative Media Studies）中心任主任十余年，后于2009年秋季加入南加州大学。詹金斯在佐治亚州立大学（Georgia State University）获得政治学和新闻学学士学位，在艾奥瓦大学获得传播学硕士学位，在威斯康星大学麦迪逊分校（University of Wisconsin-Madison）获得传播学博士学位。早年对流行文化，尤其是科幻作品的痴迷，使得詹金斯对流行文化领域产生了浓厚的兴趣。从研究生阶段起，他师从文化理论家约翰·菲斯克，开始从文化研究的视角重新审视流行文化，并展开了大量民族志及受众研究。

亨利·詹金斯对流行文化的研究涵盖了众多领域，包括歌舞剧与流行电影研究、漫画研究、电子游戏与游戏暴力研究、跨媒体研究、参与式文化研究、粉丝文化研究、新媒体素养研究、融合文化研究、比较媒介研究等。他曾出版十余部关于媒介和流行文化各个方

Henry Jenkins

面的著作，包括影响力巨大的《文本盗猎者：电视粉丝与参与式文化》(*Textual Poachers: Television Fans and Participatory Culture*)。

纵观詹金斯的研究路径，其核心经历了几次重要的转变与递进。1992 年首次出版的《文本盗猎者》主要从文化消费者的角度对媒体进行了讨论，并力图填补上述两个角度之间的"鸿沟"。该书被普遍视为"粉丝"文化研究的"开山之作"。2006 年出版的《融合文化：新媒体和旧媒体的冲突地带》(*Convergence Culture: Where Old and New Media Collide*) 重点讨论了受众如何参与文化生产的问题。詹金斯在书中指出，当代社会的"粉丝"活动对文化产业的运作方式至关重要。之后，詹金斯与萨姆·福特（Sam Ford）和乔书亚·格林（Joshua Green）合著的《可扩散媒介：在网络文化中创造价值与意义》(*Spreadable Media: Creating Value and Meaning in a Networked Culture*) 挑战了关于社交媒体如何运作的许多常见假设，重点关注草根媒体的流通如何重塑广告和娱乐行业、如何对非营利部门产生影响，以及如何为跨媒体生产者创造新的机会。此外，他在 2016 年出版的《任何必要的媒体：新青年行动主义》(*By Any Media Necessary: The New Youth Activism*) 中，与几位学者共同完成了多个线上运动案例的研究，阐释了青年行动主义社群是如何通过各种媒体来进行传播实践活动的。

亨利·詹金斯是媒介与文化研究领域消费者视角的代表人物，他的学术观点虽受到一些争议，却在当代媒介研究学术版图中占据重要的位置。

数字时代的叙事、文化与素养

我们的访谈从亨利·詹金斯近年来十分关注的一个议题——数字叙事（digital storytelling）谈起。在具体的分析中，詹金斯从不同数字媒介的基本技术属性出发，探析叙事元素和能量如何在不同平台之间流通，以及被不同平台分解和重组的过程。

常江： 您为什么要研究"讲故事"这个具体的议题？它的重要性体现在什么地方？

詹金斯： 讲故事的实践之所以经久不衰，是因为故事对那些生产和消费它的人来说有重要意义。讲故事赋予了我们作为生活在特定文化背景下的人的意义。我们想听优秀的叙述者讲故事，是因为他们知道如何运用自己的技能创造出独特的体验。我们也想在一个更加社会化的环境中，将这些故事变成帮助我们与别人进行社会交流的资源。即使有些故事讲得不好，我们也会容忍，因为它与我们的生活息息相关。总之，我们应该从文化和社会功能的角度来理解讲故事这件事。此外，我们还应该认识到，当我们进入一个陌生的新空间，使用作者和读者都不太熟悉的工具时，我们往往更倾向于遵循那些我们熟悉的、规则清晰的故事模式。正因如此，最先通过新媒体平台实现成功传播的内容，往往就是那些已有深厚的历史文化根基的故事。我们不应该惊讶于将新技术应用于莎士比亚作品或《圣经》文本传播的种种实践。内容和平台之间并不存在非此即彼的关系。实际上，新的内容反而有助于塑造公众对平台价值的看法。有人可能会说，一个产品在利用媒介的功能方面越具创新性，它在内容层面就越要保守，以帮助公众顺畅地实现这种转变。我们研究叙事、研究讲故事这一行为的价值，也就体现在这里。

常江：您近年来关注的一个焦点是数字叙事。您能谈一谈数字叙事和其他类型的叙事有什么不同吗？

詹金斯：不同之处其实就体现在它是"数字的"。不过，严格地说，在过去的一段时间里，"数字"这个词可能会把我们限制在某种特定的叙事和娱乐体验上，这些体验与电脑的功能密切相关。有整整一代研究者都在诠释我称之为"思辨美学"的东西——试图确定数字媒介的特殊性，然后用它来预测会出现什么样新的讲故事的方式。但是，"数字"现在可以包含广泛而不同的叙事实践，既包括那些通过非数字平台建立起来的东西，又包括那些"天生就是数字的"东西。数字叙事可以包括通过数字工具生成的故事、涉及各种形式的网络参与或交互的故事、通过数字平台发布的故事，以及通过数字平台消费的故事。数字叙事可以包括几乎所有的电视节目、电影或音频，也可以涵盖除了通过联网计算机外其他媒体都无法呈现的叙事。我的假设是，今天我们产生的每一种声音、图像和故事都将通过所有可用的媒体平台传播，因为公众完全在根据自己的需求使用媒体，无论何时何地，无论合法还是非法，他们都会想尽办法获得自己想要的内容。因此，我认为，就算真正意义上的数字叙事还没有完全发生，但这个词的文化内涵将会比它的实用意义更重要。

常江：数字叙事有哪些具体的类型呢？

詹金斯：具体来说，我们可以想象三种数字叙事的模式。第一种就是我们熟悉的多媒体（multimedia）叙事。我们在同一个平台上集合了一组相关内容，这些内容会同时利用文本、视频、音频、交互式媒体或静态图像来产生某种集成体验。第二种是我所说的跨媒体（transmedia）叙事。在这里，讲故事的人使用数字平台以及一系列其他的传播渠道传播故事，这样每一种媒体都为故事世界的整体体验增添了一些重要的元素，而读者必须积极地追踪和重组这些分散的内容以获得完整的体验和意义。第三种则是交叉媒体（cross-media）叙事。有些故事本来是为某种特定形式的媒体制作的，但人们可以从数字平台上访问或下载。当我们超越了多媒体、跨媒体和交叉媒体之间的界限时,我们还可以为数字叙事总结出一些和娱乐体验相关的特性。首先,我们可以将交互性作为数字叙事一种预设的属性加以讨论,比如在数字游戏的设计中。其次,我们可以将"参与"看作一种更具开放性的选择,鼓励参与者做出积极的创造性决定,使他们对发布或传播的内容拥有某种个人或集体所有权。总之,我们必须先搞清楚上面提及的这些类别(多媒体、跨媒体、交叉媒体;交互式、参与式),才能实现对于数字时代的叙事实践的准确理解。

常江:您多次强调数字技术对于叙事和文化的重要性。我们到底应该如何理解数字传播(digital communication)?数字技术在未来又会有怎样的前景?

詹金斯: 对我来说,数字技术最重要、最令人兴奋的影响,就是它帮助人类获得了更多文化生产和流通的手段。这就是我所说的参与式文化的核心。就拿电影制作来说,只要有电影院,就一定会有专业电影人和业余电影人之分。后者数量庞大,但是很少有媒体愿意去放映他们的作品,因此他们创作的电影对我们理解"什么是电影"这个问题的影响就很有限。而多元化的数字平台显然改变了这一点,无论你以什么样的身份和手段讲述你认为重要的故事,都必然能够找到适合它生存和流通的平台。这是一种突破性的进步。于是我们看到,数字技术降低了电影的生产成本,从而增加了有能力拍电影的人的数量。数字媒体开辟了新的发行和流通渠道,创造了多重文化空间,令"业余作品"也可以获得更多的公众参与,并对我们的文化核心产生了一定影响。此外,在这种文化潮流的影响下,更多的艺术家会选择通过主流媒体渠道生产"非主流"的内容,致力于打破原有的文化界限和文化区隔。当然,我们也应当清楚,即使有了数字技术,也不是说每个人都能获得平等的生产和流通的机会。我只能说,这是一种更具参与性的文化,而远非完全的参与式文化。有很多斗争尚未展开。例如，谁有更大的权力使用自己所需的媒体、政策性内容的所有权和控制流，以及业余爱好者和商业力量之间的关系等。不过，我们已经深入到数字叙事的时代，我们可以看到一些摩擦点，这些摩擦点对我们建构参与式文化的乌托邦理想构成破坏和挑战。在过去十年或更长的时间里，我们一直在为争取数字时代更强的参与性而斗争，这场斗争也将变得越来越紧迫。

常江：在理解数字叙事和参与式文化之间关系的基础上，使用数字技术的普通个体应该有什么新的认识？

詹金斯：就个体而言，必须要意识到20年来，可被用于传播的内容的容量已大到前所未有的程度。越来越多的人在学会利用这种"共同容量"来指导集体行动的同时，也找到了更加鲜明的自我主张。这种大规模的信息容量中既蕴藏着巨大的潜力，或许也带来了我们暂时不能完全理解的巨大风险。尤其是，当我们对于自己的"受众"做出错误的预判或假定时，风险就必然会产生。新媒体环境尚存多重漏洞，导致媒体内容在预留了安全空间之后，难免陷入更加激烈的斗争。以上这些观点都有一个相同的指向，那就是：在追求和维持一种参与性更强的文化的同时，必须培养数字媒体用户的批判性媒介素养和技能。

常江：您曾将这种"批判性媒介素养"称为"数字素养"（digital literacy）。您能具体说说这到底是一种什么样的素养吗？

詹金斯：我是学媒介与文化研究出身的，见证了人们对自己置身其中的媒介环境的理解过程。我一直认为，在媒介研究、文化研究和教育学这三者之间，存在着一个很有价值的交叉领域，因为媒介、文化和教育的彼此渗透、彼此影响，正在随着技术的发展而不断深化。一直以来，我都与麦克阿瑟基金会保持合作，关注当代青年消费媒体的程度和方法，进而提出公共机构需要做出什么样的调整来满足他们的需要。我们在数字时代面临的最主要的问题是信息过载，在这种情况下多任务处理（multitasking）就成了一种重要的能力,这种能力帮助我们解析过载信息、选择关注点、审视运营环境,并获取和挖掘用于准确理解信息的相关数据。要看到,这种新的素养要求与传统的"深度阅读"很不同。有时独自坐在树林里看书是一个合适的做法,有时准确深入地解析推特上的细碎信息则显得更加重要。数字技术的使用者,尤其是年轻人,应该在两种需求之间转换自如,并且明白该用什么模式来完成眼前的任务。简言之,所谓的数字素养就是指如何适当地将自己的注意力与不同类型的信息相匹配。

不难发现,亨利·詹金斯从自己的文化观念出发,已经形成了一套完整的、基于数字技术环境的文化理论体系。他将"参与式文化"视为社会进步的主要推动力,选择"叙事"作为构成并传播参与式文化的代表性实践,并积极为投身于这种实践的数字技术用户设计提升素养的方案。他的这一观念体系,其实根植于他早年的主要研究范畴,那就是媒介融合的文化逻辑。

媒介融合的文化逻辑

亨利·詹金斯对于媒介研究的理论贡献之一,是他对媒介融合的文化逻辑的阐释。他的分析为我们提供了一个在技术和实践之外理解媒介融合过程的理论视角。事实上,他所提出的"数字叙事"也是建立在文化视角的媒介融合观的基础之上的。在詹金斯看来,媒介融合的基本文化逻辑,就在于这一过程在前沿技术和参与式文化政治理念的形成之间搭建了一座认知的桥梁。

常江:今天我们应当如何更好地理解媒介融合?
詹金斯:坦率地说,如今我不经常使用"媒介融合"这个词了,不是因为这个词不能准确描述媒体运作的现实,而是因为,在很多方面，主流媒介研究已经接受了我所提出的"融合文化"概念，并更新了我们的观点。我提出这个概念的初衷，就是想把学术性的媒介研究从单一媒体平台的角度，上升到考量不同媒体平台和实践之间的相互关系的层面。比如，关于数字叙事的观点就认为，内容可以通过不同的媒体渠道得以生产、传递和消费，并最终达成一个总体性的累积效果。

在理解媒体与政治的关系的过程中，我对于融合文化的阐释得到了印证。我们发现，在政治议题上，人们倾向于关注新兴的平台，如推特、Facebook、YouTube等，仿佛是技术本身决定了活跃分子对于这些平台进行部署和使用的方式。我们不断谈论推特革命或标签运动（hashtag movement），但事实上，我自己目前的研究发现政治活动家其实正在使用一切媒体追求他们所认可的社会正义，他们的政治理念的传播是在一个巨大而松散的融合网络中完成的，推特只是其中的一个环节——当然是很重要的环节。在这个网络中，每个人都在使用特定的技能和特定的媒体生产和传递信息，而人们对于整个运动或者理念的理解，来自全网络的累积效应。比如，各种"占领运动"的核心观点，就是以惊人的速度在社交网络、在不同的传播渠道、在不同的平台上完成传播的，但人们总是下意识地认为这是一场"推特运动"。当我们通过这么多不同的渠道一次又一次地遭遇这些信息时，这些信息的力量就得以显现了。这就是"数字世代"在成长过程中所经历的事情，他们在一种参与性更强的文化氛围中成长，直接参与媒体制作和传播过程。他们已经掌握了用融合文化的力量去追求政治变革和社会公正的方法，而不仅仅把大众文化作为一种娱乐方式。

常江：您提到了以"占领运动"为代表的各种线上运动。然而，我们在很多国家和地区都看到了这种高参与度的现象运动在创造了您所说的"集体智能"（collective intelligence）的同时，也难免会导致集体非理性现象，甚至导致福柯所说的"真理暴政"的出现。您

对此有怎样的看法？

詹金斯： 你的这个描述，对，也不对。我所理解的集体智能，是有明确的道德维度和技术维度的。根据皮埃尔·莱维（Pierre Levy）的观点，网络化通信使新形式的消息的产生和传播成为可能，这将会成为制衡企业和政府利益的力量之源。他将这一愿景描述为一个可实现的乌托邦，这意味着我们可以为之努力，但它未必是对未来的准确预测。他着重强调"协商"是我们相互了解、制定准则、突破传统界限和既定机制、交流知识与能力的主要过程。在这个过程当中，我们对我们所传递的信息负责，各种想法都会接受预先商定好的架构的测试。我们可以看到，维基百科就是一个很好的例子，该平台通过既定的规范来解决争端，而不会中断群组中正在进行的共享项目。

诚然，过于乐观的地方在于，我们都认为只要人们不断参与共享信息、不断拓展自己创造知识的能力，社会的道德准则和规范也就会随时间的推移而逐渐发展。但是，无论线上还是线下，这种原本再自然不过的机制始终饱受侵害。我们看到政治领导人和商界领袖为了自己的利益相互较量，社会信任崩塌，怀疑主义引发犬儒主义，宗族主义卷土重来。因此，现在我们不得不将电影《星球大战》所引发的狂热舆论当作战场，目睹极端右翼分子不断蛊惑"愤青"去攻击与他们不同的人和价值，亲历俄罗斯黑客和各种自动程序加深群体间的分歧，痛心于有色人种女演员被网络上的乌合之众肆意辱骂，惋惜被侵害过的女性借助数字媒体发出的声音被日趋边缘化……我曾设想通过低风险的途径（如大众的文化技能）去介入对高风险话题（如政治领域、宗教领域或者教育领域的话题）的讨论，但眼下的局面显然加重了不确定性，比如美国国内目前的党派纷争和文化分裂。所以，我要说的是，莱维的"可实现的乌托邦"仍然值得期盼，也许能够达成，但现实也表明，它比我们15年前所设想的要更加难以实现。

常江：您提出的"积极受众"和"参与式文化"等理论，对当下的媒介与文化研究有着重要的影响。然而，在世界上的很多国家和地区，针对网络信息的审查制度目前仍然是任何形式的新文化的重要塑造力量。在这种情况下，我们应当如何实现您所推崇的"参与式文化"的理论化？

詹金斯：这个问题对我来说的确是一个挑战，而我现在可能无法给出一个清晰而充分的回答。尽管近些年我去过很多地方，也在我的作品被翻译成不同的语言之后，与那些国家的学者一同交流和验证我提出的观点，但我几乎只在美国的环境下工作过。我通常希望人们在假定我不知道答案的情况下，以他们自身的阅历和经验来检验我的主张。但人们似乎总是能够找到证据说明，即使在高压的环境下，仍然存在着积极、主动的受众去创造实践。这些"受众"有与他人联系的渴望，期待能够在不那么政治化的领域创造性地表达自己的意愿，希望能够以批判性的姿态与外部世界相连。以我的经验来看，在压迫性越强的社会里，人们就越倾向于信赖流行文化，如音乐、戏剧、迷因（meme）等，而非制度。有人认为这样的相互作用能够使人们建立信任、获得技能，但它的能量只有在大环境允许时才能被调动起来而成为行动。在某些情况下，即使是这种与流行文化——尤其是来源于世界其他地区的流行文化——的有限联系，也会促使人们突破源于本土文化的正统观念，转向具有不确定性的思维空间，从而实现自我赋权，比如你对中国本土女性主义意识的研究。所以，我认为参与式文化不仅仅存在于西方式的民主社会。但在正式提出相关的完备理论之前，我们还需要进行更多的阅读和研究。

常江：您关于媒介融合是"文化进程"而非"技术终点"的理念对我影响颇深。但是这个观点听起来是不是有些"文化决定论"的意味？技术在您的媒介理论体系里究竟扮演了什么角色？

詹金斯：我们处在一个通过压倒性视角看待事物的文化之中，这种文化无论被理解为积极的还是消极的，都始于技术决定论。谷歌是不是让我们变得愚蠢了呢？推特是不是在分离我们？Facebook革命可以改变世界吗？诸如此类的问题，充斥于我们的思考和讨论，制约着我们的判断。所以说，哪怕单纯是为了追求一种平衡，在技术决定论和文化决定论二者之中，我也更倾向于选择文化决定论。文化决定论为我们提供了思考这些争论的动力。对于我来说，不是技术对我们做了什么，而是我们利用技术做了什么。诚然，技术自身的属性塑造了人们使用技术的难易程度，而且在极大的程度上，人们在受到技术的限制的同时，也在一定程度上塑造了自己的行为。但我还是要指出，"优先权"（priorities）这个东西在文化中的普遍存在，体现了文化的决定性力量。社会的发展，最终还是落脚于人民如何从自己所拥有的各种备选方案中选出自己认为最有意义的那一个；而没有被选中的那些方案，无论背后有多么强大的技术力量的支持，都注定会失败。社会的发展，就取决于公众将哪些东西看作是自己最需要的东西。

亨利·詹金斯从文化的角度思考媒介融合，其实是立足于经典文化研究的"积极受众"传统来解释媒介融合。他并不讳言自己是一个"文化决定论者"，并将此作为对技术决定论的反驳。从他的这番论述中，我们可以清晰地看到约翰·菲斯克对他产生的深远影响。而亨利·詹金斯对约翰·菲斯克文化思想的"突破"，则体现为他对塑造文化的结构性因素（如政治环境、审查制度）的关注。

媒介研究的时代要求与发展方向

与同时代的其他媒介与文化研究学者不同，亨利·詹金斯并未受到伯明翰学派直接的影响，他的学术训练完全是在美国完成的。这样的经历，对他的学术思想和他对整个媒介与传播研究未来的设想，都产生了深远的影响。

常江：在您读研究生的时候，有哪些学者对您产生了影响？

詹金斯：在进入艾奥瓦大学读研究生之前，我在佐治亚州立大学读的本科。那里没有专门研究电影和媒体的资源和师资，我几乎完全得靠自学。进入艾奥瓦大学后，我与里克·奥尔特曼（Rick Altman）和爱德华·布兰尼根（Edward Branigan）（当时他是该校的客座讲师）合作最密切。前者培养了我对美国类型电影以及跨媒体思维的兴趣，后者则可能是第一位发现并真正帮助我认识到自己作为学者的优点的教授。约翰·菲斯克教授对我的学术研究产生了最关键的影响。我最初是在艾奥瓦大学遇到他的，当时他是那里的一名访问学者，后来他在威斯康星大学麦迪逊分校获得教职。是菲斯克让我接触到了英国的文化研究传统，并教会我如何用自己的语言建构自己的作品。而大卫·波德维尔（David Bordwell）是我在研究生阶段遇到的另一位导师，他帮助我制定了严格的方法来完成对流行文化的诗学讨论——我早期关于喜剧和杂耍的美学研究就受到波德维尔对经典好莱坞叙事范式的研究的影响。菲斯克和波德维尔十分重视教学，可以说，他们把学术写作视为教师角色的延伸。他们坚持非常具体化、个人化、易于理解的写作模式，这无疑扩大了媒介研究的影响面。如今，我也致力于将这种品质传递给我的学生。此外，他们还把课堂作为思想交流的场所，并把学生当成思考的伙伴，欣赏那些挑战他们的假设或质疑他们的发现的学生。

常江：博士毕业后，您曾长期在麻省理工学院工作。这段工作经历又对您的学术思想产生了什么影响？

詹金斯：麻省理工学院是全球最早的互联网中心之一。在我1989年入职时，它的雅典娜计划（Project Athena）正处于鼎盛时期，著名的媒体实验室（Media Lab）刚成立几年。我在叙事智能阅读小组（Narrative Intelligence Reading Group）工作，该小组聚集了当时一大批聪明的研究生和一系列对新媒体感兴趣的专家，那种盛况如今已成绝响。早期互联网文化的许多重要思想家都定期在麻省理工学院开讲座。学生们当时酝酿的很多想法,后来都成为硅谷一系列初创企业的基础。很快我就发现,我已经处于近一世纪以来一系列重要变迁的媒介景观的前沿。另外,通过我教授的课程,学生们帮助我在"粉丝"的参与式文化和广泛的新兴数字实践之间建立了联系。由于拥有在麻省理工学院工作的身份,我不但成为哈佛大学之外较早拥有 Facebook 账号的人之一,而且可以比较容易地叩开主要互联网企业的大门,有机会去探索新技术发展背后的故事。此外,作为教师,我也有更便利的条件去观察学生们如何体验播客、分享视频及文件,以及在日常生活中使用新媒体。所以,在那些年里,我的一项主要工作就是将技术的发展置于历史和文化语境中加以考察。媒体实验室的学生常常来找我探讨他们的研究项目。我还通过麻省理工学院出版的期刊《科技评论》(*Technology Review*)不断发表自己的观点。正是在麻省理工学院,我关于融合文化的观念体系开始形成,并拥有了最初的一批读者。不过,如今想来,有件很讽刺的事,那就是我当初一直不太情愿接受麻省理工学院的教职,因为我患有相当严重的数学恐惧症。离开麻省理工学院以后,我来到南加州大学。在这里,我有更多的机会去观察好莱坞和美国新闻业如何应对网络通信技术带来的变化和压力。这里的学生更加多元化:未来的电影人的关注点正在从个体叙事转向世界建设;未来的记者试图想象如何与公众建立新的关系;而未来的活动家则在寻求通过必要的媒介变革进行社会变革的路径。

常江:您将自己称作"学者粉"(aca-fan),并且在过去 20 年里让这个词变得大众化。在您的影响下,我也从不讳言自己是一个忠实的成人卡通(adult animation)迷,然而,我发现有的时候协调这两个身份并不容易。比如,我通常只会对自己作为粉丝感兴趣的文化形式进行学术意义上的研究,而当我这样做的时候,又很难时刻保持清醒,更不要说客观了。请问您是如何处理两者之间的关系的?

詹金斯：我要先设定一个假设，那就是人类是有能力跳出自己的生活经验进行客观的思考与创作的。流行文化的特点就在于它会在情感上引起我们的共鸣，进而成为我们生活中的一个活跃元素。既然我们不希望文学学者们写他们所厌恶的书，那么我们又何必对只研究自己感兴趣的东西感到愧疚呢？最关键的是，我们自己心里清楚与研究对象之间的关系是什么。我们可以把它称为关系结构，在得出结论的时候要考虑到这种结构的存在。这种对研究者的主观性的包容，贯串于文化研究历史的始终，也体现了女性主义、酷儿理论以及批判种族研究所带来的有益影响。"学者粉"的身份所反映出来的，绝不是关于文化的某种非黑即白、爱恨分明的二元对立的态度。相反，作为一名"粉丝"，我和我所关注的作品之间的关系是一种不稳定的痴迷与懊恼的混合体。这种复杂的感觉，正是让我们成为"粉丝"的最初动因。很多文化研究学者认为，研究评论界缘何憎恨一部作品，要比研究大众为什么喜欢一部作品更有价值，这其实体现了"反粉丝"和"粉丝"两种研究立场的差异。因此，并不是说做出了反对、轻视"粉丝"的姿态，你就做到了客观公正。而且，在研究的过程中，也不该停留在最浅层的表达层面，而应与文本展开深入的对话，从而在更加宏观的文化语境下去理解文化。

常江：从您的求学和研究经历出发，您会对年轻的大学生和本领域的青年学者提出什么样的建议？比如，他们应当读些什么书？

詹金斯：我最主要的一个建议是进行跨媒介思考。美国大学倾向于把对媒介的学习和研究细化成若干个特定的领域或学科。这样一来，电影与电视媒体相互对立，数字媒介零散地分布于彼此隔离的学科中，以上领域又与视觉文化和印刷媒体研究被分割开来。即使在各个领域里，我们也清晰地区分了市场营销和公共关系、报纸新闻与广播新闻等。我们越是将自己限定于特定的媒介视角，就越是想不明白眼下的这些变化对媒介的总体状况产生了什么影响。无论我们看待媒介系统的依据是媒介所有权结构还是消费方式,是表达方式还是主流媒体内容,媒介系统都越来越综合。某一媒介部分的决定会对其他部分产生巨大的影响。一味保护媒介的纯粹性以及在学科之间划分界限,对于我们理解媒介而言毫无意义。我在南加州大学给媒介研讨班的研究生上课。我们通过对电影理论著作的研读来思考媒体之间的交叉。讨论的结果就是,没有单纯的电影理论,所有的电影理论都是媒介理论。当代学者一定要学会进行跨越媒介的思考、教学和研究。至于年轻的学者们应该读什么,我鼓励他们跨学科阅读。比如说,文化研究学者需要阅读商学院的消费者研究文献;每一个学习媒介的人应该留意教育学院的数字媒介与教育项目;我们还应当留意法学院关于著作权和知识产权的最新研究。

常江:您对中国的媒介与传播研究学者的学术研究实践有什么建议吗?

詹金斯:和许多美国人不同,我尽可能不去建议其他国家或地区的人们应该做什么。我对中国的文化和现状的了解远远不如你。我不能对中国的形势发展有什么细致的看法。但我可以说,中国在很多事情上都做出了很大的贡献,例如,中国社会向消费主义转变的独特模式,以及中国同日本、韩国等国家形成的独特的文化关系。但无论对于哪一国的学者来说,我都认为你应该写你所知道的、你所关注的,然后与世界各地的学者交流、分享你的观点。在跨越国界和学界的交流中,创作和思考的明确性十分重要。不要假定你的读者了解你要告诉他们的内容,应当先考虑一下他们提前需掌握什么知识才能理解你的作品,然后为他们做好铺垫。给术语下定义,增加背景介绍,让读者和你的作品产生联系,然后再提出你关切的问题,这样就可以将你的观点和领域内的更宏观的对话联系起来。同时,要善于利用数字工具来尽可能地拓宽你作品的阅读渠道,让学者或非学者都有机会成为你的读者。在发掘出引人关注的观点和研究时,可以与其他学者建构知识网络,从而增强作品的集体可见性。

亨利·詹金斯不仅是一位经验丰富的研究者,而且是一位积极地将自己的文化理念与研究实践结合、不断思考整个媒介与传播研究领域发展方向的教育家和建设者。他对参与式文化的学理阐释与亲身实践,以及将这种阐释和实践与学科发展紧密结合的介入式学术研究范式,对于我们理解数字技术环境下的传播学发展进路有着重要的参考意义。

(资料整理及翻译:徐帅)

劳伦斯·格罗斯伯格

美国的大学建制导致文化民粹主义
——文化研究的美国化及相关启示

劳伦斯·格罗斯伯格（Lawrence Grossberg）是当代美国有重要影响力的流行文化研究学者和传播学学者之一。1968年，他以优异的成绩从罗切斯特大学（University of Rochester）哲学与历史专业毕业后，前往英国伯明翰大学当代文化研究中心深造，师从理查德·霍加特和斯图亚特·霍尔。从伯明翰大学毕业后，格罗斯伯格进行了长达两年的环游欧洲之旅，随后他回到美国，在霍尔的推荐下前往伊利诺伊大学厄巴纳-香槟分校继续攻读传播学博士学位，师从詹姆斯·凯里。

获得博士学位后，格罗斯伯格曾在普渡大学（Purdue University）任教两年，并于1976年回到伊利诺伊大学，在担任语艺传播（speech communication）专业的助理教授之外，他一手创立了该校的批评与解释理论研究中心。目前，他是北卡罗来纳大学教堂山分校（University of North Carolina at Chapel Hill）的传媒研究教授，并担任文化研究中心主任一职。20年来，格罗斯伯格一直担任《文化研究》杂志主编。他的学术著作包括《文化研究》（Cultural Studies）、

Lawrence Grossberg

《自顾自地舞蹈：流行文化随笔》(Dancing in Spite of Myself: Essays on Popular Culture)、《媒介建构：流行文化中的大众媒介》(Media Making: Mass Media in a Popular Culture)、《交火：孩子、政治和美国的未来》(Caught in the Crossfire: Kids, Politics, and America's Future) 和《文化研究的未来》(Cultural Studies in the Future Tense) 等。

格罗斯伯格长期从事当代文化理论的研究工作，他的研究兴趣集中于流行文化和美国政治之间的互动关系。作为20世纪60年代较早开始关注和研究摇滚音乐的学者之一，格罗斯伯格认为摇滚是了解大时代的语境、政治和社会运动的最好切入点。20世纪80年代和90年代初他曾聚焦于后现代主义政治的研究；近年来，他则注重探索美国当代形式的文化分析，探索现代性所具有的可能性和局限性。

格罗斯伯格认为激进语境主义构成了文化研究的核心，甚至认为文化研究就是关于语境的研究。他拒绝任何理论高居神坛，一再呼吁研究者破除理论先行，避免将现实作为某种理论的印证。作为当代文化研究之父斯图亚特·霍尔的学生，格罗斯伯格把文化研究带到了美国，又以自身的影响力把美国的文化研究推向了世界，使文化研究成为传播学术传统不可分割的一部分。

文化研究在美国

格罗斯伯格最初是学习哲学与历史专业的,在哲学、历史方面接受了严格的训练。这种学科背景对于他后来转向文化研究所推崇的思想脉络有重要的影响,也为他返回美国在传播院系任教带来了一些麻烦。我们对其学术思想的考察,就从这个话题开始。

常江: 作为一名毕业于哲学与历史专业的美国本科生,您为何在 20 世纪 60 年代末前往伯明翰大学深造呢?

格罗斯伯格: 这是个有趣的问题,但其实事情并不像看上去那么奇怪。伯明翰大学当代文化研究中心的创始人理查德·霍加特在我毕业前曾花了一年时间访问我的本科院校,并和一些教授成了朋友,因此这些教授成为美国最早了解到英国文化研究的一批人。我本科毕业于 1968 年。这是美国现代史上最动荡不安的一年,由于我参与了政治活动和越战征兵,我做出了暂时离开这个国家的决定。幸运的是,我获得了威尔逊奖学金,足以支付我研究生期间的学费。学校的教授们建议我利用这笔资助去伯明翰,他们向我保证,在那里我能够继续追寻自己的研究兴趣,我的政治主张也会得到支持,同时还能够保持低调。

常江: 回到美国读博以后,尤其是在北卡罗来纳大学担任传播学教授一职后,您的文化研究"倾向"是否曾经引发过争议,或者对您的职业生涯构成挑战?

格罗斯伯格: 我刚去伯明翰的时候,要做的事就是开展一个独立的研究项目,当时我决定继续本科时对流行音乐的研究。有必要说明的是,我感兴趣的不是流行音乐本身,而是其所代表的反主流文化立场和政治观念。我始终认为音乐是透过表面、深入理解反主流文化政治的关键之一。长期以来,我致力于在以下三个领域进行探索:传播哲学(我被认为是这一领域的创始人之一,因为它现在仍然被称为传播哲学)、文化研究（尽管在相当长的时间里在伊利诺伊大学以外几乎没有人听说过它）、流行音乐（主要是摇滚乐，我参与推动了流行音乐研究成为一个真正意义上的研究领域，尽管如前所述，我对研究流行音乐本身并不感兴趣）。回到美国读博后，几乎所有认识我的教授——除了詹姆斯·凯里，都认为我疯了，他们想方设法让我放弃这一研究，认为我不可能找到工作。这些研究领域在当时没有任何合理性，甚至得不到学术界的承认。在传播学研究领域中，我最常遇到的是敌意：对文化研究的跨学科性和政治性的敌意，对理论本身的敌意，当然还有对流行文化——尤其是摇滚乐——的敌意。但幸运的是，我也找到了一些盟友——不仅是那些正在做或想从事类似研究的人，还包括认识到传播研究的优势正在于它对多元内容的开放、包容的人。现在，我想我的三个研究兴趣已然成为学界合理的、有影响力的力量。

话虽如此，但人们对它们的敌意并未消失，而且毫无疑问将继续存在。文化研究已然在某些领域和学科中获得全面成功，但与此同时总有力量站出来反对它，我有时想知道它成功背后的代价。我常常不知道人们所说的文化研究是什么意思，不管是作为它的拥护者还是反对者。如今，文化研究这一跨学科领域因边界模糊而受到排斥，同时出现了一种行政上的"新自由主义"力量，试图将文化研究完全从大学建制中挤压出去。当我刚在北卡罗来纳大学获得教职时，曾在那里创立了正式的文化研究项目，该项目成功运营了15年之久，并获得了良好的国际声誉。但是现在，由于行政上的干预，这个项目已经停办了。在我看来，这股干预力量在整体上反对跨学科研究，尤其反对文化研究，然而他们却把"财政压力"当作一个毫无说服力的借口。

常江：**文化研究虽然源自英国，却始终被认为是一个内涵宽泛、极其多样化且内部思想冲突激烈的研究领域。您如何看待文化研究的"美国化"问题？**

格罗斯伯格：我认为在任何背景下，"文化研究是什么"都是一个重要的问题。作为一个学科，它不应该包罗万象、无所不有。现在美国出现了三种现象：

第一，文化研究在很大程度上已成为一个通用的术语，用于描述任何对文化的批判性或政治性的调查研究，甚至被广泛地用于研究地方文化的人（因此有些人甚至将文化研究归为区域研究或跨文化研究的一个方向）。这是不正确的。

第二，美国的文化研究往往被并入其他学科领域。要知道美国的高等教育体系何等庞大，经费的数额何等高昂。一些学科规模较大、较为强势，比如文学和人类学；另一些学科，比如传播学，则相对比较弱势。所以文学领域的学者常常声称文化研究是他们发现或创造的，他们中的大多数，甚至是那些声称要做文化研究的人，可能都不太熟悉我的研究工作或我所引用的文献著作。在这些人眼中，文化研究往往意味着"批判理论"或干脆就是民族志的研究方法（尤其是在受众分析方面）。有些时候，设想流行文化或日常生活的某些方面天然就是带有政治色彩的文本，并对其加以研究这种想法本身，就足够证明文化研究存在的合法性了。我并不是要否认美国文学界的研究人员也像我一样有从事文化研究的资格，但更常见的情况是，文学领域中文化研究的政治观点几乎完全是基于文本的分析——无论是在话语层面还是意识形态层面。

文化研究的第三个发展趋势通常被称作"美国化"，其最具标志性的特色就是文化民粹主义的出现，这与约翰·菲斯克的研究成果直接相关。

常江：文化民粹主义似乎一直都是一些"正统的"文化研究学者的假想敌。

格罗斯伯格：这里的民粹主义概念通常用来描述那些歌颂消费主义和流行文化的分析人士，他们将文化消费行为描述为一种抵抗，并谴责特定形式的文化精英主义和文化批评精英主义。通常，这样的论点是针对保守的左派人士的，他们没有意识到改变社会和文化关系可能给政治策略带来的影响。菲斯克的研究成果和此后的研究将之发挥到了极致。文化民粹主义是有去政治化的问题，但我们还是可以从中得出一个全然合理的观点：人们不仅仅是统治集团的木偶或资本主义商品的棋子，他们也有自主性，完全可以利用自己掌握的资源过上能力范围之内最好的生活。然而，菲斯克自己最终也落入了相同的陷阱，错误地认为保持乐观主义的理由是始终存在的。现在，人们很容易对这样的作品提出批评，因为它过于极端，而且似乎违背了自己所声称的"语境相关性"。我想说的是，在特定的背景下、在特定的时刻，民粹主义的论点有存在的必要，不是作为结论，而是作为未来政治研究可能性的基础——当然，只能是在特定的背景下、在特定的时刻。然而，那些批判文化研究"美国化"的人，总是将菲斯克的民粹主义作为美国式文化研究的代表。而美国文化研究的民粹主义问题，在某种程度上就是美国大学建制带来的，这种建制压抑政治范畴的批评。我认为，诞生于任何领域、任何学科、任何范式中的大部分内容，都很容易被批判。真正的挑战是充分利用这些已有的研究成果，并与之展开对话。

常江：那么，美国的文化研究究竟是一个失败的项目，还是暂时陷入了困境呢？

格罗斯伯格：我认为，在其名义之下进行的大部分研究都与真正的文化研究关系不大；但与此同时，一些很重要的研究工作应当被认可，尽管它们出于各种原因并不一定引人注目，甚至可能是有问题的。

作为文化研究"美国化"的代表人物，格罗斯伯格对于该学科在美国本土的发展有着清醒的认识。一方面，他看到了美国大学里的建制文化对文化研究这种带有"反建制"色彩的学科始终存有警惕之心，并不断通过经济或政治的手段挤压其生存空间；另一方面，他也充分意识到文化研究在美国语境下的"变种"——文化民粹主义究竟在多大程度上改变了"文化研究"原本的意涵。不过,在格罗斯伯格看来,尽管绝大多数打着"文化研究"旗号的美国本土研究都不是真正意义上的文化研究,但这样的学科发展格局也符合文化研究对理论的语境化的不懈追求。

摇滚乐、另类文化身份与抵抗政治

在对美国本土的文化研究进行学科建制方面的思考之外,格罗斯伯格最主要的理论贡献体现在他对于流行文化,尤其是摇滚乐与美国当代抵抗政治之间的关系的研究上。在格罗斯伯格看来,摇滚乐有力地塑造了美国当代各种另类文化身份,并影响了当代美国主流政治体系的版图。

常江:您对摇滚乐和另类文化身份的研究产生了很大的影响。能简单谈谈您是如何通过对摇滚乐的研究,来理解"身份"问题的吗?

格罗斯伯格: 我一直在设计一种理论框架,试图将文化研究中福柯、德勒兹、迦塔利的理论框架和霍尔、葛兰西的理论框架结合起来。这一直是我的计划。但我为摇滚文化设计的研究框架并不是这样的,它不那么抽象,是一个更加具体的框架。我认为摇滚应该在特定的语境、关系和影响下被定义。我的论点是:摇滚的"政治"从来不是狭隘意义上的政治,它的内容涉及不想长大成人、不愿过上像父辈那样无聊的生活的一种身份的想象;尽管日常生活必然是无聊的,你却很难意识到这一点。

常江:在具体的研究中,您是如何做的?

格罗斯伯格: 我的摇滚乐研究框架努力把德勒兹和霍尔结合在一起。我希望通过把它放在特定的语境中,能得到一些有趣的发现,这些语境让我能够理解音乐是如何运作的、它有什么潜力。但在某个时刻,这种框架似乎失去了力量,因为事实证明摇滚音乐并非自始至终都以同样的方式在运作。例如,对于20世纪90年代的美国青年来说,他们对音乐的品位更加兼收并蓄和具有集体性。如果你去参加一个大学聚会,你会听到年轻人们演奏乡村音乐、流行音乐、世界节拍(worldbeat)、硬摇滚等不同风格的音乐。他们什么风格都演奏,但可能不是什么都喜欢。如果你去问他们:"你喜欢这种音乐风格吗?"他们可能会说:"不喜欢,但没关系,因为我的朋友们喜欢。"这是一种宽容的表现,你不会在60年代和70年代的年轻人身上找到这种宽容,因为那一代人通过音乐品位彰显自我身份。同样地,亲密似乎已经与"性"分离,而重新依附在友谊的纽带上,这体现在一些与传统意义上的约会截然不同的社会交往形式中。这些都是征兆——不只是音乐的运作方式变得不同,世界的其他重要特征也发生了变化。因此,我不得不重新考虑不同的语境的问题。在80年代和90年代,音乐不再是年轻人的专属,父母可能和孩子喜欢一样的音乐。这是问题所在。在某个特定的时间点之前,音乐曾具有一种特殊的性质,但现在有了互联网,音乐不仅被资本主义渗透,而且完全融入了日常生活。你不会把周六晚上出去听音乐当作一件特别的事情,因为你每天都在听音乐。因此,我对战后美国的摇滚文化的理解框架——我称其为"摇滚乐的结构"——现在已经不再有效。音乐的运行方式发生了变化,我不知道它现在是如何运作的,但我可以看到它发生改变的原因——社会的语境已然变化。但我仍然相信我此前所提出的理论框架,能够为研究当代文化的结构提供一个开阔的思考路径。

常江: 当您在文章中谈论身份时,更喜欢谈论"他者性"(otherness)而非"差异",这似乎是比较"老派"的话语了。您如何通过它来观察社会结构呢?

格罗斯伯格: 我认为,今天的很多同一性理论都被后结构主义的否定性和差异性理论过度塑造了,这些理论在很大程度上仍然深受黑格尔、康德和海德格尔的影响。解构主义的逻辑存在问题，因为通过这种逻辑，所有的社会关系都被归结为差异。我不是说差异不存在：如果不了解"女性气质"与"男性气质"的差别，你就无法明白什么是"男性气质"，反之亦然。这是事实，但并不意味着这就是全部。这是一种类似社会建构主义的观点，也就是说，语言建构了包括性别在内的所有现实。因此，男性和女性的唯一差异是通过二元对立，即语言的逻辑来建构的。对此，我并不认可。我相信男性和女性有生理上的差异，但我认为除此之外还存在他者性。差异也有不同的类型，但在英语中并无对应的表述。一种差异是你只有通过把两个事物放在一起对比才能发现的，另一种差异则拥有主动、积极的自我认同性，并不需要通过消极的否认来确立，比如"女性不是男性"可以基于物质、历史等主动性因素来确立。我不相信语言能够完全地反映现实，它只是众多动因中活跃的一个，在不断地重构（或努力重构）现实。

常江：您仍然是物质基础决定论的支持者。

格罗斯伯格：是的。我不喜欢一些文化研究作品中假设支配者（或有权势的人）才能拥有策略，而被压迫者只有所谓的战术，也就是破坏现有秩序的能力。我不认为被压迫的人在他们生活的方方面面都会受到压迫。是的，黑人可能依附于与白人相关的种族主义社会结构，他或她可能被剥夺了权力，但是一个黑人男性在与自己的黑人妻子或者黑人孩子的关系中仍然拥有权力。你可以用简单的负面词汇定义被压迫者——权力或策略的缺位。这的确是这个概念的真正含义的一部分，但真相更为复杂，因为被压迫者也能够把主动性带到他们所处的环境中，这是我们必须承认的。从这个意义上说，前面所述的那种源自身份政治的观点将世界看成是由语言创造的社会结构，忽略了物质现实，仅在消极的差异中审视权力。这种观点没有给主动性、积极性的差异留下商榷的空间，而福柯和德勒兹为我们带来了新的讨论思路。

常江： 也就是说，您的研究立场是反对过于碎片化的分析思路的？

格罗斯伯格： 是的。如果我们想了解一些事情——例如，一个由不同群体组成的联盟是如何转向新保守主义的——我们必须把信息拼凑起来，这就是难点所在，也是后现代主义搞错了的地方。一方面，太多的进步思想流派预先假定自己总是知道正确答案，知道正在发生什么，知道什么是新的政治风险或斗争。但在某种程度上，这个世界其实和过去一样，还是那个老样子，一切事情都是对过往的重复。另一方面，太多的后现代主义思想流派认为确凿的答案根本不存在，一切都过于分散以至于根本不可能有连贯的描述，或者一切都是全新的、截然不同的，我们无法使用已有的分类进行框定。文化研究要求我们做两件事：首先，找出何为旧、何为新，以及两者如何相互影响；其次，把碎片信息放在一起，辨别和接受其复杂性，但同时理解这种复杂性是被权力的关系所建构和组织的，无论形式多么简单。这就是文化研究的作用。当你这样做的时候，你会意识到你可以用不同的方式把这些碎片信息拼凑起来形成不同的图景，了解不同的故事，提供不同的政治可能性。

从格罗斯伯格对摇滚乐、文化身份和抵抗政治的研究中，可见他对源于伯明翰的基于新马克思主义的文化研究传统的捍卫。这种传统在研究实践中体现为结构分析和语境分析的调和：一方面，始终保持对结构性因素，尤其是压迫性政治因素的关注，避免用各种去政治化的后现代主义术语（如"差异"）干扰研究的批判性意图；另一方面，不对成熟的理论框架抱残守缺，要看到理论在不同历史和社会语境下的液态特征，并不断更新自己的学术观点。这两点，正是文化研究作为一种社会研究范式的本质。

文化研究的本性与未来

格罗斯伯格为文化研究作为一个学科和研究范式的概念界定和

框架拓展做出了巨大的贡献。在拥有高度固化的社会科学学术传统的美国，做到这一点十分不易。他一直践行霍尔开创的知行合一的学术传统，极大地提升了文化研究在美国本土学术版图中的能见度。

常江：美国一直没有专事文化研究的学术机构，您多年来也始终在传播学院系执教。请问您如何看待文化研究与传播学的关系？

格罗斯伯格：我想首先谈谈我是怎么进入传播学院的。离开伯明翰之后，我用大约两年的时间跟着一家戏剧公司环游欧洲。当我回到美国时，我选择定居在纽约，并决定继续读博士。于是我给斯图亚特·霍尔打了个电话，问他："您认为我该去哪儿呢？"他说："据我们所知，美国唯一从事文化研究的人叫詹姆斯·凯里，他在伊利诺伊大学教书。"于是我写信给詹姆斯："我想和您共事。"他回信给我说："很抱歉，现在申请已经太晚了。"于是我告诉他，我是霍尔推荐来的。当时还没有电子邮件，所以他直接打电话给我，问："你曾经在当代文化研究中心待过？"我说："是的。""好的，给我一点时间，我有办法录取你。"他没有食言，于是我得以前往伊利诺伊大学继续深造。

我当时不知道他在传播学系，也没有申请传播学系，而只是申请他做我的导师。直到我来到他的办公室，才注意到他是"传播学研究所"的主任。我问他："什么是传播学呢？"我只知道伯明翰学派认为自己是在反对某些传播的形式，但是并未想到居然真的有一门学科叫传播学。20世纪70年代，美国只有两个学科对文化研究表现出了兴趣，分别是传播学和教育学。在这两个学科中，像詹姆斯·凯里这样希望有所作为的人非常少。法兰克福学派的一些人当时也还在，他们对70年代早期的作品非常感兴趣，比如保罗·威利斯（Paul Willis）的《学做工：工人阶级子弟为何继承父业》（*Learning to Labour: How Working Class Kids Get Working Class Jobs*）。为了让传播学领域接受文化研究作为一种研究——既是狭义的媒体研究，又包括广义的学术研究——我付出了巨大的努力。当时有人进行效果研究和组织研究，但主要还是在媒介研究的范畴内；而其他学科已经开始涉足文化研究，尤其是英语学科和人类学学科。作为一个专业，就教授的数量而言，英语学科的力量比传播学的力量强大得多。

常江：您以前在不同的场合都提到过文化研究在美国学术建制内发展"走形"的问题。

格罗斯伯格：我认为文化研究在美国最糟糕的命运是被卷入英语学科，因为这是一门非常孤立的学科。该学科居然声称是自己发现了文化研究，即使它已经篡改了文化研究的标准——将其转变为一种过度文本化、过度规范的研究实践。美国以外的人都认为我是文化研究领域的人物，但我不知道在美国国内是否是这样，因为大多数英语学科的研究者都忽略了我。我在传播学院系，而他们从来没有读过任何传播学专业的著作。在某种程度上，我在美国以外的地方比在美国国内更出名。

常江：您是否可以用简短的形式为文化研究规定一种"路径"呢？这也许会对中国有志于从事媒介与文化研究的青年学者有帮助。

格罗斯伯格：学界将知识——研究对象和我们可以就其提出的问题——组织成学科并为之确立边界。边界的存在避免了对象和问题的混淆，这就是现代大学系统的运作方式。文化研究却致力于跨越学科的边界——不仅是将不同学科融合在一起，而且在不同学科之间的"中间地带"运作。毕竟，问题应该由我们生活于其中的世界来决定，而不是由学科的分界来决定。这是一个基本的观念前提。

具体来说：第一，文化研究中的"对象"必须处于社会生活的语境下，这种语境可以被理解为一组相互交织的关系，我们必须寻找关联性的理论。第二，文化研究虽然承认在整个社会领域中文化所具有的普遍性力量，但是并未形成固化的理论体系。文化正在扮演推动社会转型的主要角色，这是我们需要明确的。第三，与大学对知识的简化论式的分解标准相反，文化研究选择接纳现实的复杂性，主张研究者必须对构成语境和事件的各种复杂关系进行描绘，否则就无法真正理解这个世界。因此，文化研究的过程不是寻找唯一答案的过程，也不是进行孤立思考的过程。第四，大学要求知识与权力、政治相分离，但你在阅读福柯之后就会明白，这不仅是不可能的，而且在某些方面是不可取的。主流学术规范要求彻底分离感性和知识，但是对于一个关怀世界、关心知识在改变世界的过程中所承担的重任的人而言，如何才能轻而易举地放下这种激情？第五，大学似乎倡导知识生产过程中出现的破坏性、竞争性的情景，如鼓励思想冲突，但文化研究本质上是相互协作的。因此，在看待学术工作时，我们应该始终保持一种谦逊的态度，但这种品质在今天的学术界似乎是缺失的。第六，学界往往秉持着一种简单的认识论，认为某件事要么是正确的（放诸四海而皆准），要么是错误的，但文化研究认为，这种非黑即白的逻辑正是知识规范具有的最深层问题，正是这种逻辑使欧洲人文主义理想最终被扭曲为殖民主义和生态灾难。文化研究对这种普遍性的主张提出了质疑，但它并没有将与其对立的相对主义或特殊主义作为辩驳的手段。

常江：是不是可以这样认为，文化研究主张在各种社会关系之中，对文化的意义进行批判性的考察？

格罗斯伯格：是的，总体而言，文化研究所主张的，就是你描述的这种激进的语境主义。文化研究认为，在普遍性和特殊性之间做出选择，是支持学术上的偷懒。这种"非此即彼"的粗暴逻辑，使人们信心满满地认为自己的理论和（或）政治观点能够提供标准答案，我们不需要付出真正的努力，而只需将理论和政治观点带入与现实世界的对话就可以了。所以文化研究拒绝理论先行，也不承认放诸四海而皆准的理论存在。它的确会寻求理论，为生活提出的问题提供最好的答案，但它认为我们不能假设葛兰西、福柯或者任何人的理论是永远有用的。同样，文化研究声称它无法事先知道政治力量、斗争或利害关系是什么，它永远尊重经验。在做一项研究之前，我们并不知道我们正在探求的"真相"是否涉及资本主义、种族，乃至身份，无论它在何种语境下、有什么样的关系联结。事实上，任何语境都不只是关于一件事的，任何努力也都不能被某种单一的、在研究开始前便已经知晓的底线所框定。文化研究反对一切我们在投入工作之前就知道答案的假设。

常江：您能否分享一下，除了学术研究之外，您还做了哪些工作？

格罗斯伯格：我从事各种各样的政治活动，然而是以公民、父亲、犹太人等不同身份参与的。我也参加过许多既不涉及政治也不涉及学术的活动。有时，我会以学者的身份从事一些活动，教授别人如何提出观点、讲述故事。我做过公开演讲，也参加过电台的脱口秀节目。在参与这些活动时，我始终致力于传播一个观点：除非我们了解情况的复杂性，否则我们不会找到可行的、成功的社会变革策略。作为一个学者，我认为这是我的责任——创造知识、与世界分享、参与交流和对话。我认为，美国发生的事情很可能会对世界其他地区产生非同寻常的影响，因此对美国的考察对于世界上其他地区的社会变革策略也会有启发性。而且，同样的事情也可能发生在中国。中国决定走的道路也将对全球格局产生深远的影响，这种影响目前已有现实的体现，我希望未来能够从中国的道路中看到更多的变化。

格罗斯伯格与其他文化研究学者最大的不同，就在于他对这个学科的发展路径的理解是建立在他对美国大学体制及供养这一体制的国家语境的清醒认识之上的。即便如此，他仍然以一种不妥协的姿态坚持着伯明翰的传统和文化研究的批判性意识。作为一个"传播学院的文化理论家"，他的思考和研究无疑丰富了主流传播学体系的内涵，将美国的问题置于一种全球性的理论审视之下，并不断促进着不同文化、不同道路之间的对话。

（资料整理及翻译：胡颖）

阿曼达·洛茨

未来的电视是一种非线性文化
——数字时代的电视与电视研究

阿曼达·洛茨（Amanda Lotz）是美国著名传播学学者、电视理论家、媒介研究学者，现为昆士兰科技大学传播学院教授。此前，她曾长期任教于密歇根大学（The University of Michigan）。她在迪堡大学（DePauw University）获得电信专业的学士学位，在印第安纳大学（Indiana University）获得传播学专业的硕士学位，在得克萨斯大学（The University of Texas）获得广播、电视和电影专业的博士学位。此外，她还是皮博迪媒体中心（Peabody Media Center）的研究员。

洛茨主要从事电视研究，着重考察美国电视网和有线电视行业的经济学、宽带分布式媒体，以及电视与性别之间的关系。她在这些领域出版了多部著作，如《我们毁掉了广播：有线电视如何改变了电视业，互联网如何变革了一切》（*We Now Disrupt This Broadcast: How Cable Transformed Television and the Internet Revolutionized It All*）、《有线电视男：21世纪的电视与男性化》（*Cable Guys: Television and Masculinities in the 21st Century*）、《电视即将被革命》（*The Television Will Be*

Amanda Lotz

Revolutionized)、《重构女性：后电视网时代的电视》(*Redesigning Women: Television after the Network Era*) 等。其代表作《电视即将被革命》为她赢得了巨大的声誉。在书中，她探讨了电视行业在从 20 世纪 80 年代中期到 2014 年的"后电视网时代"和"多频道切换期"的结构转型过程，以及这种转型对电视媒体的社会角色的重塑。

长期以来，洛茨都是"电视消亡论"最主要的批驳者。她认为，与许多预测相反，互联网的普及并没有扼杀电视，而是彻底改变了它对观众的影响方式。在"电视网时代"，受众在家看电视，被动地接受由几个电视网所提供的有限的节目选择，并遵循事先安排好的播出时间表；而数字技术的发展使电视进入"多频道切换期"，创造了更加多元化与更具竞争性的电视接受模式，并改变了电视节目的创作实践，使得电视文化完成了非线性转变，受众可以自主选择电视节目进行观看。此外，有线电视服务行业也正在转型为播放网络服务行业，比传统电视更具发展优势。她的这些观点对国际主流电视理论界产生了巨大的影响。

电视在互联网时代的新特征

阿曼达·洛茨是欧美学者中较早对互联网时代的电视媒体和电视行业的新特征展开系统性论述的学者。她提出的"电视革命论",就基于她对数字电视的技术、社会和文化属性的各种判断。因此,我们的对话也从这里展开。

常江:您能描述一下我们应该如何理解过去十年电视行业究竟发生了什么变化吗?尤其是那些技术方面的变化。

洛茨: 过去十年中,和电视显像相关以及和电视信号的分发与接收相关的技术发生了显著变化,这些变化是根本性的,共同指向了一个最基础、最本体论的问题:到底什么是电视?尽管我们观看电视的经验发生了改变,很快接受了新的看电视的方式,但先前的电视屏幕和信号传输技术依旧存在。有很多有价值的学术研究想要描述电视媒介和行业结构发生的这种新旧交融的结构性变化。我本人也尝试提出一种新的方式,去理解21世纪的电视传播生态系统是什么及其产生的变化是什么。我的基本观点是:新技术的引入改变了人们的观看实践,这种新的观看实践反过来进一步改变了电视行业的生产实践及该行业生产出来的文本内容。矛盾的是,尽管传统正在瓦解,尽管改变和革命正在发生,但我们始终无法忽略旧惯例的持续性。所有先前存在的技术、行业模式、政府规制和观看行为依旧存在。宰制性的流行话语将这一转变界定为一种"新旧更替"的叙事,但是我认为这是一个关于"多样性"的叙事。

常江:数字技术和以数字技术为依托的"生态系统"究竟是如何改变电视观众的日常观看体验的?

洛茨: 数字技术及其带来的行业变化对受众观看电视的体验产生了巨大影响。在后电视网时代,电视行业最重要的变化就是出现了一种新的观看实践，这种观看实践最主要的特征，体现为它打破了将电视塑造为对人们的日常生活进行宰治性组织的线性节目时刻表的观念。受众可以在自己想要的时间通过数字技术或工具观看节目，可以通过暂停、倒退和重放等方式反复审视内容。数字技术的新发展显然正在为受众的观看行为提供了更加丰富的选择，这种"自我确认"式的观看实践正在得到日益强化。

另一个很值得关注的问题是电视和家庭之间关系的变化。如果我们只是从严格的技术角度出发，会发现电视并不必然会突破家庭的限制。但在具体的实践中，受众使用移动终端、便携式设备观看电视的行为正在变得越来越普遍。这些设备以及与之相应的新的经济和分销实践，正在令电视打破家庭这一固定地点的禁锢。看电视的时间、空间成本下降后，以家庭为单位的集体观看体验趋于崩溃，家庭成员内部也会使用形式多样的设备观看节目。便携式电视设备日趋缩小的屏幕尺寸也使得独自观看获得了合理的美学体验。家庭受众观看体验的改变促进了以满足分众化品位为目标的节目产业的兴起。节目生产者的策略发生了巨大变化，他们开始推出基于统计数据得到的受特定人群喜爱的内容，而不再纠结于什么是"家庭作为电视收看单位最不喜爱的内容"。同样，技术、经济结构和可能的分配方案的联合发展也促进了新应用的创造和新媒介的使用。

常江：我们可以认为观众接受习惯的转变是颠覆性甚至是革命性的吗？

洛茨： 我不这样认为。正如我们此前所强调的，数字技术对电视的外部流通性和个人化观看实践的强化并没有完全取代之前的惯习。新的观看模式和以前占主导地位的观看模式长期并存，受众观看的偏好也取决于年龄。那些大部分时间都在家观看电视网节目的老年受众还是会保持自己的旧习惯，而那些年龄较小的受众则往往采用新的观看方式。新的观看方式当然会打破电视网时代观看方式的宰制性地位，而且随着年轻观众的成长，新的观看方式也迟早会变成旧的惯习。随着后电视网时代的深入发展,更多的观看方式将会出现,不久的将来很可能会出现更多类型的电视观看行为。

常江: 这对电视播出机构有什么影响?

洛茨: 如今的观看环境已经变得如此不同,以至于电视网正在不断陷入危机:与特定节目捆绑播出并拥有大众传播诉求的营利型商业广告被逐渐弃用。同样,许多长期控制电视生产的时间规律,例如每年九月末至次年五月的电视播出季传统、由22集左右原创剧集组成的节目播出季,以及新剧集和重播剧集的整合等这些电视行业的传统规范,随着电视网失去了垄断优势而被逐渐瓦解。有线电视台每年的节目设置也不断改变着以前的商业惯例。各种新类型的广告和以观众直接支付为主的营利模式,进一步促进了电视节目内容的生产方向的改变。但无论如何,在后电视网时代,电视行业的竞争越来越激烈。

常江: 电视的内容又经历了哪些转变呢?

洛茨: 如今,电视的内容会比以往更具有思想、文化和人群的代表性。对于这种多样化的趋势,我们不应该仅从商业的角度去解读。同时,鉴于受众的分众化,要对这一新的、多样化的文化后果做出评估也是非常困难的。在后电视网时代,人们很容易忽视电视内容的这种多样化特征,一个新闻杂志栏目完全有可能具有激进思想家深思熟虑的样态,而政治家的言论也完全有可能只是一些琐碎的、用于消耗时间的谈资。在电视网时代,"超级碗"(Super Bowl)这样一年一度的盛会可能会吸引海量观众,电视媒体也可能会像2001年9月11日上午那样,齐心协力报道一则轰动性的新闻。但如今,这样的情况难以维系,因为具有相同爱好的观众可能只有几百万人,而数字渠道使得这些人越来越坚持只看自己想看的节目。对于今天的电视频道来说,完全可以每周只安排一次面向绝大多数观众的节目,除此之外,则应该通过多元化类型的节目去吸引不同的分众。

频道的数量显然也会变得越来越多,因为要满足分众的需求。

在多频道转换的环境中，精确针对分众人群及品位的有线频道的数量会不断增加，这在所有有线频道的经营策略中都体现得特别明显，无论其目标为女性、儿童、非洲裔美国人还是 24 小时新闻观众，无论其形态为新闻、音乐节目、环境信息还是历史纪录片。例如，在整个 20 世纪 90 年代，针对女性观众的频道设置日趋多样化，分众化定位变得越来越具体，电视台提供新闻的渠道也愈加多元。受众选择的多样性进一步强化了分众的趋势。一旦节目内容摆脱了时刻表的束缚，它就完全是一种"按需生产"的产物，进而也必然会带来新的观看方式和内容模式。

常江：从事电视研究的学者应该如何看待上述变化呢？

洛茨：自 2010 年以来，人们对电视行业的未来的认识，从最初的预测和想象，逐渐转变成一种经过调整的、具有生态系统特征的工业实践。很明显，在这一新语境下，我们还需要付出很多努力去建立新的概念框架。我们需要重新审视并回答很多旧的问题，同时思考这些问题的变化性和持续性。我们需要建立评估系统，去揭示现存理论如何阐释，或者为何"无法阐释"如今的非线性的电视行业。除了与整个行业相关的问题外，那些业已改变的行业实践也使得节目生态和受众行为与以往不同。基于非线性特征生产出来的节目和它们对受众行为的改变既有与过往相同之处，也有与过往不同之处，远非静态和一致。我们看到很多创造者都在思考他们所能采取的、拥有最大可能性的最佳实践。我们理解电视的努力也变得比以往更有意义。对此，我建议采用一种既允许改变又保持稳定的理解方式。也就是说，我们不能不假思索地认定任何新事物都一定会"替代"旧事物。我们必须审视我们对包括电视在内的视听传播形式的不同研究范式，也应该意识到固化的研究方式越来越无法匹配流动多变的受众经验及行业实践。在变革的时期，学者应该尝试用不同的方式进行思考，既要看到旧惯习存在和延续的具体方式，同时应针对正在发生的革命提出观点。

常江：在您学术研究的概念框架中，您如何定义互联网时代的电视？您所谓的"后电视网时代"的电视有什么新的特征？

洛茨：我认为无法简单用一句话来做出这样的"定义"，因为新的电视其实仍然处在一个不断变化的过程中。我们很难对重塑电视文化体验的各种技术的重要性做出比较和评估，但我认为其中最重要的，可能也是最具包容性的一个技术趋势，就是数字化。电视的数字化既包括电视信号的数字化传输，又包括生产技术的数字化和受众接收设备的数字化。数字化显然强化了电视的传播过程，它使得传输效率大幅提升、传输容量显著增加、传输信号得到加强。简言之，数字化过程促进了视听内容更加广泛地传播，这种传播甚至已经具备某种"无限性"的特征。与此同时，数字化过程也决定了我们必须要在电视和其他设备，比如计算机设备和内容生成程序的交互操作过程中，重新定义电视。数字电视内容的新传播方式与基于无线电信号和电缆的传统方式截然不同，这种新的传播方式对电视节目的制作、发行和使用均产生了巨大影响。此外，数字录音技术刺激了新的编辑实践的发展，增强了视听内容的可移植性，打破了模拟录音的限制。尽管数字视频文件最初因为太大而无法通过因特网进行有效传输，但压缩技术的进步还是使得电视最终打破了广播信号、电缆线和卫星传送技术的限制。数字技术是后电视网时代得以到来的最重要的原因，它全面提升了电视内容的视觉和听觉质量，令高清（HD）成为一种普遍性标准，提升了电视内容的审美层次，进而带来了一系列生产和接受模式上的变革。

可见，洛茨主要从观看行为和节目内容两个方面来理解数字技术影响下的、后电视网时代的电视传播模式。通过"摆脱了时刻表"的隐喻，洛茨细致地勾勒出电视传播的分众化过程对整个行业的实践产生的影响。洛茨进而主张，在深刻理解数字技术给传统电视带来的"无限性"特征的过程中，去探索新的电视研究范式。

对"电视消亡论"的批判

洛茨一直是"电视消亡论"的批判者,她反对以一种技术进化论的模式去理解媒介行业的发展。相反,她在自己的研究实践中,十分关注电视行业自身基于新的技术环境做出的调试和改变,并将旧的行业传统和惯例的延续过程纳入考量。这使得洛茨的电视理论带有鲜明的语境化色彩。

常江:过去十年,电视行业是如何追赶技术变革的?

洛茨: 首先要记住的一点是,拥有传统媒体公司形态的电视机构,至今仍然主导着全行业的发展变革过程,少数媒体集团掌控电视行业大部分资源的现状没有改变。在这种情况下,电视行业对技术变革的追赶,也必然要在大公司的主导下,体现为一个审慎的过程。于是我们首先看到的是传统实体公司形式的电视机构,如HBO、哥伦比亚广播公司(CBS)等,正在积极地向那些想要看电视的受众提供分众化服务。其次,电视行业当然正在容纳越来越多新型的内容分发平台,包括各种独立的应用程序和非实体性的多渠道视频节目分销商,传统的视频播放器的历史已经结束了。非线性内容供给模式对传统媒体公司的政策有重要影响,这不仅是到底要不要延续以前的策略的问题,而且是传统媒体公司到底能不能够在有限的时间内完成彻底的生产和分发模式转型的问题。当然整个电视行业在这个转型过程中的种种策略和实践的效果,还有待进一步观察。

常江:基于互联网架构的电视和传统电视的区别到底是什么?

洛茨: 可能最大的区别就是互联网电视在本质上是非线性的,这是一种十分奇特的方式,受众可以依据自身需求选择想要观看的内容,而不是依据电视的时刻表来选择内容。这就带来了一种完全不同的电视文化体验。此外，还存在其他值得注意的差异，这些差异并非互联网固有，却与之相关。比如，用户订阅收入模式日渐取代广告收入，盈利模式的改变自然也就改写了行业内对于"成功"的定义，节目的编排策略也必然会发生变化。这种改变相应地带来了不同节目优先级的差异，同时解释了为什么在过去20年里美国的数字电视行业会如此有创造力。很快，监管政策也要发生变化——迄今为止，对互联网电视的监管很少，当然在美国，对有线电视的监管同样很少，这与广播电视形成鲜明对比，但随着互联网电视的主流化，监管一定会日趋加强。

常江：电视是否会像很多人预测的那样逐渐消亡？

洛茨：从2000年开始，"电视消亡论"甚嚣尘上。无论电视从业者还是传媒领域的技术人员都在不断撰写基于这一论调的文章。比如，有业内权威人士指出YouTube聚集的视频爱好者会摧毁传统电视制作公司；而一些关于电视行业现状，尤其是电视台的商业收益情况的调查结果也非常让人沮丧。从投资者的角度看，传统电视制作项目越来越难获得投资，更多的资金流向了制作非传统节目的互联网工作室。但实际情况远非如此。从发展过程来看，我认为2010年前后美国电视市场在低调和安静的状态下实现了成功的转型，全面确立了电视行业发展的可持续性。不过，并不是哪一个具体的事件把电视从"死亡之门"拽了回来，而是一系列非目的性的、非协作性的发展激活了电视行业的潜能，让电视从"过时"变为重新振作，重新定义了视听媒介及其文化，更好地促进文化对日常生活的整合。这或许只能说明我们以前对于"电视"的理解是过于狭隘的。如今，电视远未被归类于"旧媒体"，而是依然被当成数字媒体和数字社会未来的重要组成部分。有的人可能会说，你说的是视频而不是电视，因为传播这些内容的终端和语境都与过去截然不同。但在本质上，这就是后电视网时代的数字电视，像《纸牌屋》这样由网飞公司分发的内容依然被我们称为"节目"，它在形态和文化上与 HBO 的节目没有什么本质的不同。我想说的是，电视作为一种文化、一种思维方式、一种整合人群的机制，并没有消亡的可能，它始终有强大的生命力。

不难发现，洛茨对"电视消亡论"的批评，是建立在对数字电视的基本技术架构以及这种架构所带来的文化偏向的准确理解之上的。在对行业前沿实践及其背后的文化规律进行考察的基础上，洛茨认为不应割裂电视行业各个部分之间的关系，而应该看到作为一个"文化介入日常生活"的基本媒介化过程，电视文化及其传播自始至终都有着强大的生命力。

电视与电视研究的未来

洛茨关于电视业未来的种种思考丰富了当代电视研究的光谱，在某种程度上为这个领域开拓了新的方向：以一种"技术－文化"共生的思维方式去理解电视媒介。她的这一思路给电视研究设定了一个新的议题，标志着未来的电视研究或将更具本质主义色彩。

常江：您想象中的电视的未来是什么样子的？

洛茨： 显然，电视的未来并不仅仅与广播网络、无线电、频道这些概念相关。我已经论述过，新技术的出现并没有导致电视的消亡，但未来的电视显然会不断经历内容分发的革命。同样，电视所带来的某些文化体验，例如线性时间表和依赖大众市场广告的经济模式在未来也会不复存在。此外，随着人们逐渐意识到电视正在拥有越来越多讲故事的方式，关于"电视消亡"的话语注定会被抛弃，电视文化会在后电视网时代以新的方式融入消费者的更深刻的信仰。电视的故事会一直讲述下去，也一直会有人听。在机构方面，更多类型的实体公司将会介入电视行业，其中主要是宽带提供商。但从长远来看，即使是互联网公司提供的节目，也会越来越朝传统的频道化的方向去组织。事实上，电视的未来不是有关电视一词是否会持续存在的问题，而是电视所代表的思维方式是否会一直有市场的问题。没有证据表明讲故事的视听媒介，也就是如今被我们称为"电视"的传播系统正在消失，通过电视研究这个学科来理解媒介发展演变规律的时机已经成熟。简单来说，电视的经销和经济模式肯定会发生改变，进而带来电视内容和观看电视的方式的变革，但是这不是电视的末日，这只是一个新的开始。

常江：您能归纳一下自己对于后电视网时代的电视做了哪些思考吗？

洛茨：为了更好地理解数字电视，并就现存的、构成比以往更加复杂的电视生态系统建构理论框架，我将自己的研究聚焦于探索数字技术时代的电视在内容分发技术和机制上与以往有哪些不同，同时思考有哪些事情是互联网电视也无法做到的，并努力把技术和其他不直接相关的因素区分开来。像网飞和亚马逊这样的视频网站，以及许多更小众的视频服务类网站，都是基于互联网分布逻辑而成立的机构。但是它们运行的方式与传统电视有着千丝万缕的联系。这种联系意味着什么？我要去思考它。简单来说，互联网分发机制使得视频网站的服务会侧重于不同的收入模式和商业策略，打破广告对电视行业盈利体系的垄断，这反过来又导致工业实践和文本策略的变化。

我还有一个很系统的思考，那就是互联网电视究竟是如何在具体实践和理念中摆脱时间表的约束的。我们曾经认为遵守时间表是电视的基本特征，但是实际上这是广播电视、有线电视和模拟信号卫星电视的本质特征。这些传统的分配技术的线性特征需要相关协议的约束，我们之前对电视的理解就建立在这些协议之上。但是数字电视机构运转的基础是内容库而非日程表，这实际上是电视介入日常生活的根本方式的改变。

常江： 此外，我们终究还是要关注电视行业的生存问题，尤其是在商业体制下。

洛茨： 在电视行业的盈利模式问题上，我发现越来越多的电视机构开始追求一种更加纯粹的（而不是混合的）从用户处直接获取资金的经营方式。当然这一收入模式对电视来说并不新鲜，HBO在过去25年里一直坚持这一策略。只不过，如今它变得更加普遍了。例如，2015年美国市场上近100个视听信息服务网站中有76个都采取了这种模式，它们完全绕过了广告商。因此，我们对网飞、亚马逊与传统电视之间差异的理解，不能仅仅落在分发模式的不同上，也要对收入构成和盈利模式有充分的关注。订阅模式极其有力地重塑了电视业务模式，使得商业电视不得不采取衡量成功的新指标——它们必须通过创造足够有价值的内容来保证订阅，而不是不加分辨地吸引最大数量的受众，并将他们出售给广告商。这一过程又反过来催生了不同的电视文本。

我正在思考的问题是：电视和科技行业的总体结构如何影响了电视。比如，垂直整合效应在电视行业的体现。当然，这种类型的垄断并不是一个新事物，但在电视内容生产商和分销商之间更广泛的垂直整合必然会引发节目编排策略的新问题。当电视与互联网服务的垄断组织相结合时，在缺乏互联网中立政策保障的情况下，康卡斯特（Comcast）和美国电话电报公司等分销商对电视内容的裁量权会不会不断放大并被滥用？这一动向始终值得我们关注。

阿曼达·洛茨的理论诉求，并不在于延续电视研究的生命，或为这一领域开拓新的空间。她自始至终都希望通过对电视发展演进逻辑的理解，形成一种新的探讨媒介发展规律的范式。她的最重要的贡献，在于建立起一套严谨的、思考媒介与文化之间关系的逻辑框架。这对于我们在数字技术狂飙突进时代的媒介研究实践有重要的参考价值。

（资料整理及翻译：石谷岩）

第三编

批判传播学

格雷厄姆·默多克

马克思是一切社会分析的起点
——技术迷思、媒介化与道德诘问

　　格雷厄姆·默多克（Graham Murdock）是当代西方世界具有重要影响力的传播政治经济学学者之一和马克思主义理论家。他曾长期供职于英国媒介与传播研究重镇莱斯特大学大众传播研究中心（Centre for Mass Communication Research, University of Leicester），并于此期间与同事彼得·戈尔丁（Peter Golding）建立了长期的合作关系，共同发表了大量关于传播的政治经济学研究范式的经典著述，在全球批判传播研究版图中产生了巨大反响。从1990年开始，默多克转任英国拉夫堡大学（Loughborough University）社会科学部教授，并于此创建了专事媒介与文化分析的跨学科研究中心。此外，他在伦敦大学戈德史密斯学院、斯德哥尔摩大学（Stockholm University）和布鲁塞尔自由大学（Free University of Brussels）曾担任客座教授。

　　默多克学术思路活跃，其理论探索深入媒介与传播研究的多个领域，包括大众传播、风险社会、媒介受众、技术分配、电子消费等，但马克思主义的政治经济学是贯串其学术思想始终的线索。在默多克看来，批判研究不是知识分子的一个选择，而是当代学术研

Graham Murdock

究的必由之路。正因如此,默多克被普遍视为当代传播学学者中最为正统的马克思主义者,他的研究和论述为马克思主义在传播研究中的主流化做出了很大的贡献。他的学术作品已经被翻译为 20 余种语言。

默多克学术著述丰富,但专著不多,其大部分成果以期刊论文和文集篇章的方式呈现。从默多克为本书作者提供的其全部出版物的清单中可以看出,在 20 世纪 70—80 年代,他关注的焦点是英国当代及媒介史中的垄断、企业化、层级化现象以及英国媒介文化中的阶级关系问题;而进入 90 年代以后,他开始密切关注技术、公共文化和现代性等话题。如一位典型的马克思主义者一般,结构默多克的学术研究活动的是一种成熟的思路或范式,而非某一个特定的研究范畴。此外,他主编的《公共领域的观念读本》(The Idea of the Public Sphere: A Reader)、《传播政治经济学手册》(The Handbook of Political Economy of Communications)和《金钱万能:媒介、市场与危机》(Money Talks: Media, Markets, Crisis)等作品,在很大程度上引领着传播政治经济学研究的主流方向。

技术决定论与媒介中心主义批判

我们首先从默多克对技术决定论和媒介中心主义持之以恒的批判态度切入。作为一种典型的社会建构论,马克思主义与技术决定论之间存在着本质的观念冲突。在默多克看来,对技术决定论和媒介中心主义的批判必须回归马克思主义的基本观点,以及马克思主义诞生的历史语境。

常江:您如何理解技术决定论?它的问题在哪儿?

默多克:比较极端的看法是,技术决定论通常将媒介系统视为社会变迁的根本驱动力,并以此作为所有学术分析的起始点。这一立场的代表人物是加拿大多伦多学派中最具争议、影响力也最持久的理论家马歇尔·麦克卢汉(Marshall McLuhan)。麦克卢汉的人类历史观将媒介置于最中心的位置。他声称媒介是人类感官的延伸,媒介技术的每一次进化都使其所代表的体验模式和表现方式得以优先发展,从而导致社会制度与秩序的变迁。于是,在麦克卢汉看来,部落时代的口语文化首先因文字的发明而被破坏和代替,然后又因印刷术的发明得到更深刻的改变,而电子媒介的出现使人类社会重返部落文化。技术决定论最大的问题是它的单维度性。世界本来是通过社会阶层、经验、财产等领域不断强化的私有化过程而组织起来的,但在麦克卢汉看来,引领社会发展的只是简单的"古登堡星系"。他热情拥抱电子时代的到来,认为作为大众媒介的电视的发展打破了感知的线性范式,为连接和公共性提供了新的形式,使部落和村庄的文化以电子化的形式回归。

常江:但如今回过头看,麦克卢汉提出这样的观点似乎也有某种必然性?

默多克:要想理解麦克卢汉的观点,我们需要回顾他的个人经历。他的学术观点深受他皈依天主教这一经历的影响。是宗教史观使他认为历史的发展可以被归纳为从伊甸园（部落社会）的基督教叙事，到因印刷文化的引入而分裂的时代，再到最后依赖救赎力量（电子媒介）的到来而复原的过程。基督教叙事预言了一场混乱的、最终的冲突，那些旧时秩序里的既得利益者挣扎着想要维系自己的特权。麦克卢汉将新出现的电子化的"地球村"视为斗争和分裂发生的场所。实际上，麦克卢汉本人从未成功地将自己的理论付诸实践。在从事媒介研究前，他是一个拥有英语文学博士学位的文学家。在之后的访谈中他也承认，自己喜欢纸质书多于电子媒介。他在剑桥大学完成的研究受到当时主流文学批评思路的深刻影响。麦克卢汉出版的第一本书《机器新娘：工业人的民俗》（*The Mechanical Bride：Folklore of Industrial Man*）就继承了利维斯（F. R. Leavis）和德尼斯·汤普森（Denys Thompson）的《文化与环境：批判意识的培养》（*Culture and Environment：The Training of Critical Awareness*）所开创的主题，在书中他用深刻而诙谐的语言对 20 世纪 50 年代早期美国广告行业的欺诈行为进行了批判。然而广告不仅仅是简单的展示与再现的空间，它更是麦克卢汉所要重点论述的商业化电子媒介的核心经济来源。要认识到这一点，就必须要落脚于政治经济学分析。麦克卢汉终其一生都在竭尽所能提出一套可以取代以生产方式更迭为核心的马克思主义史观的新史观。正因如此，他才看不清很多问题。

常江：应该如何用马克思主义历史观去看待技术决定论？

默多克：技术决定论对马克思主义的挑战根本就是一个悖论。麦克卢汉以激进分子的姿态出现，有意挑战并破坏业已建构的框架。但如果我们仔细阅读他的著作，就会发现他的观点充满矛盾。麦克卢汉没有意识到传播系统是由根深蒂固的不平等权力关系所塑造的，因此他也不可能理解现行系统究竟是如何组织和运行的，以及这些系统可能遇到怎样的挑战和转变。我们需要回到马克思首创的批判政治经济学传统中。马克思非常善于使用引人注目的措辞和口号去讲道理。《共产党宣言》中"一切等级的和固定的东西都烟消云散了"和"无产者在这个革命中失去的只是锁链。他们获得的将是整个世界。全世界无产者，联合起来"可能是最知名的例子。但也正因如此，马克思的观点受到了很多人的误解——被单纯理解为政治宣言而非理论。马克思在其早期著作《哲学的贫困——答蒲鲁东先生的〈贫困的哲学〉》中提出"手推磨产生的是封建主的社会，蒸汽磨产生的是工业资本家的社会"。这番言论令其招致一些批评，很多人因此认为马克思是一个技术决定论者。这是一种错误的理解。通读马克思的著作可以发现，他在不断指出技术创新和资本利益之间的关系。在《政治经济学批判》中，他指出："然而，只有在大工业已经达到较高的阶段，一切科学都被用来为资本服务的时候……发明就将成为一种职业……"马克思认为资本的利益不仅决定了什么样的技术发明可被投入生产，而且决定了这些创新将如何得到使用。无论在什么时候，即使某种生产方式可能占据中心和决定地位，它也无法代替其他种类的生产方式。从整体上通读马克思的著作，会发现他将资本主义看作一个过程，而不是条件。把一切商品和服务的供给商品化这一残酷的进程永远不能彻底完成，因为它同时催生了反抗运动。

常江：那么马克思主义的技术观是什么样的呢？

默多克：还是要回到历史中去。从1848年欧洲资产阶级革命的失败到马克思本人于1883年去世，他在伦敦流亡期间的工作经验可以证实传播技术既能够支持各种实践活动，又可以巩固资本的统治地位。他见证了铁路建设的兴起和电报系统的快速发展，且非常清楚这二者都加速了资本主义的扩张。铁路运输加快了商品从生产车间到进入商店售卖的速度，因而缩短了资本主义获取利润的时间；但同时，马克思和他的朋友兼合作者恩格斯的信件交换速度同样在提高——恩格斯当时在英格兰北部曼彻斯特城的一家家族棉纺厂工作。同样，电报系统的发展使得资本主义企业能够分布在不同时区并与帝国主义体系中的不同国家实现整合，同时成为需要快速获取关于价格和市场信息的金融机构完成扩张的主要刺激物；电报也给马克思的研究带来了大量原始素材，并为其发表自己的观点提供了公共平台。并且，印刷新闻使激进组织得以让自己的观点与论据在更大的社会范围内流通。所以，马克思主义的技术观就是：我们需要运用批判政治经济学来探索技术背后的各种物质和政治条件如何巩固了对不同种类的斗争的组织和使用形式。

围绕技术决定论展开的探讨和批判，在默多克的学术思想中占有重要地位。在默多克看来，马克思对技术在社会变迁中扮演的角色的重视，始终未曾脱离对导致技术被创造和采用的物质及政治条件的充分认识。而技术决定论并不能被视为马克思主义史观的一种替代性话语，而毋宁是一种形式简单的还原论。

媒介化及其内涵

"媒介化"这一术语，是默多克近年来的诸多理论著述集中关注的一个关键词。对这一概念的批判性阐释，集中体现了默多克在所谓的"新媒体时代"对马克思主义传播理论的发展和创新。在默多克看来，媒介化理论有其操作性的意义，也并非变种的"媒介中心主义"；但大量相关研究脱离了对作为语境的市场资本主义的考量，导致该理论的解释力不足。

常江：什么是"媒介化"？它有什么内涵？

默多克：最初提出"媒介化"旨在克服传播研究不断走向琐细和分裂的倾向。这一表述强调了媒介在制度构成和日常生活中日趋占据中心地位的问题。早就有一些学者提出媒介在组织社会生活中扮演了日趋重要的角色，并追溯其历史渊源。还有一种普遍的观点认为电视成为家庭中最重要的媒介是媒介化过程中最重要的历史转折点。但也有人认为便携的移动数字终端，如智能手机和平板电脑的出现使媒介化的模式得以流行。一些研究者检验了人们对媒介的依赖性如何重新组织了社会制度的运行方式，还有一些人研究了媒介对人际关系和自我再现的影响。虽然视野和角度不尽相同，但各方均认为自己不过是以媒介为研究的中心，而非持媒介中心主义的观点。他们支持对媒介创新和更广泛的社会与文化变迁之间的交互关系进行调查研究。

媒介化理论的两个主要倡导者安德烈亚斯·黑普（Andreas Hepp）和弗雷德里克·克勒茨（Friedrich Krotz）指出，媒介化是"研究媒介与传播变迁，以及文化与社会变迁两者之间交互关系的批判性分析"，但是他们并不认为"媒介毋庸置疑是产生变化的原因"，并主张必须严肃思考"引发社会、文化变化的驱动力可能不是媒介"的各种可能性。克勒茨很早便深刻地指出，引起变化的主要动态因素之间的关系可能很复杂，媒介化只是一个刺激各种趋势加速发展的基本过程。如果情况真的是这样，那么我们对媒介化的讨论无论聚焦于制度关系还是聚焦于日常生活和交往的变化结构，都必须在当代资本主义生产关系的演进及其对媒介和传播的影响中进行讨论。

常江：所以媒介化过程最终的驱动力仍然是经济的因素？

默多克：必须在主要的经济转型的框架中去理解媒介化的运作方式，但很多从事媒介研究的人往往忽略了这一点。例如，大型传媒机构的所有权不断集中的趋势就经常被人们忽视。在最近的一篇论文中，黑普和他的合作者承认"我们可以通过某些经济驱动因素去解释媒介组织和所有权的集中趋势"，但他们没有继续将这些"驱动力"与新自由主义的、以市场为中心的、旨在应对20世纪70年代中期资本主义经济危机的各项经济政策联系起来。公共资产和电信网络的私有化以及政府对企业行为的放松管制，导致媒介所有权空前集中，进而决定了传播学未来的发展方向从政治领域转向公司行为的必然路径。媒介化研究拘泥于日常机构运作而忽视制度逻辑的特征，原因就在于其普遍没有在市场资本主义的语境下分析问题。

常江：在新媒体研究领域，媒介化理论似乎很流行，有不少人做出了有影响力的个案研究成果，比如针对推特和Facebook的研究。

默多克：在关于数字网络大众化使用的研究中，媒介化理论家多强调互联网在推进民主化和平等化进程中的潜力，却忽视了结构性的问题。例如，尼克·库尔德利（Nick Couldry）注意到人们在媒介化过程中"通过讲述关于自己的重要故事而将自己描绘成一个潜在的政治行动者"的现象，并以当今此类叙事最重要的媒介平台Facebook为重点分析对象，但他并没有如黑普所指出的那样探索"Facebook因商业动态发展所导致的社会关系的商品化"。现在已有大量的文献表明Facebook如何将网站用户这一免费劳动力"货币化"，并在商业因素驱动下用基于用户选择偏好的算法去安排出现在用户个人主页上的"个性化"内容。当然，我并不是要否定个人使用Facebook和其他社会媒介平台进行自我表达、探索社会关联方式等行为的价值，但这些研究的确仅仅强调了个体需求和个人目标，以及社会动员和企业政策逻辑之间的张力，而对于结构性的东西，几乎没有触及。我认为对资本主义体系的全面理解是当代批判研究最重要的先决条件。当然，媒介化研究仍然有不可替代的重要性，但若缺乏对媒介化机制背后的资本主义动态变化和矛盾的持续关注，就不可能准确理解激励和组织媒介化现象的根本驱动力，不可能准确理解媒介化对制度和日常生活的真实影响,更不可能分辨"挑战"和"改变"的正确道路。

默多克对媒介化理论的审慎态度体现了他对于各种中层理论脱离结构分析从而沦为"政策研究"的担忧。在他看来,着眼于日常生活中的互动行为而不关注宏观的政治经济结构有可能令研究者陷入一种盲目的乐观情绪,从而错失找到正确的社会变迁进路的机会。

马克思主义的当代影响

对马克思主义基本原理和马克思主义政治经济学分析框架的坚持,是默多克学术思想最为显著的特色。在默多克看来,互联网及其文化的勃兴并不必然带来文化领域公共化的结果。恰恰相反,以谷歌、Facebook为代表的互联网大公司正在让全球数字空间加速商品化。随着全球传播技术与文化环境的日趋复杂化,马克思主义反而获得了新的生命力。近年来,默多克与中国的传播学界保持着密切的联系。一方面,他与一些中国学者展开合作研究,发表了相当多的中英文学术论文;另一方面,他也曾应邀在北京大学、复旦大学、中国传媒大学、中国国际广播电台等机构讲学,关注和探讨中国相关议题。在访谈中,默多克表示中国传播学界拥有充分发展批判理论和马克思主义观点的丰沃土壤,而中国在经济与社会发展领域取得的成就也为传播研究提供了丰富的议题。

常江:您认为马克思主义在今天仍然有广泛的适用性吗?似乎从冷战结束开始,人们对资本主义和社会主义之间的差别的谈论越来越少,也不大讲"阶级"了。

默多克:对我而言,马克思是一切对资本主义社会进行分析的起始点。当然，这并不意味着马克思是全知全能的。他于1883年去世，在那之后，人类社会的媒介与传播版图发生了很多变化，这些变化塑造了我们现在的生活。马克思从未看过电影，从未打过电话，从未使用过电脑或者看过电视。但马克思所做的事情是将传播置于资本主义动态发展的全面分析中，将传播认定为致使大型企业数量锐减但控制权日趋集中、社会不平等加剧、经济危机周期性爆发、稀缺自然资源锐减的主要原因。马克思描绘的世界仍旧是我们正在面对的世界。

纵观当下的世界，财富和收入的不平等仍和马克思去世时一样严重。2008年全球金融危机的余波仍在，政府不断减少公共财政支出以填补由于援救银行而产生的财政赤字。与此同时，我们面临的环境危机也在不断加剧。有趣的是，很多在苏联解体以后主张抛弃马克思主义的人如今也开始重温马克思的观点。世界知名私人财富管理公司的高级经济顾问乔治·马格努斯（George Magnus）2011年在金融博客《彭博视点》（*Bloomberg View*）上发表的文章认为："马克思的精神从坟墓重回人间……今天全球经济的发展出现了很多他早已预料到的情况。"在某种程度上来看，只要一个国家包含市场结构和私有制的元素，那么马克思就始终是进行社会分析的不可或缺的起始点。

常江：在很多人看来，互联网在很多方面突破了现有社会制度对人的禁锢，指向了一种数字化的民主与自由。应该如何用马克思主义的观点对此加以分析？

默多克：不可否认的是，互联网正在被视为一种能够取代业已建立的资本主义媒介体系的民主力量而受到广泛欢迎。网络传播摒弃垂直的、自上而下的传统组织形式，采纳了蒂姆·伯纳斯·李（Tim Berners Lee）所想象的那种扁平的系统，并在这个系统中将每个人都设定为平等的参与者。老式的传统媒介的主要产品——原子化的受众将会转化成公共性的互联网生态环境的积极参与者，共同生产所有人都能免费得到的资源。这一幻想鼓励了一系列创新行为的出现，其中最广为人知的就是自由软件运动（Free Software Movement，FSM），即世界上出现过的最大型的、完全由志愿者参与的百科全书编纂活动。同时，公共博物馆、图书馆和其他公共文化机构也利用这一契机将自己的文化产品电子化并上线，找寻新的利益投资方，与使用者锻造新型合作关系。但必须认清的是，上述数字领域的创新活动空间其实始终受到大型媒介企业的挤压和控制，例如搜索领域的谷歌、社交媒体领域的Facebook、在线零售行业的亚马逊，以及操作系统与终端设备领域的微软和苹果。这些大型公司不断加强对下一波传播技术创新浪潮的市场控制力量，例如云计算、物联网、人工智能等。它们在定义每个人都必须扮演的角色及采取的行为。它们才是游戏规则的制定者。对大媒介企业行为的有效监管的缺失，以及新自由主义经济政策导致的对公共财政的野蛮削减这两个因素，共同"膨胀"了这些公司的野心。公共机构获取资源的能力与支撑志愿文化活动的基础设施建设都受到了影响。

常江： 也就是说，在互联网经济中出现的种种"创新"，其实仍在重复工业资本主义时代的资本衍生和社会控制模式？

默多克： 从本质上说，是的。在《哲学的贫困》中，马克思如是描述资本主义在19世纪40年代急速扩张的场景："人们一向认为不能出让的一切东西，这时都成了交换和买卖的对象，都能出让了。这个时期，甚至像德行、爱情、信仰、知识和良心等最后也成了买卖的对象，而在以前，这些东西是只传授不交换，只赠送不出卖，只取得不收买的。这是一个普遍贿赂、普遍买卖的时期，或者用政治经济学的术语来说，是一切精神的或物质的东西都变成交换价值并到市场上去寻找最符合它的真正价值的评价的时期。"谷歌和Facebook的商业模式是"将一切商品化"这一资本主义信念在互联网时代的典型代表。观点和友谊在"点赞"和"推荐"中实现商品化。受众在鼓励之下贡献自己的天赋和热情,并作为免费劳动力不断为大企业开发新产品、修正旧体系。用户每次敲击键盘和触碰屏幕的行为都被记录下来,并作为"大数据"的样本被存储起来,这帮助大企业建立起详细的档案,使广告商能够更加准确地迎合这些潜在的消费者。这一切都是商业策略,都在强化受众的消费行为,却导致社会实践能力的退化。

常江:比如苹果手机每次推出升级产品,都会在全球范围内掀起购买的热潮。

默多克: 苹果手机每年都要进行软硬件升级,这促使我们对传播的物质基础提出质疑。首先,它提醒我们媒介是机器和通信设施的集合,它们在生产和装配中侵占稀有资源,在被制造和使用的过程中消耗能量,在被丢弃时造成浪费和环境污染。其次,它使得我们重新意识到劳动的枷锁始终存在于这些已经被生产出来的商品背后,隐藏在一系列旨在吸引人们注意力的奖励措施之中,让我们将注意力集中于我们已经"拥有"这些产品的事实,以及将它们"整合"进自己生活的各种操作。苹果手机和其他电子产品的广告不断劝服我们去忘记和忽略生产这些商品的劳动力及其生活:提炼主要原材料的矿工,流水线上的装配工人,用集装箱和货船将商品从劳动力价格低廉的地区运送到大城市的高档百货商店里的水手。在这个过程中,我们完全看不到当下的历史和环境所面临的主要危机:不断加速的全球变暖和不断加剧的财富分配不均。所以,当我思考用哪一种理论框架去解读资本主义制度下上述议题和媒体企业之间的关系最有效时,我的答案是马克思主义。我们应该回到批判理论的传统之中,因为批判理论将传播研究整合进对经济、政治、社会形态、权力及斗争形式之间错综复杂的关系的更加宽泛的分析框架之中。

常江：对于中国的传播研究者来说，他们所面对的时代究竟有哪些特征？传播学术研究又应当如何对这些时代特征做出回应？

默多克：查尔斯·狄更斯（Charles Dickens）在小说《双城记》的开头这样写道："这是最好的时代，这是最坏的时代。"我想这就是整个人类社会当下的处境。就像我之前说的那样，全人类正在面临共同的困境：不断加剧的社会不平等、环境污染、各种骚乱和政治暴动、巨型城市生存环境的可持续发展问题等。但同时，我们也在生物科技材料与通信技术领域内前见证了前所未有的创新潮流。对于批判理论家来说，需要不断诘问的是：谁在管控对这些技术的生产与使用？管控是如何实施的？谁从中受益？谁又担负责任？然而对答案的找寻不能只依靠学术分析。这里还存在道德问题。批判政治经济学在18世纪中期诞生时，其最初的形式便根植于"我们应当如何界定'好的社会'和'好的生活'"，以及"我们需要怎样的资源和社会组织形式"这类道德哲学的冥思。

如今，中国正在积极参与一场试图平衡上述三种道德责任的社会实验，中国所面对和经历的一切都是前所未有的。在这场实验中，中国尝试通过锻造新的市场、国家与社会的关系去分析和解决问题。批判研究的任务就是去重新思考我们应当如何定义一个好的社会，去辨别阻碍和矛盾，去提出实际的建议。这个艰巨的任务要求学术界展开新形式的学术合作。作为传播学领域的专家，我们需要去贡献和学习来自不同领域的知识以及我们所不熟悉的领域的知识。从人工智能到城市未来再到生态危机，传播组织和机构已经开始在这些领域扮演核心角色。我们同样急切地需要扩展我们的理论视野，超越业已建立的西方思想，与来自不同环境、抱持不同观点的学者对话。中国的传播学学者有独一无二的机会去建立新的知识框架，并用它来回应当代的问题与挑战。

默多克坚持马克思主义的研究思路根植于他对资本主义社会的历史及当下特征的长期观察与深刻理解，以及他对技术迷思下的种种符号景观的清醒认识。在默多克看来，今天的资本主义与19世纪中期并没有本质的不同，商品化仍然是人类社会生活中存在的最本质的问题。若不能清楚地看到这一点，研究者很容易陷入技术决定论的狂欢，从而忽视了"景观"背后隐形的"枷锁"。对于中国的传播研究者而言，默多克的观点无疑有着深刻的启发意义。一方面，他认为中国和西方国家一样，也在面临和应对整个人类社会共同的结构性问题，这使得根植于发达资本主义社会的批判理论同样适用于对中国社会某些维度的分析；另一方面，中国有别于西方国家的制度选择和发展道路也使"中国经验"对于我们在道德层面回答"什么样的社会才是好的社会"这一终极诘问具有不可替代的意义。在这一过程中，中国学者有充分的可能性去建构一种新的解释范式，提供一个关于人类社会终极命运的不同的想象版本。在可预见的将来，技术或许将扮演日益核心的角色，但只有以马克思为起点，坚持对技术背后的物质和政治力量做出考量，新的范式才有真正的根基。

（资料整理及翻译：石谷岩）

托德·吉特林

学术与政治从来不是割裂的
——新左派运动的学术镜像

托德·吉特林（Todd Gitlin）是美国哥伦比亚大学新闻学院教授，同时是美国文化界活跃而高产的政治评论家、社会活动家和小说家。对吉特林而言，学术研究与社会运动之间是相互依存、相互促进的关系。他曾在美国两所著名的左派社会运动的"摇篮"——加州大学伯克利分校和密歇根大学学习，并长期担任政治组织学生争取民主社会组织（Students for a Democratic Society，SDS）的领导者。在美国的知识界，吉特林以鲜明的反战态度和对资本主义制度的批判立场著称。他的早期重要学术著作《新左派运动的媒介镜像》（The Whole World Is Watching: Mass Media in the Making and Unmaking of the New Left）不仅完整地展现了左派政治文化运动对新闻研究可能具有的积极影响，而且对欧文·戈夫曼（Erving Goffman）提倡的框架理论做出了修正和推进。

吉特林迄今已出版十余部著作，但其中只有《新左派运动的媒介镜像》被译介至中国。除此之外，带有半自传色彩的《60年代：希望之年，愤怒之日》（The Sixties: Years of Hope, Days of Rage）和《共同梦想的黄昏：美国为何在文化战争中失利》（The Twilight of Common Dreams: Why America Is Wracked by Culture Wars）也有较大的社会影响力。他的著述主要涉及以下两个主要内容：对20世纪60年代开始的美国各类社会运动和社会思潮的反思，以及对媒介在社会中

Todd Gitlin

的地位、作用以及意义的质询。尽管吉特林被贴上了鲜明的左派学者标签，但与传统的马克思主义者不同，吉特林并未格外强调经济基础对上层建筑的决定性作用，而认为主导社会演进的因素是经济、国内外政治、文化意识形态的集合。对于20世纪60年代美国各类社会运动的重述，以及对于左派运动在美国主流价值体系中的地位的反思，贯串于吉特林学术思想的始终。他将左派和右派的观念之争置于美国社会独特的历史语境之下加以考察，并对不同政治思想运动所采取的文化及修辞策略做出了大量具体的分析。

作为一位传播学学者和新闻研究专家，吉特林对媒介在现代社会中的作用持有批判乃至悲观的态度。他甚至专门比较了自己与麦克卢汉的技术乐观主义之间显著的不同。在《无法无天的媒介：论声画流对生活的僭越》(*Media Unlimited: How the Torrent of Images and Sounds Overwhelms Our Lives*) 中，吉特林指出媒介对人的生活做出了一种虚妄的承诺，提出并鼓励人们追求一种难以实现或者根本不存在的梦想；人类的现实生活正在很大程度上被图像和情绪充斥，但是人类的政治目标却因缺乏具体的操作程序而难以实现。在《深入黄金时段》(*Inside Prime Time*) 中，吉特林通过访问上百位电视从业者，全面考察了20世纪80年代早期美国电视娱乐行业的作品模式，辨析了引导电视行业决策者与普通电视从业人员做出各种决定的隐含规则与进程，探讨了电视节目的生产如何依赖少数精英供应商群体与机构，以及如何被国家政治走向所影响。在其论文《媒介社会学：主导范式》("Media Sociology: The Dominant Paradigm") 中，吉特林表达了对传播学学科丧失独立性的担忧，他认为在美国传播研究中具有主导性地位的媒介社会学因过度追求实证性而不可避免地受到了权力结构的宰制。

学术研究与新左派运动

要理解吉特林的学术思想及其缘起,就不能忽略他从20世纪60年代起对美国左派社会运动的深度参与。在吉特林看来,对"社会问题"做出不假思索的研究并提出相应的"解决策略",是学者默认权力建制合法性的体现。因此,我们的讨论也首先从传播学研究与左派社会运动的关系展开。

常江:作为一位著名的社会活动家,以及美国学术界左派思想的代表人物,您如何评价目前美国的新左派?

吉特林:美国新左派在最近几十年里损失了自己的大量道德资本,这一状况在知识和政治领域里都造成了不幸的后果。一个显而易见的事实是,大部分左派人士将"爱国主义"的话语权让给了右派人士。于是我们发现,左派知识分子在真正的政治运动中并没有发挥什么作用。是"9·11"事件使美国左派知识分子开始认真对待下面这句话:我们是知识分子,我们是美国人,并且我们是左派。爱国主义和左派之间,其实并不存在根本性的矛盾。面对美国历史的复杂性和矛盾性,美国国家身份认同一直是政治和道德领域的一个争议性的话题。在我看来,一个国家的人民应该具有爱国主义情怀,但是同时应该具有政治严肃性。两者在表面上看似乎是冲突的,但其实情况并非如此。因此,我认为左派的格局应该更大、更全面一些,应该立足于自然,立足于美国的国家需求。

常江:这种爱国主义是否就是您常说的"自由爱国主义"(liberal patriotism)?

吉特林:是的。在我看来,爱国主义是对国家的爱——这并不意味着你爱它所做的一切以及爱负责运行这个国家的人,也不意味着你认为这个国家就是上帝最完美的作品。自由爱国主义强调了平等、民主、自由，这也是根植于美国的传统的。自由爱国主义使为国家服务成为必要，对于左派知识分子来说尤其如此。现代社会主要的构成方式之一，就是民众能够感觉到自己是国家的一员，并获得作为"国民"的集体归属感。这种归属感对普通人来说很重要，但显然也面临着潜在的危险，甚至在某些时候，爱国主义成为一种可笑的道德高调。这是因为，在很多情况下，爱国主义的内涵被一些政治势力操纵了，变成了一种哗众取宠的姿态，甚至成为反对者抛弃国家文化的理由。"9·11"事件发生后，我的感受是：的确有很多人想要杀死美国人，他们也杀了很多非美国人，但这只是事件带来的副产品，而非本质。我认为美国人有理由坚信自己能够承受这种威胁，而实际上他们也真的做到了这一点。作为美国人，作为人类社会的一员，作为左派思想的追随者，无论从哪个价值体系出发，在我看来人的生命都是十分重要的。我憎恶爱国主义被那些有悖美国价值观的人滥用的现实，我觉得这个国家在某种程度上正被一些人绑架。美国是一个拥有强大潜力的国家，这种潜力主要来自民主的精神。正因民主精神的存在，美国始终是一个可以去想象人类拥有无限自由的可能性的国家。因此，我认为激进的、民主的价值观就是美国的价值观，也是我本人的价值观。我的一切政治观点和实践行为，都是以美国而非其他抽象概念的名义完成的，这对我来说是一个自然而然的过程。

常江： 您认为在美国的知识界，左派知识分子现在的整体状况是什么样的？

吉特林： 总体来说，是懒惰。大学里的终身教职体系特别容易导致知识分子的学术惰性和自我隔离。反对很容易，但要知识分子克服惰性和自大，去反对那些真正值得反对、需要反对的东西，却是很难的。学术不应该去迎合任何政治议程，但知识分子从自己的政治、心理、国家等立场出发提出问题，是天经地义的。这些问题的答案可能并不符合我们的预期，但无论如何都应该通过逻辑和证据来完成目标。学术与政治从来不是割裂的,追求崇高的精神生活不需要以放弃政治承诺为前提。左派知识分子应当去质疑真正的问题,而不仅仅是做出些不痛不痒的抵抗姿态。

常江: 从您的著述来看,您对 20 世纪 60 年代始终保有强烈的兴趣。作为一个非西方人士,我了解一些关于反主流文化活动如何塑造了当代美国社会形态的基本知识。但是我还是想请您谈谈:为什么您坚持认为对 60 年代的考察对于我们理解当今世界十分重要?

吉特林: 20 世纪 60 年代十分重要,它是左派学术运动的一个模板。正是在 60 年代,那些几乎波及全世界(并不限于美国)的社会政治运动动摇了既有的权力建制。反独裁情绪变得强烈,并渗入社会各个领域。国家和企业层面的层级结构,包括医学、法律、艺术等行业,均被破坏。个人主义盛行,但是它有时深刻,有时肤浅。反抗变得常态化,尤其是在流行文化领域。约定俗成的真理的权威性被削弱。60 年代的各种社会运动,有的很理性,有的很草率。但在 80 年代,一切都发生了改变。我们看到绝大部分个人主义精神被吸纳进消费者市场,但是消费选择的增多并不意味着自由程度的提升。各行各业的精英失去了合法性,在很多情况下至今仍然没有重新获得这种合法性。蛊惑人心的民粹主义通过激发人们对专业精英的憎恶来支持经济寡头。这种遭遇提醒了我们:反主流文化将"真实性"作为价值标准,但是"真实性"完全有可能被某些愤世嫉俗的、讽刺的力量掌握并利用。不过,迄今为止,还有一个反主流文化的主题始终未被深刻、正确地理解,那就是:人类社会如何依存自然社会,并和自然社会共存。

常江: 您在若干部著作中,似乎认为在美国当下的政治生态里,存在着一种将各类彼此分离的运动联结起来的必要性,而这种联结必须通过制造意识形态的"纯洁性"来获得和维系权力。您的这一观点与当代传播研究有什么关系?

吉特林: 这是一个很有意思的问题。不过,我没有办法给出一个确凿的回答。我的政治观点，如你所说，是普世主义的，所以我支持各种社会运动之间的联合。但是，此刻我还想象不出这对于传播研究来说意味着什么。

不难发现，对于吉特林来说，作为一种社会力量的传播其实并非存在于价值中立的某种学术真空之中，而是始终与"社会进步事业"紧密相连。在左派活动家和批评家吉特林眼中，这种"进步事业"是以20世纪60年代的反主流文化运动为基础和样板的。而当代知识界对于主流学术生产体系的屈从，则不可避免地导致文化批评陷入了乏力的状态。

媒介与社会的关系

吉特林既是美国媒介社会学的代表人物，又是这一理论范式的尖锐批评者。他在带有鲜明的价值指向的学术研究经历中，形成了独特的、有别于欧洲马克思主义传统的媒介批评观。因此，我们从吉特林的代表作《新左派运动的媒介镜像》出发，深入探讨其对媒介与社会之间关系的看法，以及这种媒介观的内涵。

常江：在《新左派运动的媒介镜像》中，您将框架理论用于对新闻的分析，并展现了葛兰西的"霸权"概念如何在具体微观的层面上影响了知识的生产。在您看来，这部著作在理论和方法论上的贡献，尤其是它对于意识形态的强调，对今天的媒介研究而言仍然有解释力吗？

吉特林：《新左派运动的媒介镜像》完成于较为特殊的年代，因此它有充分的依据将媒介分析置于意识形态分析的框架内。在那之后，我的观点其实有所扩展。在《无法无天的媒介》中，我开始强调媒介的情感负荷作用，而不仅仅如《新左派运动的媒介镜像》一样，将自己限定在意识形态的范畴内。我相信，在当下的时代，人与媒介之间的关联并不是理性的结果，而主要是一种情感关联。现在的认知环境比20世纪60年代更加混乱，所以我在早期作品中分析的"建制化媒体"或许不再像以前那样无远弗届、带有霸权色彩。但尽管如此，我还是认为《新左派运动的媒介镜像》中的意识形态分析在今天依然占据着有价值的一席之地。

常江：您曾经提出"社交媒体也许是媒介但绝不是社会"。在您看来，在社会进步事业中，媒介究竟应当扮演什么样的角色？

吉特林：对于社会变革来说，媒介既是原因，也是动力。改革者必须准确而合理地考量人民赖以生活的世界，因此必须了解人民期待从媒介中获得什么，以及如何与媒介合作。处于社会运动环境中的传统媒体经常对运动本身表现出无知、轻蔑的态度，它们倾向于认为社会运动不过是党派、组织、机构运行失败的结果。所以，我们不能期待主流媒体能够对社会运动做出准确的呈现和传播。当然，传统媒体也会提供一些信息，让受众了解运动的思想是什么，甚至看到有关运动的口号和图像。但在更多时候，媒体会以十分戏剧化的方式去精心描绘、"生产"运动，将参加运动的人宣传成好人，粗鲁的警察则扮演坏人的角色。对于运动的效果而言，媒体的这种报道方式当然是有益处的。而且，媒体也不是铁板一块，因为并非所有记者都是流水化生产线上的产物，有一些记者会更加深邃和通达。我认为公众应该以更加开放、包容的心态去对待媒体和记者。不过，有一个事实是显而易见的，那就是每一场运动都需要拥有能为自己宣传的媒介。我相信无论是为社会运动服务还是有其他目的，媒介都要勇敢面对它们的受众。

常江：那么社交媒体呢？毕竟如您所说，"建制化媒体"现在已经没有过去那样强大了。

吉特林：很多人说社交媒体的本质就是民主。近年来我经常思考关于媒介技术的问题。比如，在1921年的时候，广播的本质的功能或者力量是什么？可能根本不存在什么本质，而功能和力量是一个缓慢彰显的过程。任何媒介技术都不仅是技术，而且是新形态的社会关系，或新型的精神气质、发展契机。社交媒体在帮助边缘群体获得自我认知、参与社会活动方面发挥了重要作用。人们分享的信息和传播的理念，构成了他们的自我形象及定位。社交媒体能够通过简单散布图片的方式帮助人们认清什么事情亟待解决。例如，2010年网上流传着一张在亚历山大港（Alexandria）遭受警察虐待并被殴打致死的埃及年轻人的图片，这个年轻人名叫哈立德·赛义德（Khaled Said）。这张图片后来变成了名为"我们都是哈立德·赛义德"（We are all Khaled Said）网站的海报，而由该网站引发的社会运动在2011年推翻了时任埃及总统穆巴拉克的政权。这个例子虽然存在夸大媒介重要性的倾向，因为肯定还有很多促使运动成功的因素，但它仍然昭示了社交媒体在当下环境中有别于传统媒体的强大力量。在社交媒体上，很多事情往往以意想不到的方式发生，进而变成群体观念和承诺的发源地。一些宣传报道十分鼓舞人心，另一些则能够激起人们对于当权者的厌恶，为社会情感添油加醋，这些都使社会情绪更生动、更有活力，让人们意识到自己不是孤立的个体，不是注定悲剧的存在。不过，必须强调的是，社交媒体并不是社会运动的发起者，也不是拥有神奇力量的魔术师；它们能被用于宣传，也能被用于反宣传。社交媒体实际上是社会中各种媒体的混合体。

常江：媒介自身也在不断进行着变革。这种变革难道不会使媒介的生态更加有利于社会进步事业吗？

吉特林： 关于这个问题我思考了很多。在我看来，媒介的变革应该是任何激进运动的组成部分。如今，存在着一种对于民主原则的令人发指的扭曲，那就是掌握在少数人手中的大资本对于媒介议程的主宰。尤其可笑的是，那些建基于公共资源并由公共投资搭建起来的传播渠道——比如广播电视网——如今竟大多掌控在私人所有者的手中。它们通过使用公众的东西大发其财，而代价仅仅是几乎可忽略不计的执照费而已。在我看来，这不仅是不道德的，而且是不合法的。毋庸置疑，这些媒介现象不但不公平，而且没有什么道理可讲。因此，不能过于天真。媒介行业的游戏规则是被人操纵的。在传播网络中获益的政治势力、政党、政治候选人，以及掌握传播网络的媒体大鳄是不可能支持改革的，因为改革的目的就是砍掉媒体行业的利润。所以，我认为不大可能在对现有政治势力进行平衡的前提下实现媒介变革。媒介的保守性并非媒介自身的问题，而是源于我们缺乏一种制衡的力量或一系列有制衡力量的机构，让人们真正意识到"改变"是有可能发生的，"变革"也是触手可及的。我们缺乏战略性的思维和组织。我们无法集中精力去解决最重要的问题。最糟糕的是，有一些"战争"是我们永远也打不赢的。如果某一场抵抗运动对既有的政治力量提出了挑战，自然也有可能波及私有化的媒介体系，但这并不是基于良好的改革的愿景，而仅仅是为了服务于新的政治势力而已。

常江：听起来您对媒体行业的未来很悲观。这似乎与一些人提出的"新闻将死"的观点不谋而合。

吉特林：我的基本观点是，新闻行业会一直努力存活下去，就像之前一样。其实我们所谈论的新闻行业并没有什么悠久的传统，也不是传播领域的常态——常态其实是政党报刊，也就是服务于特定政治利益的媒体。在20世纪的某些时期，新闻机构在很大程度上拥有了"专业出版机构"的身份，而且"新闻是一种职业"的观点也得到了人们的普遍认可。可事到如今，这种看法显然已分崩离析：媒体对主流传播渠道的控制已大大减弱，20世纪理想化的、稳定的新闻行业形态也受到了显而易见的侵蚀。新闻业出现各种趋势，但这些趋势既不统一也不明确，基于互联网或其他技术形式的新媒体有着丰富的可能性。不过，值得一提的是，尽管YouTube、社区广播、独立电影、独立杂志、博客等新媒介形式开创了新的传播渠道并生产出新形态的信息，但这些新媒介没有一个建立起调查新闻体系，因而也不可能在根本上剥夺传统媒体存在的必要性。对于政客和企业来说，其自身在传统媒体报道中的形象是否美好仍然是一件胜败攸关的事。即使是一切向钱看的华尔街，也十分看重自己的媒介形象，因为它不仅想要赚钱，还想被信任和爱戴。

常江：也就是说，在您看来，传统新闻业仍然是不可替代的、有可期的前景？

吉特林：似乎也不能这样说。没有什么是绝对的。我们还是要看到传统的严肃媒体所遭遇的困境，这种困境归结起来就是地方媒体的活力的丧失，而这一状况显然是大型传媒集团的一种有意识的策略。在过去几年间，我们看到《洛杉矶时报》（Los Angeles Times）被不同的公司出售和购买，看到《华盛顿邮报》正在变成一张精神贫瘠的报纸，看到《华尔街日报》（The Wall Street Journal）正在加速"默多克化"……所有这一切都令人不安。与此同时，我们却看不到另一种能够支撑甚至强化新闻业的商业模式出现。与五六年前相比，新闻业显然正在失去自己的"建制"。毫无疑问，一种更加健康的媒介体制曾经存在过，而且这种体制的确可以察觉被掩盖或被粉饰的权力结构的真相。但现在我们又能做些什么呢？新闻业是新闻记者和公众共同缔造的，但我们也必须接受如下事实：绝大多数人，无论出于技术还是文化的原因，都普遍认为如果没有新闻业，生活会变得更加轻松。他们有可能会想要打开电视看一看天气预报，但总体而言，明星绯闻、不知所云的政治观察，以及关于政治现实的肤浅的姿态和口号才是他们想要的。公众打心眼儿里想要自己的生活中尽量少一些真正的信息，这才是最令人难过的。

不难发现，吉特林的媒介观是建立在美国传媒行业的某些内生矛盾的基础之上的。一方面，传统媒体既被赋予公共机构的使命，又为大财团所有的事实，导致其对公共文化的曲解和操纵；另一方面，新媒体以生产新奇的、个性化的信息见长，却始终不具备替代传统媒体的内在动力和社会土壤。但更根本的原因在于,商业与科技寡头的"合谋"导致了"公众"的消失,从而在某种程度上决定了真正意义上的新闻业黯淡的前景。吉特林的媒介观,既是一种根植于美国文化传统的深厚的悲观主义,又是其激进的社会改良思想的出发点。

批判传播研究的传统与未来

比起左派运动在学术界的旗手以及公共知识分子的身份来,吉特林似乎不太看重自己作为传播学学者的"建制内身份"。他对传播研究的看法无疑比其同辈学人,如他在哥伦比亚大学新闻学院的同事迈克尔·舒德森等带有更加鲜明的政治价值指向和批判色彩。吉特林较少谈及纯粹的传播学研究问题,但他总体上仍对这一领域寄予很高的期待。

常江: 从您的学术思想源流来看,似乎大卫·理斯曼(David Riesman)、查尔斯·赖特·米尔斯(Charles Wright Mills)、欧文·豪(Irving Howe)等在美国社会学领域不那么"主流"的学者的观点对您的影响很大,您也曾在不同场合称他们为"典范知识分子"。原因何在?

吉特林: 在我学习从批判性的观点出发去思考和阅读的过程中,这三位学者的著作给了我直接的帮助和指引。正是他们的学术观点促使我在20世纪60年代早期涉足政治。理斯曼这位卓越的社会学家,在我的职业生涯中扮演了重要的角色,因为他是我参加的第一个政治团体"警钟"(Tocsin)[一个以哈佛大学拉德克利夫学院(Harvard-Radcliffe)为大本营的和平组织]的学术顾问。我虽然未曾与米尔斯本人会面,但是他的学术力量和热情早在高中时代就鼓舞了我。我经常与豪展开争论,但是在这一过程中我也从他身上学到了很多东西。在80—90年代,我们既是政治同盟,也是伙伴。尽管这三个人专业和政治立场不同，却都拥有完整的世界观，尤其是他们均赞同构建一个统一的、作为整体存在的美国。关于什么才是真正的学术作品，他们都有透彻的看法。他们均认同知识分子的责任并不是去描绘细节、扩充边缘知识，而是去规划、探索、重新思考关于社会正在如何以及应当如何运转的关键问题。他们以不同的方式著书立说。他们都热切希望自己成为公共知识分子并且做到了这一点。他们没有让自己淹没在大学里那些佶屈聱牙的文字争论中，因为他们知道这种争论对双方都没有任何好处。

常江：您认为新闻和传播研究者在您所设想的这种理想的知识生产模式中，应当有何作为？

吉特林：坚定不移地追逐真理，让自己的目光超越制度的局限——这两者同样重要。无论什么时候，学术都不应该成为权威的仆从。新闻业总要给自己制造敌人，因为其目标就是揭示政治势力当面一套、背后一套的真面目。从这个意义上来说，新闻必须是危险的！至于传播研究，无论是在美国，还是在中国，则一定要坚定不移地以批判的态度去分析传播体系和政治、经济、教育结构之间的关系。传播学不应该独立于错综复杂的社会结构，它是社会整体的一部分。

作为美国体制下的批判传播学研究者，吉特林的观点既有鲜明的本土价值，又有显著的借鉴意义。他反复强调新闻与传播研究者应当用"更宏大的目光"去考量那些"真正有价值的问题"，并反对学术研究掉入琐碎化、实用性的窠臼。在吉特林身上，始终散发着一种专属于20世纪60年代的独特的精神气质：相信真理的客观存在，对一切形式的建制保持警惕的态度，同时又是一位真诚的爱国者。这种精神气质与20世纪80年代的中国知识分子何其相像！而这一点，在一定程度上，也正是吉特林的学术（及政治）思想之于当代中国学界的意义。

（资料整理及翻译：石谷岩）

罗伯特·麦克切斯尼

"富媒体，穷民主"法则依然有效
——民主化媒介的理念与实践

　　罗伯特·麦克切斯尼（Robert McChesney）是美国著名传播学学者，北美传播政治经济学研究的代表人物之一，目前任教于伊利诺伊大学厄巴纳-香槟分校传播学系。他长期关注传播的历史与政治经济学，并致力于对媒介在民主制度及资本主义社会中扮演的角色进行批判性分析。

　　麦克切斯尼出版独著、合著学术著作多部，包括影响力巨大的《富媒体 穷民主：不确定时代的传播政治》（*Rich Media, Poor Democracy: Communication Politics in Dubious Times*）、《传播革命：紧要关头与媒体的未来》（*Communication Revolution: Critical Junctures and the Future of Media*）、《美国新闻业的存亡：即将重启世界的媒介革命》（*The Death and Life of American Journalism: The Media Revolution that Will Begin the World Again*）等。这些著作所体现出的基本学术观点大致可以概括为两方面：第一，对于美国传媒业的政商结构加诸美国民主制度的影响的批判，尤其是对解除管制（deregulation）如何导致传媒集团的垄断，进而侵害美国公共生活的过程的深入考察；第二，对

Robert McChesney

"健康新闻业"（healthy journalism）观念及实践体系的建构，即深入剖析新闻业应当如何抵制权贵资本主义的影响、真正实现为民主制度服务。

除上述学术贡献外，麦克切斯尼还是一位活跃的公共知识分子，不但通过报刊专栏、媒体采访等方式不断发表自己对热点社会现象的意见，而且积极投身他所致力于建设的"健康新闻业"的实践体系。2003年，他和著名自由派记者约翰·尼科尔斯（John Nichols）、著名社会活动家乔希·西尔弗（Josh Silver）等人共同创立了非党派、非营利的社会机构Free Press。该机构致力于推进媒介民主化运动，保护互联网言论自由，其标志性口号为"媒介本土主义"（media localism），即反对资本力量驱动下的媒介联合。除此之外，麦克切斯尼还曾拥有自己的电台节目，名称是《至关重要的媒介》（Media Matters），他在节目中用生动活泼的语言向听众讲述传媒组织对于民主的重要意义。

民主化媒介的理念与实践

麦克切斯尼以政治经济学为武器，长期致力于对美国语境下的媒介与民主关系的批判性研究。与许多同辈学者不同的是，他的"民主化媒介理念"具有强烈的实践色彩，不但是一套自洽的理论体系，而且是一套直接的行动纲领。其在实践中的模式和效应，集中体现在麦克切斯尼参与创办并多年坚持运营的 Free Press 平台上。

常江：您在多部著作中，都曾探讨或分析过美国媒介政策演变的历史进程。在您看来，这一过程几乎完全服务于企业精英对利润最大化的追求，而非对公共利益的关注。我们应该如何理解美国媒介政策的这一特点？

麦克切斯尼：美国媒介政策的发展是与强大的媒介集团和强大的媒介游说组织的崛起同步的。从美国建国开始，国家就在不断制定并修改媒介政策。这个国家最重要的辩论就是关于宪法的辩论，接下来恐怕就是议会就如何设立媒介系统以实现为出版自由保驾护航的辩论。这些议题引发的公共辩论凝聚了几代人的努力。关于媒体政策，最重要的、引发了最多辩论和修订的议题就是邮政补贴。在媒体存在的第一个世纪，邮局是国家出版系统发行杂志和报纸最重要的途径。1830年，邮局发行的超过90%的出版物是报纸。第一届国会的关键辩论议题之一，就是政府应该如何收取邮费。有些人认为对所有的报纸都应该提供总额补贴，让那些仅仅依靠市场力量无法生存的报纸存活下去。这种大规模的公共补贴政策是不是有利于民主？这是一个见仁见智的问题。但随着时间的推移，尤其是随着商业利益在媒体运营中扮演的角色越来越重要，这种辩论日趋脱离公众，与实际的民主和自治政府的运行渐行渐远。到了20世纪，我们看到媒介政策的制定过程显而易见已经是腐败且不透明的了。

我想,将当今美国媒体的决策方式比作1974年那部经典电影《教父2》,是再恰当不过的了。

常江: 长期以来,您本人也一直在通过各种实践去建立一种理想化的媒介系统,比如对 Free Press 的运营。您曾表示,这样的系统将需要一个庞大的、资金充足的、结构多元且多样化的非营利性媒体部门,以及一个更具竞争力和权力更分散的商业部门。您能描述一下这样一个系统应该是什么样子的吗?

麦克切斯尼: 建立这种系统的前提是,我们应当具有非宗派、无党派的立场。头等大事包括改变媒体所有权结构、反托拉斯,以及与版权相关的各种事务。所有旨在构建媒介系统的核心决策环节,都必须有公众参与其中。我们应当明白,媒介改革运动的本质,就是使决策过程更加民主化。在美国,一旦我们就这个问题展开讨论,就不可避免要面对两个核心问题。首先,从某种意义上看,我们应该拥有商业媒介系统,但我们也应该努力让它变得更加具有自由竞争色彩,这意味着我们应该鼓励更多的声音去参与讨论,让商业媒介在所有权问题上更加地方化(localized)和去中心化(decentralized)。也就是说,应该让本地所有者拥有并经营本地的精英媒体,而不是让遥远的大型媒介集团掌控地方媒体。这是一个复杂的问题。有一些类型的媒介永远不会允许自己的所有权地方化,比如电影制片厂,它对资本的需求极高。我们需要理解这一点并且将其纳入考虑范围。其次,我们还需要额外注意经济集团化的影响。从公众的角度来看,经济集团化毫无正当性可言,但是兼并的浪潮已是诸如电影制片厂、杂志社、图书出版公司、报纸、广播部门、电视部门、网站等大型媒介公司发展的常规路径了。这些公司可能会赚很多钱,因为它们在不同程度上占据了某些行业的"巨头"地位,但是并没有证据能够清晰地表明这些传媒集团的存在在经济上是必要的,或者它的经济效益是普遍的,尤其是对普通大众而言。经营利润都归集团所有者的事实给了所有者更多的垄断权力。与此同时,地方所有的商业媒体市场依旧存在严重缺陷:经济学家称之为"外部性"——它们过分依赖广告和商业主义,因而影响了公司操作的性质和内容。

常江:当人们谈到媒介改革时,往往会围绕"民主"这个核心概念展开。在您看来,应该如何理解民主才能促进传播政策的改进?到底什么才是"民主化媒体"?

麦克切斯尼:很多人认为民主是一个复杂的字眼。我倒不这么认为。我认为谈论民主的细微差别是一件十分有趣的事情。自由主义对民主的经典定义,基本上是由美利坚合众国的创始人麦迪逊和杰斐逊所设定的,这一定义在今天仍顺利地运行着。在1780—1790年间,美国的开国者们就已经知道美国将会成为一个强大的国家,言外之意是,美国的媒介体系完全可以让那些有机会在体制内获益的人清楚警戒线的位置,遏制其可能的权力滥用行为。当然,我对麦迪逊和杰斐逊的民主观是持有保留意见的,尤其是麦迪逊,在我看来,他对于民主的理解太过精英化。但是,这个缺陷有其历史意义,符合当时的历史条件,并不是一个糟糕的起点。即使在今天的美国社会,我们仍然需要一个好的媒介系统,去遏制公共生活中的军国主义和帝国主义倾向,为那些没有财产和权力的人赋权,让他们实际上可以拥有和政客平等的地位。然而,实际的情况是,与30年前相比,报道政府腐败现象或丑闻的新闻越来越少,这与政府对媒介集团化的支持有关。一个社会,若缺乏有效的媒介体制的监督,就会出现一个糟糕的结果,那就是政客想做什么或多或少总是能够实现,同时也比"普通人"更容易逃脱法律的制裁。这是一个令人恐惧的结果,也是最高法院再三声明我们需要一个自由的新闻界的原因。民主化媒介的使命就是制止任何形式的"帝国"的出现。没有可信赖的新闻业,我们的系统就无法工作。正如雨果·布莱克(Hugo Black)在最高法院工作时所指出的:我们的整个宪法体系都是建立在一个可靠的新闻业的基础上的,没有这个,我们的宪法体系就会崩溃。而这正是我们现在所面对的危机。

常江：前面谈到，美国（也可能是全世界大部分国家）的媒介政策制定过程是商业精英们关起门来保证其自身利润最大化的过程。如今，互联网的发展给予公众更多权力，情况还是如此吗？"富媒体，穷民主"的定律是否仍然有效？

麦克切斯尼：不可否认，数字化变革改善了我们的政治经济现状，传播与政治的关系愈加紧密，但我并不认为互联网的普及真的实现了对公众的"赋权"。在美国，五家最有价值的上市公司——苹果、亚马逊、谷歌、Facebook、微软都是垄断性的互联网企业，尽管这些公司至今只存在了一两代的时间。事实显而易见：互联网公司用比传统媒体企业更少的时间实现了垄断，并促使社会不平等现象显著增加。腐败、监控、侵犯隐私、新闻商业模式的崩塌……凡此种种，正在变成更大范围的政治议题，比传统媒体时代的问题更为复杂。数字媒体的发展在表面上似乎支持了更多民众参与媒介政策制定过程，然而实际上，大多数国家的总体趋势是变得更加不民主，而不是更民主，人类社会的主要问题仍然是"富媒体"和"穷民主"之间的矛盾。随着资本主义发展停滞不前，现有的媒体治理体系日趋被人认为无法满足人民的需求，法西斯主义正带着复仇的火焰回归数字空间。总而言之，互联网能够加强民主的说法已被证明是言过其实的。我在2016年出版的书《人民做好准备：反抗失业经济和无公民民主的斗争》（*People Get Ready: The Fight Against a Jobless Economy and a Citizenless Democracy*）对此进行了详细的论述。

常江：您是否认为存在或将来有可能出现一种媒介系统，能够成为民主的工具？

麦克切斯尼：我坚信这一点。在历史经验和全球维度中，出现过不少好的案例，引导我们建立负责任的新闻业和媒体。从逻辑上推断，或许永远不会出现一个绝对完美的民主媒介系统，正如永远不会有一个完美的民主制度一样，但这并不意味着所有的媒介系统必然削弱或损伤民主。我们能做得更好，并且应当坚信确实存在一种确凿无疑的设计，它符合所有社会的理想情况，可以让我们从中学习。例如，在美国，或许包括世界上很多国家和地区，都可以通过公共补贴机制来培育一个非营利、非商业、充分竞争、独立的媒体部门，以确保新闻传播不被政府或者市场控制。用哈贝马斯的话来说，就是要打造一个真正的公共领域。在我的很多书中，我都提出了关于这方面的实际建议。这是民主媒体的驱动力量，也是自治社会的基础。毫无疑问，有很多方式去实现这个目标。这是我们应该关注的焦点。这是传播学学者应该做的工作之一。由于传播业已成为资本主义经济（或后资本主义经济）的核心，因此我们正在谈论的其实是整个社会的未来，而不仅仅是传播或媒体的问题。

不难发现，麦克切斯尼在建构自己的民主化媒介理论时，最为关切的始终是美国的商营媒介体制对传媒机构公共性的侵蚀问题。他所提出的通过公共补贴制度去制衡商业力量的想法，虽未免带有乌托邦色彩，却仍不失为一种建立在历史经验和当下结构之上的自洽观念。更重要的是，在麦克切斯尼看来，由于媒介在当代社会中不可比拟的重要性，对媒介体系的变革其实就是对整个社会公共生活的变革，因而具有显著的当下性和紧迫性。

知识分子与社会变革

麦克切斯尼从不否认自己身上的"左派学者"和"公共知识分子"标签，他的传播理论是一套美国语境下的知行合一的体系。他多年来致力于发表对于知识分子社会角色、大学体制，以及媒介体系变革中人的因素的看法，期望增强美国社会科学学术界的"有机性"。

常江：能否结合您创办 Free Press 的经历，谈谈在您所设想的媒介系统的改革中，知识分子应该扮演什么样的角色？

麦克切斯尼：2002 年我参与创办 Free Press 时，并不相信知识分子能在其中发挥什么作用。在我看来，学术界的大多数人士、大多数学者，其实完全与时代隔绝。即使是左派学者，哪怕是表面上的左派学者或者批判学者，在学术界也都过得很舒服，没有真正意义上的批判精神。他们会去寻找一些相对晦涩的话题写论文，这些论文对现实问题毫无帮助。当我们于 2003 年 12 月召开 Free Press 的第一次会议时，大概有 1800 人报名，但最后只有 5 位学者完整地参与了全部议程，此外可能还有 10 位学者待在会场外——他们之所以不进场，是因为我们没有邀请名人学者发表演讲。我们希望人们来参会，希望他们待在会场，希望知识分子们能够认真倾听别人在说什么。但让我感到惊讶的是，没有学者想这么做，大多数知识分子只是想要获得发言的资格，并以此来为自己的履历添砖加瓦。那时我相信，知识界可能只是暂时迷失了方向。美国的知识分子是迷失的一代，或是迷失的制度的产物。

然而，这项工作又是如此迫切地需要学者产出高质量的调查研究成果，来让我们真正参与并理解我们的选择是什么。我们搞不清楚"宽带"到底是怎么回事，也不知该从何下手去改变媒介所有权的现状。我们需要的不仅是经济分析、法律分析，或狭隘的政策研究，我们更需要将媒介系统的政治属性渗入日常工作。甚至有关健康传播的议题也应该这么操作。我发现那些从事健康传播、人际传播、组织传播或媒介法研究的学者，都对媒介系统的工作方式有自己的价值预设，而这些预设的前提，就是认可一个永远由广告支持的公司化运行系统的合理性。在我看来，知识分子只有首先反思并修正上述预设，才能真正对媒介系统的变革做出贡献。这个范围并不局限于从事经济和法律研究的群体。在变革的浪潮中，每个人都要做好自我反思工作，无论是文化研究的，还是历史的。后来，我逐渐改变了自己的态度。在 2005 年时,我意识到我们应该让更多的学者加入这个行列,让各个领域的学者在这里扮演好自己的角色。要想赢得这场战役,必须首先赢得知识界的支持。

而另一个让我转变观念的原因,是我曾选派一些博士生去华盛顿参加暑期实习,让他们和国会议员共事,研究媒体和传播政策议题。他们在国会山上受到议员"久旱逢甘露"般的欢迎。这说明,对于那些了解传播的人来说,知识分子仍然是解决问题的关键,而且这种对知识分子的需求十分迫切。在我看来,这是一个绝无仅有的机会,传播研究领域的人必须抓住这个机会,若非如此,我们的领域就会变得越来越边缘化,直到有一天彻底被时代淘汰。

常江:那么,学者应当如何判断自己在什么时候、需要做什么样的研究呢?很多人渴望参与媒介变革,但对于如何参与,仍显得很困惑。

麦克切斯尼:简单来说,你不应该只盯着政府来搞研究。如果政府中的某些人想要知道在一个中等市场里所有权的集中化对新闻生产有什么影响,而你说,好的,这就是我要做的事情——在我看来这对解决问题于事无补。你应该明白自己擅长什么,你接受过什么技能的训练,你喜欢做什么,然后看看哪个领域、哪些议题还未被研究。这样能够帮助我们更好地理解当今社会的现状——这才是你应该去做的事情。例如,过去 30 年里,很多美国历史学家研究了自殖民地时期或南北战争时期以降的美国新闻出版系统的发展情况,并得出了许多非同寻常的结论。如理查德·约翰详细考证了联邦政府在美利坚合众国成立后最初 75 年里对新闻业的补贴制度。这提示我们:如果我们从一开始就把新闻业留给自由市场,留给那些无论如何都能从中赚到钱的富人,我们这个国家就不会有新闻业了,我们甚至干脆不会有这个国家。类似的研究曾长期被冷落,但现在人们看到了它们的价值。有的时候,我很想回到曾经被认为是边缘学科的地带去重新学习。历史学家看似"一根筋",但是时代的变迁使得他们对于新闻出版行业历史的研究显得格外重要。

常江：您曾在一些场合提及，美国大学的终身教职制度与学术界的自由和活力有密切的关系。但也有一些人认为，这一制度使大学成了社会变迁中最为保守的力量。如今，中国的高校人事制度改革，也开始逐步实施这一制度。您能再深入谈一谈对这个问题的看法吗？

麦克切斯尼：不管终身教职制度存在什么问题和缺陷，都不能否认，我们施行这一制度最重要的目的就是保护学术自由。这个制度高度尊重教授的权力，使他们不必担心自己会因不愿攀附权贵而失业。对于社会变革来说，独立的知识分子和独立的学术研究都是非常必要的。学术研究需要在一个合理的、自由的社会中发生，在这里你的研究实践不需要依附于精英和权贵。然而，一个显而易见的事实是，学者即使有了终身教职制度的保障，也未必会去反思乃至批判权贵。事实上，大学里绝大部分受终身教职制度保护的学者往往选择不批评权贵，因为那并不会给自己带来额外的好处。我希望这个问题能够引起学术界的重视。我希望我们能拥有一个所有学者都在从事"危险"的研究的大学。学者们应当紧密关注精英阶层及其主导的世界，去挑战他们的权威。

有人主张取消终身教职制度，我并不赞同，因为这不能解决任何问题。最先被解雇的人肯定是那些最需要终身教职保护的人，也就是那些因批评政商联合体而引发争议的学者、正在冒险的学者。至于那些选择过平安日子的学者，他们本来就很安全。事实上，他们中绝大多数人本身就是这个体系的管理者。所以，如果想要我们的社会拥有一个可信赖的、独立的知识分子群体，我们就不能抛弃终身教职制度，这个制度的存在使得当权者无法随意开除他们不喜爱的教授。当然，终身教职制度的实行并不必然提高学术研究的质量，但我也并未发现任何证据表明取消这一制度能够促进学术生态的健康发展。

常江：您从不否认自己身上的"左派知识分子"标签，并且致力于对资本主义社会的批判性考察。不过，有个有意思的现象是：似乎美国和欧洲的批判传播学理论家在用不同的方式分析资本主义。相比之下，欧洲学者更愿意深入卡尔·马克思的作品，用他的观点去解释当代社会。您如何理解马克思主义的总体概念和他对资本主义的批判？

麦克切斯尼：在读大学的时候，我系统阅读了卡尔·马克思的著作，可以说，马克思主义对我的政治和学术思想产生了重要影响。但是，我并不赞同那种广为流传的、对马克思著作的宗教般的信仰，也反对那种认为马克思主义的文本具有某种神圣性、是适用于一切社会和一切时代的真理的机械化说辞。这些说法往往出于其他目的，并非基于对批判性思考的兴趣。具有讽刺意味的是，马克思或恩格斯肯定会对这种写作方式感到震惊，因为他们的著作始终在驳斥这种庸俗化的"普遍真理"，这与他们倡导的那种理解世界的方式是背道而驰的。我认为马克思主义是一个开放的系统。我在自己的研究中很少引用马克思或恩格斯的话，除非是要直接解决关于马克思或马克思主义的问题。

马克思的政治经济学对于分析当代资本主义社会来说是十分有用的。它为我们理解我们的时代打下了坚实的基础。但若认为仅仅读懂并掌握《资本论》就能完全理解当代资本主义社会，那你就一定会犯错。我自己的学术体系就同时受到了保罗·巴兰（Paul Baran）、保罗·斯威齐（Paul Sweezy）、米哈尔·卡莱斯基（Michał Kalecki）和其他一些人的影响，凯恩斯主义对我而言也十分具有学术价值。马克思最重要的贡献是他对资本主义社会基本矛盾的批判，这一基本矛盾将导致资本主义最终走向灭亡。我在《人民做好准备》这本书中尝试阐述这些问题。具体而言，当今世界上最主要的矛盾是社会的潜在生产能力和实际生产能力之间存在着质量和数量上日益扩大的差距。其中包含威胁人类文明的环境危机问题。正如马克思所说的那样,资本主义社会的基本矛盾就根植于其生产活动是因少数人的短期获利需求被组织起来的,而非为大多数人的长期需求服务。

常江: 在美国,如果有人公开质疑资本主义,往往会被立即扣上共产主义者的帽子。您认为美国人在审视资本主义制度时,可以做到冷静、客观吗?

麦克切斯尼: 以前或许很难做到这一点,但现在,我认为这个国家已经具有这种正确的态度了。毕竟,今天的美国是一个由大型垄断公司主宰的资本主义体系,没有什么力量能够对这些大公司构成真正意义上的竞争。他们掌控着政治家,并有权自行制定规则。没有人可以对此视而不见。这并不是一个激进的看法。资本主义制度导致不平等、腐败和绝对的一阶危机(first-order crisis),越来越多的人正在更加清醒地认识到这一点。

在麦克切斯尼看来,美国"主流"知识分子对于真正的社会问题以及导致这些社会问题的权力滥用机制的逃避,会极大地影响社会变革的方式和程度。他一方面主张左派知识分子应当用自己的专业知识为社会公平做出贡献,另一方面也反对不加辨析地套用一些经典理论模型去草率地阐释丰富而细腻的当代社会问题。在马克思的影响下,他对资本主义制度的基本矛盾始终有着清醒的认识,并相信越来越多的美国人能够逐渐获得这种分辨力。

学术研究的政治使命

麦克切斯尼始终认为学者的学术研究活动是与他的个人经历以及对生活方式的选择分不开的。在20世纪70年代接受大学教育的经历,令他始终有着强烈的社会参与意识。

常江：作为一位知名传播学学者，您对年轻的研究生和满怀抱负的青年学者有什么建议？您会向如今的青年学者推荐哪些思想家的作品？

麦克切斯尼：这取决于这些学生和学者想要具体从事什么领域或什么类型的研究。我会给不同的人提供不同的建议。对于从事我所在的领域的研究，也就是政治经济学、媒介史和媒介政治的人来说，我认为最重要的事情是要热爱你所做的工作。如果你不是真的热爱它，它就不值得你付出，你就应该选择放弃。这就像成为一个舞者一样，你得喜欢跳舞，否则你就会过得很艰难。特别是，如今的学术界在传统意义上拥有的自主权和优势正在逐渐消失，做学术让人倍感压力。这是我的第一个建议。至于青年学者应该阅读哪些思想家的作品，我并没有一份固定的阅读清单。乔姆斯基、罗恩·保罗（Ron Paul）、保罗·斯威齐、米尔斯等都对我影响颇深。当然，还有很多学者和思想家在不同阶段引导着我的学术生涯，包括一些帮助过我的公众人物。作为一名学者，我可能是一个折中主义者；作为一个阅读者，我也是一个折中主义者。所以，我没有一份可以推荐给所有人的必读书单。

常江：您是否愿意给中国的媒介与传播研究学者未来的事业发展提供一些建议？

麦克切斯尼：我的建议是，做一个诚实的知识分子。做到这一点其实并不难。你要提出重要的问题，不要担心你的研究会把你带向何方，也不要担心它是否会让你卷入权力的冲突。但我也明白，在现实的情境下，真正做到这一点并不容易，知识分子要面对很多迫使他们内化现状的诱惑，而那些自找麻烦的知识分子总会面临不同程度的惩罚。但我还是认为，知识分子必须找到站在镜子面前直面最真实的内心和最真实的社会的勇气。

在麦克切斯尼看来，知识分子参与社会变革最终极的途径，是找到一条"诚实"面对自己内心的路径。在他看来，知识分子就如同一名称职的演员，其所有研究活动，都应该努力去履行这个职业对观众和同行许下的承诺。这一点，对于正在蓬勃发展的中国新闻传播学学界而言，具有独特的观念价值。

（资料整理及翻译：石谷岩）

文森特·莫斯可

资本主义的内在矛盾将导致其自身的衰败
——马克思主义视野下的技术批判

文森特·莫斯可（Vincent Mosco）是加拿大女王大学（Queen's University）社会学系名誉教授，国际著名传播政治经济学家。他于1975年获得哈佛大学社会学博士学位。读博期间，在丹尼尔·贝尔（Daniel Bell）等教授的影响下，莫斯可开始转向对通信技术和媒介权力的研究，尤其关注国家监控与企业垄断对媒体行业的影响。从70年代后期开始，在赫伯特·席勒和达拉斯·斯迈思（Dallas Smythe）等人的影响下，莫斯可开始系统地应用马克思主义理论的批判方法，在传播政治经济学领域探索自己的研究范式，并取得了卓越的成就。他曾担任女王大学社会学系主任，以及加拿大传播与社会研究会主席等职。莫斯可作为北美传播政治经济学界的代表人物，在传播政治经济学，通信与信息技术的社会学，对云计算、大数据、物联网等前沿信息技术的社会批判，以及传播政策研究等领域积累了丰硕的成果。

《传播政治经济学》（The Political Economy of Communication）一书奠定了莫斯可在该领域的权威地位。他在书中梳理了传播政治经济学的哲学基础、概念内涵和发展历程，提出"商品化""空间化""结

Vincent Mosco

构化"是传播政治经济学的三个主要特征,对学界产生了巨大的影响。2005年,他出版专著《数字化崇拜:迷思、权力与赛博空间》(*The Digital Sublime: Myth, Power, and Cyberspace*),深刻揭露了技术迷思的本质,此书获得了2005年的奥尔森奖(Olson Award)。2014年,他又出版了《云端:动荡世界中的大数据》(*To the Cloud: Big Data in a Turbulent World*)一书,开启了他对下一代互联网技术的批判性考察。其后,莫斯可于2017年出版《数字化:走向后互联网社会》(*Becoming Digital: Toward a Post-Internet Society*)、2019年出版《数字世界中的智慧城市》(*The Smart City in a Digital World*)。他的著作已被翻译成多种语言。

莫斯可是北美、欧洲、亚洲和拉丁美洲多本学术期刊编辑委员会的成员。他曾在美国白宫电信政策办公室(White House Office of Telecommunication Policy)、美国国会技术评估办公室(The Office of Technology Assessment of the U. S. Congress)以及加拿大联邦通信部(Federal Department of Communication)担任研究职位。同时,莫斯可是民主传播联盟(Union for Democratic Communication)的创始成员,也是哈佛大学信息资源政策项目(Harvard University Program on Information Resources Policy)的长期研究员。此外,他还曾在加拿大和美国的工会和工人组织中担任顾问。2004年,莫斯可因其在传播研究方面的杰出成就获得了达拉斯·斯迈思奖。

北美传播政治经济学的特色

毋庸置疑,文森特·莫斯可为北美批判传播研究的建制化做出了重要的贡献。他通过长期的学术出版和教学工作,不断探索并厘定北美传播政治经济学研究的正统范式。从时间节点上看,莫斯可是 20 世纪 70 年代北美学界从社会学领域转向传播与媒体研究"浪潮"的一员,但独特的身份认同和学术经历却使他走上了与当时美国"主流"不同的道路。

常江:最初是什么让您对媒介和传播研究产生了兴趣?这种兴趣后来发生过什么变化吗?

莫斯可:我认为这种兴趣来源于我的人生经验,并得益于我的多位学术同僚。我在 1970 年到哈佛大学读博士的时候对传播的实证研究产生了兴趣。那一年,丹尼尔·贝尔来到了哈佛大学,那时他正在撰写《后工业社会的来临:对社会预测的一项探索》(*The Coming of Post-Industrial Society: A Venture in Social Forecasting*)一书,并计划写作那本著名的《资本主义文化矛盾》(*The Cultural Contradictions of Capitalism*)。贝尔是一个聪明的人,也是一位杰出的教师,对学生十分严格。我对他的研究很感兴趣,于是选修了他开设的所有课程。后来,他推荐我到哈佛大学计算机科学和信息技术专家安东尼·奥廷格(Anthony Oettinger)教授那里学习。奥廷格当时正在研究计算机政策问题。我与贝尔和奥廷格合作完成了一个研究项目,这是我对政策研究兴趣的起点,是贝尔让我对技术企业与美国政府监管体系之间的关系产生了研究的欲望。后来,我撰写了一篇论文,研究美国监管机构如何控制或如何未能控制新媒体的发展。就此,我开启了研究新媒体的职业生涯,并始终保持着对政策研究的兴趣。读完博士几年后,我遇到了赫伯特·席勒和达拉斯·斯迈思,他们是北美传播政治经济学的创始人。他们成了我的导师、同事和朋友。从他们那里，我系统性地了解到马克思对于技术批判研究的重要性。有了这个基础，20世纪70年代末或80年代初，我建立了一套自己的工作模式，开始做自己感兴趣的研究项目，经过多次修改后，我一直遵循着这一模式。

常江：媒介和传播研究在本质上来说是跨学科的。您认为社会学在这一领域里的作用是什么呢？

莫斯可： 我接受过系统的社会学的学术训练。我非常感谢这种训练，部分原因是它教会了我如何用理论体系去思考问题。这可能不是社会学所独有的思维方式，但是它无疑是社会学的核心。是社会学教我从经典理论出发去思考马克思、韦伯和涂尔干等学者的著作。进行理论性的思考是十分必要的，理论就是我们做出判断的依据，是我们观察世界的视角，没有理论基础就无法理解世界。如果你是一位社会学家，你就必须去思考阶级、性别、种族等社会关系的问题，因为"社会关系"是社会学的核心理论范畴。但是当我们把这个问题带入更加广泛的元学科，如政治经济学中时，我们又会将上述概念嵌入对政治和经济的权力关系的理解。我的学术目标之一，如我在第一版《传播政治经济学》中所表达的那样，就是通过多学科的"长征"，建立起一个元学科。这漫长的旅途为我们提供了很多种看问题的方式，使得我们能够建立起一种宽泛而灵活的跨学科视角。通过政治经济学，我们能更好地理解媒介和传播问题。简单来说，在传播研究中，很多学科起到了十分重要的作用，社会学则是其中最重要的一个学科。

常江：与其他媒介与传播研究的路径相比，传播政治经济学，尤其是北美的传播政治经济学有什么特殊性？

莫斯可： 传播政治经济学的核心概念一定是权力。这里的权力包括制度权力，以及私人和公共组织所能获得的权力。此外，还要考察不同的社会力量如何通过媒介来实践自己的权力，如何宣扬对自己有利的特定观点，或者如何去尽量减少对其眼中的"异见"的传播。认识到这一点，对于传播政治经济学这一范式来说是十分重要的。另外一个也很重要的观点是我在社会学中发现的，那就是传播政治经济学能够涵盖不同种类的问题和学科。例如，政治经济学能够使我们看到国家和市场如何共谋，认清这世界上政治和经济之间的联系，并厘清围绕权力概念的一系列机构之间的相互关联。我从不认可将经济本身视为核心，或仅将政治视为决定性因素的各种观点。我在《传播政治经济学》这本书中使用的表达是"共同建构"——政治和经济如何相互促进实现权力发展，以及"一致"和"矛盾"如何共同塑造社会领域等。此外，政治经济学强调辩证法。它不仅观察来自上层的权力，也观察来自下层的抵抗，让我们看清矛盾和争论所在，并帮助我们准确绘制不同社会领域的地图。阶级关系、阶级冲突和阶级斗争在政治经济学中当然有重要的地位。但与此同时，我们这些在北美长大的人，对公民权利、女性主义、环境保护主义与和平运动等思潮也有深刻的体认，因此不能不将包括性别、种族、民族等在内的一系列其他关系纳入考察的范畴，这样也就决定了北美政治经济学不能被简化为一种阶级分析的本质主义。正如我在研究中所强调的那样，所有这些都在传播政治经济学中找到了一个好的归宿。

常江：有学者认为，尽管传播政治经济学对媒体及相关社会现象进行了深入分析，但它在主流传播研究机构与大学体系中始终处在边缘地位。您如何看待这一现状？

莫斯可：的确，传播政治经济学至少在北美的大学里的影响力是很有限的。美国大学的传播学专业主要教给学生一些实用技能和基本的研究技术以测量受众，这些教学项目只做必要的事情，例如促进广播、电视和新媒体的营销。不过，在过去十几年间，美国的传播学项目研究已经得到长足的发展，我认为政治经济学也随之一同得到了发展。十几年前，美国各地的传播学院中只有少数几位政治经济学家,而现在,大多数学院都至少有一个人认同传播政治经济学的范式,并开设了传播政治经济学的课程。所以,在我看来,传播政治经济学在不断壮大,并且最重要的是,随着这一研究领域逐渐走向全球化,一个全球性的传播政治经济学共同体在逐渐形成,它走入了欧洲、拉丁美洲以及亚洲和非洲的大学。对此我是很乐观的。实际上,尽管有些人在传播政治经济学领域内工作,但并不称自己是政治经济学家。有些学院不会将自己教授的内容称为传播政治经济学,但它们会开设"批判媒介研究"或"公共媒体研究"一类的课程,这些都是传播政治经济学的重要组成部分。在从事政治经济学研究的几十年里,我目睹了这一学科的成长,对此感到骄傲。当然我们还有很多工作要做。

在对传播政治经济学的内涵和边界进行思考时,莫斯可摒弃了"经济还原论"或"阶级斗争中心论"等本质主义的迷思,十分重视将马克思主义的传统与北美社会自身的历史和文化传统有机结合起来,因而探索出带有一定实证主义和中层理论色彩的批判研究框架。在他看来,跨学科、辩证法与理论化思维,是北美传播政治经济学体系的认识论基础。

传播政治经济学的典范理论

文森特·莫斯可通过一系列学术著作,不断完善传播政治经济学典范理论的发展。他的《传播政治经济学》一书,为这一领域的大量研究实践提供了基本框架。而他本人也在这些基础性的思考之上,不断对新的技术范畴做出前沿的、原创的批判性研究。

常江: 在资本主义经济环境下,哪些社会力量导致了传播与信息的商品化?是国家促使市场发展自由化,还是媒体自身选择了商品化的路径？

莫斯可： 我认为我们应该关注促进商品化发展的三种不同力量。第一种力量是特定的媒介生产者，他们为达到类似占领市场、营利、促进剩余价值生产等商业目的，积极发展、建立各种新型技术的企业。第二种力量来自国家，国家在动员各种机构、法律和公众来支持商品化进程这件事上，扮演了至关重要的角色，为媒介生产者提供了一个宽松的制度框架。第三种力量是资本家的普遍集合，简单来说，资本家会积极利用大众媒介宣传对自己有利的信息，特别是通过广告以及与媒体制作机构合作的方式，确保信息和娱乐能够促进商品化的发展。总的来说，资本家通过广告，国家通过法律和法规，再加上媒介生产者的存在，这三者同时推动了商品化的发展。从本质上讲，我们谈论的是一个三角形——顶角是媒介生产者，两个底角中一个代表国家、一个代表资本家。

常江：您似乎认为传播商品化会导向消费和娱乐，而不是导向教育和解放，或者说传播商品化会弱化工人阶级的阶级意识，削弱他们作为社会变革引擎的力量。是这样吗？

莫斯可： 其实，就这个问题得出结论是十分困难的。然而，依据研究得出结论，帮助人们更好地理解重要的问题，的确是学者要承担的责任。首先，我要说的是，"教育"本身并不必然代表着进步。电视、新媒体、互联网为我们提供了某种形式的教育，这是毋庸置疑的。但从本质上看，这种教育的根本目的是让人们变成好的消费者，让人们心甘情愿成为忠诚的工人，是要宣传一种能将所有事情都单向地转变成市场与商品的系统，是要将每个空间都变成私有的、商品的、有限的空间。我们一定要看到，确凿无疑地存在着一个庞大的全球教育体系，不断创造着全球性的消费者。对于像我们这样呼吁社会责任，而非简单进行消费和追求盈利的人来说，这是非常具有挑战性的事。

话虽如此，我想世界上仍然有很多个人和组织会支持生活并不仅仅包括消费主义和商业主义的观点，因为世界上还存在多种多样抵制、反对资本主义宰制力量的运动。有时这种观点很难被表达出来，因为人们会倾向于认为这是一件个人化的事情，没有任何渠道、机构、组织供他们来宣泄。总的来说，一方面，资本主义文化确实在全球范围内赢得了胜利，它削弱了文化的多样性，将文化变成单一的商品化形式；但另一方面，也要认识到资本主义本身所包含的重要的内在矛盾，以及这种矛盾会导致它自身的衰败这一事实。比如，大型的全球性金融危机就会对传统媒体和新媒体产生影响，动摇资本主义的基础。

常江：所以关键不在于新媒体本身，而在于新媒体的商品化。

莫斯可： 媒体，特别是新媒体，在资本主义的发展演进中起着重要作用。因为资本主义在本质上已经通过农业和工业生产出最大限度的剩余价值，所以它在进行通过新媒体和大众媒体来找寻新的利润增长点的转型。很多人甚至认为资本主义能够借由新媒体变得万能，能够终结历史、战胜地理、改变政治。对我们而言，重要的不仅是保留希望，还要去分析和理解这一转型过程带来的矛盾，而这种矛盾可以破坏资本主义的发展。与此同时，我们也要看到，很多矛盾和力量正在意识形态层面形成对资本主义的抵抗。我认为其中的一部分可以归结为这样一个事实，即人们的政治和信仰体系反对将一切都归结为单一性的思考和行为方式。人们天然地要寻求多样性、复杂性。当资本家试图将一切变成单一的生产方式或意识形态时，人们就会去质疑。尽管资本主义文化在世界范围内可能非常强大，但是根据我的研究和我在世界各地的考察经历，在很多国家和地区，虽然存在威权主义的痕迹，但同时存在着开放，存在着创造更民主的文化和生活方式的愿景。

常江：您认为公共媒体和国家在未来可能会扮演什么角色？国家能否挑战资本家和媒介精英？

莫斯可： 目前来看，公共媒体和国家难以逆转媒介商品化的发展趋势,也无法促进一个更具参与性、更加平等的媒介生态系统的形成,至少在欧美是这样的。正如我在《传播政治经济学》一书中所阐述的那样,媒介内容、媒介劳动力和媒介受众不断被转化为市场化的商品。理论上,国家完全可以通过创建各种公共性的内容替代方案与信息生产的私有制相抗衡,并且对媒体施行监管,这样受众就不再仅仅是被售卖给广告商的"商品"。但要实现这一目标,最佳方式是采取坚定的政策立场,把信息看成和水、电一样的公共资源。这对社会生活和民主发展来说都是必要的,却也是十分难以实现的。我们需要一场辩论,探讨如何将私人通信和媒介公司转变成可供公民使用的公共设施,使它们能够服务于更广泛的人类生活需求,而不只是为了企业的私人利益或者国家利益而存在。传播研究学界已高度重视未受监管的信息传播可能产生的极大危害。我们需要制定政策,以民主的名义收回技术的控制权。有些人认为这很困难,但是我想提醒他们,斗争其实是所有通信技术历史发展中的重要组成部分:从电报到电话和广播,再到我们的互联网和数字技术世界,其实始终伴随着斗争,并且真的存在很多斗争成功的先例,让我们如今依旧在享受胜利的果实,例如公共广播、公共教育、公共邮政服务等。它们教会我们如何在一个数字化的世界中控制媒体的发展。学者也可以加强相关教育,增加公众对民主网络媒介的需求。

常江:作为媒介与传播研究学者,我们应当如何去思考这个问题?

莫斯可:最重要的是回到辩证法和能动性的概念中,认清所有社会进程都包含矛盾、争论和抵抗这一基本事实。国家本身就是一个"战场",一个充满斗争的空间。通常来说,国家是宣传资本利益的组织。国家会通过法律法规处理私人和商业媒介市场的冲突,以及压制可能挑战商业利益的公共媒体和其他形式的媒体。但是,与此同时,国家也需要得到公众和社会的支持以追求政权的稳定性。

为此，国家就必须将一些公共媒体纳入商业系统，以此满足公众对公共媒体的需求。因此，大多数发达社会都有公共电视频道和公共广播，它们的信息传播方式本身就是抵抗的一部分。在这一过程中，公共媒体在揭示资本主义的局限性和揭露政府问题方面可以发挥非常重要的作用。

常江：不少乐观的学者认为，互联网和数字技术将挑战信息传播所依赖的资本主义制度和市场经济。您怎么看待这种观点？

莫斯可：我将最新一波通信技术称为下一代互联网（Next Internet）。具体而言，它包括云计算、大数据分析和物联网（Internet of Things）等。它们的融合受益于先进的电信系统的发展，这一融合会与所谓的 5G 网络协同，具有使全人类受益并扩大民主的潜能。但更有可能出现的情况是，技术反而会加深人与人之间的不平等，剥削工人和消费者，并扩大国家对几乎所有社会领域的监控范围，其结果是阶级固化严重。例如，很多学者的研究表明，智能算法复制了一个社会里特有的阶级主义、种族主义和性别歧视的模型，这些固有的思维程式被嵌入可以构建算法的数据和软件。但是，我们也欣喜地看到，一些学者正在系统研究社会群体和弱势阶级如何在抵抗中实现对自身的建构，在展现了他们经历了数字化世界的压迫后，毅然投入了社会运动的过程。

就目前来看，西方国家最主要的技术公司多由资本主义企业控制，其主要利益就是利润最大化。这些技术公司主要隶属于五家主导公司：苹果、Alphabet（谷歌的母公司）、亚马逊、微软和 Facebook。它们因缺乏政府监管而受益，而政府监管在过去可以限制大公司控制市场的能力。它们还受益于军事和情报机构的支持，这些机构在美国通过其在国内政治系统中的庞大预算和权力地位，对世界各国政府施加影响，实现对国际、国家事务的控制。从 20 世纪 80 年代开始，美国一直奉行政府放松管制及公共服务私有化的政策，其结果就是收入和财富的重新分配：从大众流向富人阶层。所以，虽然技术具有民主的潜能，但它事实上巩固了整个西方世界的不平等状况，可能只有少数国家例外。

不难看出，莫斯可从技术和政策的角度对资本主义体系的批判具有鲜明的辩证法色彩：他既关注资本主义社会中不同社会力量"协同"促进信息和传播商品化的历史过程，又十分重视特定阶层、群体和民众在政策制定问题上对商品化进程的抵抗，以及各种类型的公共媒体的发展。尽管莫斯可对新技术的民主化潜能深信不疑，但他仍然从欧美国家的行业事实出发，揭示了智能化的新技术对社会不平等结构的复制，去探索技术政策革新的可能性。

智能技术批判：从云端到智慧城市

文森特·莫斯可最近五年系统性地关注前沿传播技术，尤其是云计算、大数据和算法的政治经济学。通过持续不断的研究实践，他成功地将经由自己完善的研究范式应用于最新的技术与传播分析实践中，这体现了传播政治经济学强大的生命力。

常江：您为什么要写《云端》这本书？能向中国的读者介绍一下这本书吗？

莫斯可：我决定写这本书是因为云计算和大数据是当今世界十分重要的力量。具体而言，它们是不断扩张的数字资本主义的重要组成部分，在监控型国家的发展中起到了核心的作用。对于当今世界来说，数字资本主义和国家监控的联姻是对民主最大的威胁。但是对于这一议题的讨论，可能全部都是技术性的，或者是宣传性的。所以我写了《云端》这本书，想要对"云"和大数据进行批判性的分析，我觉得这是必要的。史蒂夫·乔布斯（Steve Jobs）曾将"云"描述为将计算机从人们的数字生活里"降级"的手段。但是，很明显，苹果公司的"云"在本质上是一种"锁定"客户的方式。不过，这种锁定真的能够实现吗？鉴于此，我认为了解"云"的基本属性是很重要的事情。"云"在本质上做的事情就是向个人和公司按需提供数据、应用程序和服务，这些内容的存储地离用户有一段距离。在大型数据存储中心，可能会有10万个服务器。因此，这一过程的本质就是我们放弃了我们的数据、电子邮件、视听文件、应用程序、软件，将管理、存储权让渡给存储和处理它们的云公司。但是，在接受服务的同时，我们也付出了代价，那就是我们丧失了自己的信息控制权。同时，因为我们大多储存的都是我们线上的生活，包括我们如何建构自己的身份，我们如何思考，我们写了些什么、买了些什么、信仰些什么，因此对这些东西的存储权的让渡也就意味着我们放弃了对自己身份的掌控。这是一个惨痛的代价。所以说，云计算是资本维持其经济和政治权力的核心技术，因为"云"使资本能够在全球范围内控制信息和数据。

常江：您可以详细解释一下为何云计算是资本和政治权力的技术吗？

莫斯可：云数据工厂不仅通过亚马逊、微软、谷歌、IBM、思科（Cisco）等少数公司控制处理及存储数据，还能在更大范围内通过将信息商品化，给予资本更大的权力。云数据工厂使资本有能力管理全球供应链，维持全球劳动分工体系，并通过监督和数据分析控制劳动力。"云"还赋予资本集中分析的能力，这意味着使用"云"的公司能够减少IT部门数量，并将公司的营销、财务、法律和其他掌握知识的部门外包出去，从而将更多的销售成果转化为利润，而不是工资。"云"是一种从信息中获利的重要形式。监控可以实现对劳动力的更强管理和控制，这就是我为什么在《云端》中提出，我们需要讨论我们对待云计算的方式，而且我们必须把"云"看作应该受公民控制的公共资源，而不是大企业与国家监控下的商品。

常江：您在书中提及，巨型科技公司在本质上是营销公司，它们正在生产出人类历史上最先进和最具渗透性的广告。您觉得今天的世界到底是一个什么样的世界呢？

莫斯可：这个问题很有趣。我无法百分之百确认世界究竟会走向何方，但我认为至少应该辩证地看待"云"。"云"确实是在建构一个生产和消费的世界，而这个世界处于少数公司和国家的监控下。这一趋势具有巨大的力量，并且威胁到了民主机制。与此同时，全球资本积累也遭遇到来自劳工、消费者和民主支持者的抵抗。所以德国工会为对抗亚马逊而进行罢工；自由数字化作家在纽约组建了涵盖20万名成员的自由作家工会；新闻业、广播业、电信业和IT业已建立起足够强大的贸易工会去保护行业工人免受大型企业的侵害。比起对世界属性的判断，我认为更重要的是要认识到尽管资本的力量在不断增强，抵抗的力量同样在变得强大。大部分积累和抵抗的相互作用发生在互联网上，发生在云端。例如，美国联邦通信委员会（FCC）曾讨论是否应取消对在线通信供应商的限制，这一限制曾要求这些供应商确保每个人都以相同的速度访问云端和网络。但这一举措受到来自美国民众的大面积抵制，民众对这一举措的抵抗力度远远超过这一机构曾经制定的其他政策，大约有150万人正式发表了宣言。这是一个重要的步骤，是"反抗"的重要案例。它发生在现有政策的范围内，虽然并不是革命性的，却成为官方政策与网民能否享受免费的、开放的网络环境这件事之间关系密切的证据。我认为在谷歌、微软、亚马逊、Facebook、推特等大型企业不断扩张的今天，看到这一点尤为重要。

常江：是什么引起了您对智慧城市相关问题的兴趣？您能简要介绍一下《数字世界中的智慧城市》这本新书吗？

莫斯可：我在纽约长大，在世界上许多大城市居住过，并仔细观察过这些城市的生活。多年来我对城市生活充满兴趣。从20世纪90年代开始，我对北美和亚洲类似硅谷这样的科技城市进行调研，以评估互联网和数字技术对社区发展的影响。我认为城市是民主的信标，它为人们提供了反抗压迫的机会，并为抵抗大型公司、国家政府和国际机构的各种组织的建立提供了土壤。近年来，科技公司与政府以"发展"为名，利用我称之为"数字崇拜"的神话，一直在努力通过使用以云计算、大数据分析和物联网为代表的下一代互联网系统来加强对城市的控制。城市在物质和想象中同时存在。只有通过检验两者，包括检验执行城市功能的技术性基础设施，以及审查我们用来从城市中提取意义的各种想象或神话，我们才能充分了解城市生活。具体而言，这涉及对企业和政府用于控制城市的诸种技术的考察，也涉及对那些使上述控制合理化的种种"智慧城市神话"的批判性考察。通过将政治经济学与话语分析相结合，我在新书《数字世界中的智慧城市》中探讨了这一过程，以解释人们应该如何重新获得对城市的控制，来建立更好的生活和更好的社区。

莫斯可对智能技术的批判，印证了传播政治经济学作为一种研究范式在应对不断变动的历史进程时的解释力。莫斯可对新媒体的批判性研究实践是对过分乐观的技术达尔文主义的有力抵制，他的各种理论观点对于我们理解当下中国正在经历的技术狂热有重要的参考价值。

（资料整理及翻译：石谷岩）

克里斯蒂安·福克斯

互联网没有改变资本主义的本质
——马克思主义视野下的数字劳动

克里斯蒂安·福克斯（Christian Fuchs）是英国著名的马克思主义学者，现任威斯敏斯特大学（University of Westminster）教授和传播与媒体研究所主任。福克斯曾于1994—2000年在维也纳工业大学（Vienna University of Technology）学习计算机科学，并于2002年获得技术科学方向的博士学位。

福克斯是开放网络学刊《传播、资本主义与批判理论》（TripleC: Communication, Capitalism & Critique）的编辑，该刊刊发的文章主要从批判性的视角出发，对媒体与社会的关系、传播政治经济学、互联网和社交媒体展开系统性研究，是挑战主流传播学行政研究取向的一本重要刊物，有力推动了批判性传播研究的发展。

福克斯的主要研究领域包括传播政治经济学、社交媒体与社会、信息社会研究、互联网与社会等。他已在这些领域出版了多部重要著作，如《数字劳动与卡尔·马克思》（Digital Labour and Karl Marx）、《社交媒体时代的文化与经济》（Culture and Economy in the Age of Social Media）、《在信息时代读马克思：对〈资本论（第一卷）〉的媒介与传播研究》（Reading Marx in the Information Age: A Media and Communication

Christian Fuchs

Studies Perspective on Capital Volume I）等。他的《社交媒体批判导言》（*Social Media: A Critical Introduction*）中译本已于 2018 年由中国传媒大学出版社出版。这本书向读者介绍了对社交媒体进行批判性研究所需要的基本理论，并且深入分析和阐释了以下问题：社交媒体怎样进行商业化运作？谷歌作为全球领先的互联网平台与搜索引擎，其优势和劣势是什么？Facebook 作为全球最成功的社交网络，隐私与监督在其中扮演何种角色？推特是否带来了新的政治与民主形式？维基解密作为全球最知名的在线监督机构，在促进权力透明方面有何潜力？等等。

福克斯最具启发性和开拓性的学术观点是对"数字劳动"（digital labor，亦译为"数字劳工"）的深刻阐述，他在《传播、资本主义与批判理论》学刊中和自己的著作中对"数字劳动"理论体系进行了较为系统化的建构，得到了国际学界的认可，引发了大量的讨论。他的研究实践极大地推动了马克思主义劳动价值理论在互联网信息生产与传播研究领域的发展。

信息时代的来临大大丰富了劳动的内涵，并且在一定程度上打破和颠覆了传统的劳动模式，社会经济结构被重构。为此，辩证地认识数字劳动在数字经济时代背景下所具有的属性和发挥的影响显得尤为重要。通过对克里斯蒂安·福克斯"数字劳动"思想的深入探析，我们将对数字资本主义和信息资本主义历史条件下的诸多问题形成更为清晰的认识。

"数字劳动" 基本概念辨析

克里斯蒂安·福克斯主要的理论贡献在于对"数字劳动"这一概念进行理论化,并以之为基础建立基于马克思主义基本原理的数字媒体研究范式。福克斯尝试通过对这一概念的系统阐述,确立马克思主义的基本分析方法(如受众商品化、剩余价值)在数字技术时代的适用性。

常江:您能大致介绍一下"数字劳动"具体指的是什么吗?

福克斯: 在我看来,数字劳动是我们理解互联网政治经济学的一个基础概念。简单来说,就是基于大公司架构的互联网平台在发展中必然会受制于这些大公司的资本积累模式,因此也就必然会对互联网使用者的劳动进行剥削。由于互联网使用者的大部分行为——发博客、线上社交、编辑维基百科、发微博、上传视频等,都是无偿的,因此实际上这些劳动成了互联网公司利润的直接来源。

常江:您能否以社交媒体平台为例,解释一下数字劳动的运行机制?

福克斯: 这已经变成了一个相当复杂的理论辩论,涉及马克思的劳动价值论中的诸多细节。在这里,我只能谈一些最基本的基础性内容。在传统大众媒体中,我们是"受众"。在社交媒体中,我们在看 YouTube 视频、读 Facebook 和推特上的帖子时,在一定程度上也是一名"受众"。当然,这也是受众劳工给予广告注意力的过程,也在创造价值。但我们有时也会从受众变成富有创造力的用户,可以利用用户生产内容机制,以帖子、视频、图像、评论等形式创造使用价值。如果我们在目标广告平台上生产这些内容,这些内容就具有了交换价值,于是互联网平台就会出售这些数据给那些在社交媒体中投放了广告的客户。我们在目标广告平台上花费的时间越多，我们生产的数据商品就越多；投放给我们的目标广告就越多，我们点击这些广告的可能性就越大。这就是社交媒体平台价值规律的核心。同时，这些价值并非自动转化成利润，因为1000条目标广告中往往平均只会有一个被点击。因此，在社交媒体上剥削劳动获得利润的模式并不稳定，这种不稳定性正是社交媒体金融化的核心。因此，基于目标广告的社交媒体公司促进了对劳动的剥削，加深了阶级划分，同时加剧了资本主义的不稳定性，并使得资本主义危机日益严重。这就是社交媒体时代资本主义积累陷入的对抗性结构的辩证法。

常江：在讨论数字劳动方面，马克思的劳动价值论似乎颇有洞察力。目前对于"新马克思阅读"运动的讨论能够在多大程度上帮助我们理解数字劳动？

福克斯：你可以从一般和特定的意义上理解"新马克思阅读"。从一般意义上来说，重读马克思是一个非常重要的尝试，我们应该对此予以鼓励。当更年轻一代的学者去接触马克思时，可能会涌现出很多全新的理解与阐述。从特定意义上来说，"新马克思阅读"是德国研究马克思的一派，可以追溯到赫尔穆特·赖歇尔特（Helmut Reichelt）和汉斯-格奥尔格·巴克豪斯（Hans-Georg Backhaus）的作品，如今，迈克尔·海因里希（Michael Heinrich）是主要的代表人物。不过，这种方式也存在着许多问题，其中之一就是对马克思过分德国化的处理，他们认为人们只应该阅读马克思作品的德语版本，其他非德语的国际化解释都是无效的。如果你仔细阅读海因里希、赖歇尔特或巴克豪斯的书，你就会发现一个更明显的问题：他们根本不是在讨论传播。你们不要误解我，我并不支持哈贝马斯的批判理论。当然，任何批判性的、马克思主义的理论都应该与哈贝马斯有所联系，但哈贝马斯已经离马克思太远了。我支持的是一种辩证唯物主义的马克思主义传播理论和资本主义理论。我主要的出发点是黑格尔、马克思、赫伯特·马尔库塞（Herbert Marcuse）、达拉斯·斯迈思和雷蒙·威廉斯等人。

常江： 达拉斯·斯迈思的"受众商品论"（audience commodity）概念常常被用于媒介的批判政治经济学分析。他的观点对您是否产生了影响？

福克斯： 我在《数字劳动与卡尔·马克思》和《社交媒体时代的文化与经济》中详细讨论过这些问题。在《资本论》里，马克思以这样的一句话开头："资本主义生产方式占统治地位的社会的财富，表现为'庞大的商品堆积'，单个的商品表现为这种财富的元素形式。"这意味着政治经济学批判总是起始于这些问题：我们讨论的商品形式是什么？谁生产它？让我们想想靠广告来营利的媒体。它们的商品形式是什么？是受众的关注。这就与斯迈思的受众劳动论与受众商品论联系起来了。我们来看看 Facebook，一家主要以广告为收入来源的社交媒体公司，同时是除谷歌之外世界上最大的广告公司。其商品形式是什么样的？是用户经数字劳动所生产出来的个人的、社交的元数据。因此，认识到社交媒体数据商品是由用户的数字劳动生产出来的这一点非常重要。数据商品与受众商品有一些共同的特点，但数据商品也呈现出一些新特点，如持续不断的实时监控，对意义和社会使用价值的生产，公司对于用户行为的全面掌握（在广播和报纸媒体领域，人们为了了解消费者的偏好会去进行受众研究），产消行为（生产性消费）的出现，广告实现精准化和个性化，实现设定广告空间价格的算法拍卖，等等。这又是连续与变革的马克思主义辩证法的一个例子：商品形式与受众商品存在连续性，同时有新的特点出现，推动着商品形式的再创造。

常江： 在反对"非物质劳动"这一说法的同时，您提出，所有在 Facebook、YouTube 和推特上花费的时间都可被视为商品生产时间，因此互联网用户实际上是"产消者"。您可以解释一下"产消者"的概念吗？

福克斯： 这个想法可以追溯到阿尔文·托夫勒（Alvin Toffler）关于第三次浪潮（the third wave）的理论。他注意到了产消活动中蕴藏着重要的经济与民主潜力。不过我的阐述并非基于托夫勒，而是基于达拉斯·斯迈思的受众商品论和受众劳动论：通过广告实现营利的媒体的受众将他们的注意力生产为商品，这一商品被出售给广告商，因此他们是受众劳工。在社交媒体上，我们可以将用户视为数据价值的生产者，这些数据又被作为商品出售给谷歌、Facebook、微博、百度等公司的目标广告客户，他们是社交媒体中的数字劳工。非物质劳动在理论上并不是一个准确的概念，因为在唯物主义的社会理论中，没有什么是非物质的。谈论非物质是二元论的，并且有宗教意味，即认为世界是由物质与精神构成的。我更愿意去谈论精神、信息、文化劳动。在唯物主义文化理论中，信息是由文化活动、经济活动和物质活动创造的。同时，文化和信息并非为经济所限制，而是与经济处于相互矛盾的关系中，并影响着整个社会。在《社交媒体时代的文化与经济》一书中，我将雷蒙·威廉斯的文化唯物主义作为对传播与数字媒体进行马克思主义研究的基础，以重新定义文化与经济，或"经济基础"与"上层建筑"的关系。

显然，福克斯的理论野心不限于提出一个概念并顺理成章地将马克思主义基本原理引入数字媒体研究范畴。他更期望能够以这种理论化的努力，为互联网时代的传播政治经济学分析确立一种合法性。他坚持对互联网公司的利润来源和互联网用户的内容生产劳动的异化过程进行深入挖掘，并不断重新阐释马克思、威廉斯、斯迈思等人的经典论述，为其赋予新的时代内涵。从"数字劳动"概念生发出来的一系列理论观点和分析路径，体现了马克思主义在不同技术与历史条件下的生命力。

对互联网的政治经济学分析

福克斯最重要的学术研究实践,就是基于"数字劳动"这一核心概念,对日渐崛起的互联网文化,以及围绕这种文化形成的各类话语体系进行的批判性分析。在福克斯看来,任何脱离政治经济语境的理论建构工作都是偏颇的,传播政治经济学的发展既应当充分考虑到互联网技术与文化带来的各种突破性变化,也应当认清这种文化依托于大公司的政治经济本质。

常江: 最近几年一些社会运动经常被冠以"推特革命"或"Facebook革命"之名。社交媒体在社会斗争中所扮演的角色到底是什么?

福克斯: 一方面,具有技术乐观主义精神的学者认为社交媒体会导致革命和暴乱。这是一种单向度的技术决定论。另一方面,像大卫·哈维(David Harvey)、乔姆斯基和齐泽克这样的激进理论家则完全否定数字媒体在革命中的作用,并且声称真正发挥作用的是街道上的尸体。但这些观点都是推测性的。我们需要用马克思主义的经验社会学来回答数字和社交媒体在社会运动中的作用问题,我的书《占领媒体!危机资本主义中的占领运动与社交媒体》(*OccupyMedia! The Occupy Movement and Social Media in Crisis Capitalism*)正是在做这样的研究。我认为关键问题在于大型数字媒体具有公司与官僚的双重属性,这就引出了社会活动家的数字劳动剥削的问题,以及国家监督的问题。

常江: 社交媒体和互联网经常被认为是参与式民主与文化的平台。如果用户事实上仅仅是互联网产消者商品的一部分,为剥削自己的机制做着贡献,那么互联网民主难道不就仅仅是一种新形式的"虚假意识"吗?我们到底应该如何认识"阿拉伯之春"这类利用社交媒体来进行抵抗的行为呢？

福克斯：所谓的 Web 2.0 和社交媒体的出现既是一种意识形态策略，也是一种资本积累策略。它承诺巨额利润，这是吸引金融投资者的策略；它承诺建立一个参与式的产消者互联网，这是伪装后的目标广告策略和数字劳动众包式剥削策略。因此，资本积累的新策略和旨在复制旧有的剥削与资本积累结构的意识形态新策略出现了。谷歌和 Facebook 并非通信公司，而是世界上最大的广告公司。"社交媒体"实际上就是目标广告平台。关注社会运动的媒介研究者的问题在于他们往往忽视了政治经济的作用。做这些研究的学者往往是支持并同情他们所研究的运动的，这一点会使他们很难提出具有批判性的问题。如果学者从一种技术决定论的态度出发去颂扬这些运动，实际上是不利于进步的社会运动发展的。但认为互联网和社交媒体对政治变革完全没有影响也是一种错误的看法。总而言之，社交媒体既非无足轻重，也非决定性因素，这里存在着有关线上还是线下、传统媒体还是新媒体、面对面还是远程中介的辩证法。对于社交媒体在抗议活动中的作用的研究往往缺乏政治经济学的视角和深刻的实证精神。为了搞清楚它们的真实作用，光靠理论远远不够，我们需要实证研究。我也推荐对社交媒体政治感兴趣的人去阅读托德·沃尔夫森（Todd Wolfson）的《数字叛乱：网络左派的诞生》（*Digital Rebellion：The Birth of the Cyber Left*）。这本书会为你开启一种认识数字媒体和社会运动的辩证政治经济学的全新视角。

常江：您曾坚称建立基于公共资源的互联网是十分必要的，能否谈谈这样的互联网是什么样的？

福克斯：我的基本观点是：我们需要从总体上解决商品化的问题并且为民主共同主义的（democratic-commonist）社会主义社会和作为一种新社会主义的共同主义而奋斗。社会的政治经济变化是另类媒体（alternative media）和另类互联网平台（alternative Internet platforms）诞生的先决条件。资本主义的另类媒体和互联网平台正面临着低稳定性和自我剥削的劳动、资源匮乏、资本主义垄断竞争的问题。资本主义制度下的某些基于公共资源的项目,如免费软件等,就很需要政治支持。我的建议是对广告商和大公司征税,来为另类媒体平台的生存和发展提供资金。我们也需要公共服务互联网平台。例如,公共服务广播网络可以开发非营利和无广告的公共服务导向的另类YouTube,并且采用"创作共用许可证"(creative commons licenses)来提供这些频道的完整节目档案,这样用户就可以重复使用和改变所有内容。公立大学也可以作为协作网络开发另类搜索引擎和其他的另类在线项目。互联网本是始于大学的,是时候让部分控制权回到大学手中了。其他部分则应该由民间社会和公共服务媒体组织来掌握。这些都是在政治方面寻求新自由主义和资本主义的替代路径的努力。总体来说,在纯粹资本主义的背景下,只能发展出资本主义的互联网。互联网是矛盾的,其中充斥着各种政治经济冲突。只有推翻资本主义的社会斗争才能够创造出一个公平的社会、一个公平的互联网。但目前这两者都尚未实现。我们当下还面临着新法西斯主义、新民族主义、新种族主义等极端思潮崛起的危险,这有可能导致新的世界大战。世界也许不再美好。如今我们又面临着恩格斯和罗莎·卢森堡(Rosa Luxemberg)所说的"要么过渡到社会主义,要么退回到野蛮时代"。后者也许更有可能,除非有社会主义的大规模斗争阻止这一切。

常江:如果互联网、数字文化和社交媒体是剥削机制的话,那么它们是否还能在社会解放事业中扮演积极的角色?例如"脸谱工资"(Wages for Facebook)(对20世纪70年代的"家务劳动工资"运动的一种效仿)这样的运动是否会产生实质的效果?我们有多大可能建立起非剥削性质的互联网?或更直截了当地说:"共产主义"社会中的互联网将是什么样的?您能为之提出一条可行道路吗?

福克斯:这些问题都很重要,但是也都很难回答。问题的关键在于,作为左派的我们应该为另类社交媒体和非商业化、非资本主义的另类媒体争取更多公共资金。我发现"脸谱工资"的想法很有趣，不过我并不赞成。仅仅要求互联网公司为内容付费、付更高的费，本质上仍是一种改良主义，它是无法超越 Facebook 和资本主义的。这会使 Facebook 降低剥削程度，却没有否定剥削本身。因此，我认为我们需要推动将资源应用于非资本主义媒体项目的举措，比如对广告和资本征更高的税，并且采用参与式预算的方式将这些收入引流到非商业性媒体上。我将这种政策叫作"参与式社交媒体费"，它将国家行动与民间社会行动、公众、公共资源联合在一起。我们需要新左派，并最终实现罗莎·卢森堡所理解的社会民主。我们也需要左翼媒体政治。社会主义并不是一个只存在于过去的概念，而是一个对未来的民主构想。

不难发现，福克斯对于数字技术，尤其是社交媒体所带来的"参与式民主"的想象有着十分清醒的认识。一方面，他认可这些变化给资本主义社会带来了改良效果，也切实促进了民主观念在全球范围内的推广；另一方面，他认为过分乐观的判断容易导致不必要的妥协，使人们忽视在大公司体制下各互联网平台操纵性的本质。在现有的社会框架内，福克斯主张通过对互联网公司高额征税和加大政府扶持的方式，鼓励另类媒体、左翼政治媒体的发展。对于数字媒体的未来，他持有悲观的态度，并认为要想从根本上解决数字媒体导致的种种问题，仍然必须要落脚于革命性的变化——推翻资本主义社会。

马克思主义视野下的数字媒体

作为马克思主义在当代媒介与传播研究领域的代表人物之一，福克斯在不同场合强调传播研究应当全面拥抱马克思主义，并对以美国式的行政研究为代表的主流范式进行批判。他主张重读经典，尤其是《资本论》,并以之为基础对数字时代的内容生产和劳动状况做出新的理解。

常江: 您的著作《数字劳动与卡尔·马克思》对我们理解传播学、数字媒体很有启发。是什么促使您去发展马克思主义的传播理论的?

福克斯: 事实上,马克思对于传播问题十分重视。但人们往往认为它仅属于上层建筑,因而不太重要。在对马克思主义理论的发展中,人们在很大程度上忽视了传播的重要性。我认为,所有的社会空间不仅在时间的维度上被组织起来,而且通过传播实践在传播实践之中被组织起来。劳动就是需要传播实践组织起来的社会活动。因此我支持一种马克思主义理论的传播学术转向。我的总体立场是反阿尔都塞的、系统的、黑格尔式的、辩证的,并以人道主义的马克思主义为基础。我们时刻不能忘记的是,资本主义需要资本原始积累环境来继续发展,这一点是不会改变的。无偿的、不稳定的、众包的、非正式的、随意的劳动形式正是资本积累的最佳环境,其特征在于高度剥削。当然,殖民剥削、家庭手工工人剥削和用户剥削间有着显著的社会差异,但这些人都在从事低薪或无偿劳动,这是当代资本主义再生产的必要条件,以及构成当代工人阶级的要素。一些观察家倾向于将不同的阶级关系分开,并声称不同的经济关系之间全无可比性,这根本就是无稽之谈,并且存在意识形态上的危险,因为只有世界上的被剥削者联合起来,我们才可以消灭资本主义。

常江: 在《文化与社会:1780—1950》(Culture & Society:1780—1950)中,雷蒙·威廉斯提出了发展"马克思主义文化理论"(Marxist theory of culture)的必要性,他认为这是马克思未能充分阐述的内容。当下的传播与媒介研究究竟与马克思主义有什么关系?

福克斯: 传播与媒介研究肇始于公共关系行业的崛起,而这也是当下该研究的主要领域。因此，总的来说，这是一个相当行政取向和意识形态化的领域。然而，几十年来，传播政治经济学领域也得到了发展，特别是在英国、美国和加拿大。这个领域一直对马克思主义和其他批判政治经济学研究路径很感兴趣。重要的代表人物有达拉斯·斯迈思、赫伯特·席勒、丹·席勒（Dan Schiller）、格雷厄姆·默多克、彼得·戈尔丁、文森特·莫斯可、珍妮特·瓦斯科（Janet Wasko）、詹姆斯·柯伦（James Curran）、科林·斯帕克斯（Colin Sparks）、艾琳·米汉（Eileen Meehan）等。在法国，阿尔芒·马特拉（Armand Mattelart）是主要的代表人物，因为他编辑了《传播与阶级斗争》（*Communication and Class Struggle*）。然而，作为媒介与传播研究的子领域，传播政治经济学缺乏对马克思作品的系统性理解与整合。由于新自由主义、后现代主义与身份政治的兴起，批判性传播与媒介研究在20世纪八九十年代和21世纪进入低谷。从2008年资本主义经济危机开始以来，对马克思重燃的兴趣对这一领域也产生了影响。

常江：20世纪80年代以来，人们对信息社会的概念越来越感兴趣。马克思的观点如何帮助我们理解有关信息社会的讨论？

福克斯：马克思主义者往往将信息社会的话语斥为意识形态表达，强调我们生活在一成不变的资本主义社会中。实际上这两种话语都是一元化、单向度的观点。资本主义需要不断变化才能保持稳定。资本主义的发展也是分阶段的。生产关系是资本主义阶级关系，从而构成资本主义经济。信息经济就是组织生产力的一种特定方式，但资本主义信息经济并非生产力的唯一维度。我们不仅生活在信息化的资本主义中，也生活在金融资本主义、超工业化资本主义、流动资本主义中等。生产力和相应阶级关系组合的多种模式构成了动态化和多样化的资本主义，从而导致剥削和全球资本主义的统一。

常江：您曾提出，马克思主义已经成了传播研究的一个盲点，而且这个问题在整个社会科学领域都存在。为什么会出现这种情况？

福克斯：媒介与传播研究总体上是个政治上较为保守的领域，其主流传统专注于行政研究。批判性的传播政治经济学研究、批判文化研究、批判媒介研究的传统一直存在，但比起主流的行政研究来说处于相对边缘化的地带。只要看看我们领域的主要期刊就能明白这一点。《传播学期刊》（*The Journal of Communication*）这么多年来都没有发表过马克思主义的文章。不过在 20 世纪 80 年代乔治·格布纳（George Gerbner）任编辑时，情况有些不同，有时也会刊发一些批判学者的文章。但现在这些主流期刊往往完全忽视、拒绝并间接压迫批判性学术研究。不过，与此同时，越来越多的批判学者，特别是年轻一代的学者和博士生开始自发组织起来对抗主流。批判研究和行政研究之间存在着深刻的观念斗争。我就期望我编辑的期刊《传播、资本主义与批判理论》成为挑战主流的批判传播研究的家园。我们必须建立更多的机构与组织来推动批判研究的发展。还有一部分问题在于批判学者在他们的部门和大学中往往会被孤立。因此，让他们彼此联结、共同合作非常重要。

福克斯作为马克思主义者的政治姿态，以及他将这种政治姿态运用于学术研究的实践，对于我们审视和反思各种流行的技术哲学与传播思想有着重要的启发意义。福克斯不断提醒传播学界认清资本主义社会的本质，并号召大学和批判学者自发地形成话语共同体，介入数字技术研究，甚至数字内容的生产过程。如何将数字劳动的概念体系运用于对蓬勃发展的中国互联网行业的分析，是本土研究者可以努力的一个方向。

（资料整理及翻译：史凯迪）

尼克·库尔德利

数据殖民主义是殖民主义的最新阶段
——马克思主义与数字文化批判

尼克·库尔德利（Nick Couldry）是伦敦政治经济学院（The London School of Economics and Political Science）媒体与传播系教授，主要研究领域为媒介、传播与社会理论。他曾在麻省理工学院、宾夕法尼亚大学、斯德哥尔摩大学等知名高校担任访问学者，并在澳大利亚皇家墨尔本理工大学（Royal Melbourne Institute of Technology University）担任讲座教授。

尼克·库尔德利十分关注媒介传播视野下文化与权力之间的关系问题，对权力集中于特定机构的现实在日常生活中所产生的后果尤其感兴趣。他擅长借鉴社会学、政治学、人类学与文化研究的理论，并着重在对传统媒体，尤其是电视和新闻媒体的社会影响的研究上发展上述理论。长期以来，他持续关注的问题是：信息与传播技术为人们的日常生活所带来的"现实"，以及围绕这个过程所产生的权力结构问题。他提出的"媒体作为实践"的分析路径，在学界具有广泛的影响力。近年来，他的研究重点越来越侧重于数据实践、数据伦理以及与此相关的政治和社会问题。他还就数字技术语境下

Nick Couldry

"媒介与权力"相关议题提出了大量具有影响力的观点,其中尤以数据殖民主义(data colonialism)最为知名。此外,库尔德利与安德烈亚斯·黑普保持着长期的合作,共同提出并发展了影响力巨大的媒介化理论。这一理论将媒介进程视为人类历史演进的元进程(meta-process),并期望从媒介的形态(figuration)出发,实现对历史和社会的全新理解。

尼克·库尔德利的学术作品包括十余本著作以及诸多学术论文。他的作品《媒介、社会与世界:社会理论与数字媒介实践》(*Media, Society, World: Social Theory and Digital Media Practice*)、《告别沉默:新自由主义之后的文化与政治》(*Why Voice Matters: Culture and Politics after Neoliberalism*)等受到了学界的广泛欢迎。此外,《现实的中介建构》(*The Mediated Construction of Reality*)获得了2017年德国传播学会理论奖(German Communication Association Theory Prize)。他的最新著作包括《连接的代价:数据如何殖民人类生活并促使其为资本主义所占有》(*The Costs of Connection: How Data Is Colonizing Human Life and Appropriating it for Capitalism*)和《媒体为什么重要》(*Media: Why It Matters*)等。

数据殖民主义及其特征

近年来,尼克·库尔德利最重要的理论贡献,就是以殖民主义的隐喻来解读影响日隆的数据生产实践。从马克思主义的批判视野出发,他在当代数据生产实践中抽象出与历史殖民主义相呼应的一系列理念,以此来完成对数据及其社会意涵的理论化。他认为,数据正在全面侵入人类的日常生活,并将其抽象为可供资本借用的标准商品形式。我们的访谈就从这个重要概念开始。

常江:您曾提出一个十分具有启发性的观点:数据殖民主义就是将历史殖民主义的掠取行径与抽象的计算方式结合在一起的新型殖民主义。您能否向中国读者详细阐释一下这个观点?

库尔德利:数据这个概念正在经历重大的转变。无论在预测商业趋势的报告中,还是在揭示资本主义新特征的批判性作品中,学者们普遍都承认这一点。我们呼吁大家关注这种发展。我和我的合作者乌利塞斯·梅希亚斯(Ulises Mejias)将当前的数据生产实践与历史殖民主义进行类比分析的目的在于,通过对当今人们生产和使用数据的方式的分析,为社会变革提供更广泛的批判性观点。我们在新书《连接的代价》中详细地阐述了这一点。从16世纪到20世纪,殖民主义行为致使数以百万计的土著人丧失了生命,大量自然资源濒临枯竭,所有这些都是为了使少数人变得更加富足。我们的目标并非简单套用历史殖民主义的内容或形式,也无意于批评其中的暴力因素。我们的目标在于:在全球经济发展过程中,通过对与历史殖民主义发挥了相似作用的另一条线索的阐释,尝试回答资本主义如何在数字时代规范资源分配行为,如何重新定义社会关系以便让剥削变得"自然而然"。

常江:您能否明确界定一下什么是数据殖民主义?

库尔德利：在回答这个问题之前，我们需要重新理解殖民主义这一术语。正是殖民主义在历史上的形态塑造了"南方"（South）的初始状态。近期，学者们在研究大数据的过程中缺少一个用以理解整体社会变化的普遍性框架，我认为这个框架可以是殖民主义，因为殖民主义是我们理解眼下正在发生的全球资源获取方式的转变过程的最好方式。通过"数据"这一新的殖民主义实践，新形式的资本主义蓄势待发，正如历史殖民主义的掠夺为工业资本主义在两三个世纪后的崛起铺平了道路一样。西方强权所引领的历史殖民主义是一个漫长而复杂的过程。尽管去殖民化斗争主要发生在20世纪60年代及之前，但迄今仍未完全结束。殖民主义正在以新的形式，尤其是以美国式的"新殖民"形式持续塑造着全球文化与经济。历史殖民主义往往表现为宗主国的极端暴力行为与种族主义统治。但我建议，研究者应该首先考量殖民主义的历史功能，即殖民主义在改变历史演进的方向时所发挥的作用。从这个角度来看，我们应该首先重视的是殖民主义所带来的资源的历史性占有状况：大约从1500年开始，虽然当时西方仍处于基督教时代，但一些国家已经开始占有世界范围内的资源；它们不仅试图占有世界范围内的领土，而且不择手段地获取一切可能的资源。

因此我们的观点是：随着当前对数据的收集、处理和价值榨取的普遍化，现在发生的事情不仅仅是资本主义的延续，还拥有更深层次的逻辑——这是一种新的分配世界资源的方式，一种旨在促进经济增长的新的资源获取方式，它就是人类的日常生活本身。通过获取人类经验并将其转化为具有潜在经济价值的数据，我们可以从人类经验流中提取价值。我们称这种新的掠夺方式为数据殖民主义。

常江：有人会质疑这个概念的修辞意味大于它的理论意味。

库尔德利：数据殖民主义并不是借用了殖民主义意象的修辞，也不是以往那种领土殖民主义的延续，而是21世纪独具特色的新殖民主义形式。数据殖民主义将历史殖民主义的掠取行径与抽象的计算方式结合在一起。在全球南方（global South）的框架下理解大数据意味着我们需要准确解读资本主义对这种新技术形态的依赖。这种新技术无处不在，在人与物连接至信息基础设施的所有接合处都发挥了效用。这种转变或许意味着，在全球视野内描摹由此产生的资本主义形式为时尚早。正如长期的历史殖民主义为工业资本主义的兴起提供了必要的条件一样，随着时间的流逝，我们可以预见数据殖民主义将带来一种新的资本主义形式。尽管我们现在还几乎无法想象这种资本主义的成熟形态，但它的核心必定是通过数据控制人类。因此，我们的当务之急不是推测资本主义的最终阶段是什么，而是共同抵抗正在发生的数据殖民主义。

尼克·库尔德利从殖民主义的历史脉络出发，提出数据殖民主义作为殖民主义和资本主义发展新阶段的观点。在他看来，数据殖民主义将人类的日常生活视作能够带来经济利益的数据，并通过对日常生活的计算和抽象化获取价值。借此，我们获得了一种理解数字技术和数字文化的观念框架。

数据殖民主义的作用机制

在提出数据殖民主义的主要观念框架之后，尼克·库尔德利转而从数据本身的属性出发，阐述当前的人类数据生产实践与数据殖民主义的主要概念之间的逻辑关系。他认为，尽管数据殖民主义通过多种方式占有人们的日常生活，但其核心目标是不变的：将人们的日常生活不断纳入日趋扩张的经济领域。

常江：您能否具体阐释一下数据殖民主义与当下社会的数据生产实践之间究竟存在什么样的关系吗？

库尔德利：我将数据殖民主义所催生的新的资本主义组织的抽

象形式与社会关系称为"数据关系"（data relations）。具体来说，数据关系描述了一种组织社会生活和社会关系，以优化数据提取和创造经济价值的方法。有大量证据表明，数据对人的日常生活的介入和改造，正在服务业、工业，乃至个人理财、教育、健康、保险等诸多领域同时发生。作为组织社会生活的一种方式，数据关系的扩展为重新组织资本主义本身奠定了新的基础。通过数据关系这种新型的人类关系，数据可以被提取出来并进行商品化。从这个意义上来说，全球范围内的社会生活已成为可供提取的"开放"资源，以某种"予取予求"的方式供资本任意取用。数据殖民主义对于全球数据流的取用与历史殖民主义对土地、资源和肉体的攫取一样普遍。数据殖民主义与历史殖民主义的一个区别是，后者仅涉及有限的欧洲强权国家（最初是西班牙和葡萄牙，然后是英国、荷兰和法国），但新的数据殖民主义涉及世界各地的强势国家，其中最重要的是美国。数据殖民主义这一新趋势同时在外部与内部——在全球与本国范围内发挥作用。数据殖民主义的精英机构（例如Facebook）受益于这两个方面。而南北、东西的划分不再能够发挥同样的效用。

常江：**数据滥用现象的确正在引起人们的关注，而这不仅仅是一个操作性问题，也是一个政治经济问题。**

库尔德利：是的，许多个人数据被挪用以满足非个人的目的。个人数据指的是那些与个人实际或潜在相关的数据，通常是直接从个人处或第三方收集到的。为了使个人数据能够被随意占有，我们必须首先将其视作一种静止不动的自然资源，而获取这种数据资源的逻辑需要自然化与规范化。换言之，个人的日常生活流需要能够以数据的形式被重新调配与呈现。贾森·穆尔（Jason Moore）认为，资本主义的发展曾依赖对廉价自然资源的获取：自然资源丰富，易于从所有者手中获取，且无须担心消耗问题，但其"资本的可利用性"必须通过精心设计的市场化手段来构建。我们现在所说的个人数据也是如此。个人的日常生活被视作数据资源，这实际上是新的

"计算社会性"(computed sociality)的结果,而非先验式的前提。这就是为什么我们无法获得原始数据,因为我们所"捕获"的数据实际上是被"给定"的。但是由于自然资源"天然存在",一系列建立在这种共识基础上的法律和哲学框架使得"自然资源本来很廉价"的这种观念变得合理起来。可能过了很久,人们才能意识到自己需要为这种观念付出什么样的代价。

常江:这种原始数据的获取机制本身,便已经将大多数人和机构排除在有资格获取的范围之外了。数据殖民主义或许也体现为一种排斥性话语?

库尔德利:是的,就像历史殖民主义一样,数据殖民主义对数据的占有行为也依赖大量的意识形态工作。让我们看一下企业的陈言肤词,即数据是"新的石油":在被企业发掘并使用之前,它一直被人类白白浪费掉。这就使得数据被构建为一种具有自然价值的原始材料,正如世界经济论坛(WEF)声称的那样:"个人数据将是新的石油,这是 21 世纪的宝贵资源……它成为一种与资本和劳动力一样的新型原材料。"通过这种话语,数据与数据收集行为之间的联系被模糊了。这种模糊通过一个共识体现出来,即数据仅是人们生活中所散发出来的"疲累感",原本是无法被任何人所拥有的。当然,为了完成对个人数据的占有,数据殖民主义也依赖其他获取逻辑(extractive rationalities)。正如许多批判学者所指出的:存在着一种社会理性,将对数据获取做出贡献的许多劳动视为无价值的"分享"行为;还存在着一种实践理性,将企业视作唯一有能力获取并因此占用数据的组织;同时存在着一种政治理性,将社会定位为企业数据获取活动的天然受益者。这与将历史殖民主义视作"文明化"计划,而人类社会会从中受益是同样的逻辑。

常江:在社会机构(social institutions)层面,数据殖民主义是如何运作的呢?

库尔德利:数据殖民主义在具体社会中的主要参与者可以被统

称为社会量化部门（social quantification sector），这些部门主要包括那些参与获取人们日常社会行为的信息并将其转化为可量化数据的公司，而这些数据经过分析可用于产生利润。西方的亚马逊、苹果、Facebook 和谷歌，以及中国的百度、阿里巴巴和腾讯等公司都是其中最知名的代表。社会量化部门包括大小硬件和软件制造商、社交媒体平台的开发部门以及致力于数据分析和经营的公司。后者大多是经济中不受管制的部分，专门在医疗、金融、刑事和其他记录中收集信息，并通过算法对个人进行分类。数据经纪人将这些分类信息打包并出售给广告商和其他用户。

尽管社会量化部门十分复杂，但是历史殖民主义的实践与当前数据殖民主义的发展之间的相似性仍然让人震惊。不妨考虑一下殖民时代的西班牙帝国声明（Requerimiento）。征服者以西班牙语向不讲西班牙语的听众宣读此声明的目的，就是向土著居民宣布他们将要遵从的新的世界秩序，否则将面临种族灭绝的后果。如今，在数据殖民主义时代，我们已经习惯于使用同样难以理解、被称为"服务条款"的文档，其中大多包含了公司过度收集用户数据的内容。西班牙帝国声明的权威来源于绝对的力量垄断，当今数据公司的力量则来源于各种形式的经济集中，其中之一就是数字平台。无论使用何种形式的权威，它的效果现在都是通过话语行为实现的，这种行为将个体不可避免地嵌入殖民关系。

常江：我们是不是可以将数字化的超级平台（比如 Facebook 和"苹果"）作为分析数据殖民主义的切入口？平台的数据生产实践对日常生活的殖民有哪些具体的方式？

库尔德利：殖民主义历史使我们明白数字平台的出现不仅仅是一种商业发明，甚至不仅仅是通过多边市场所形成的新的经济控制形式。作为一种技术手段，数字平台为资本生成了新型的"社会"。由于数据的存在，这种社会内部的各个细节都能被持续跟踪、获取、分类和计算为价值。普遍意义上的日常生活迄今仍然游离于一般经济关系之外，但是通过数字平台这一关键手段，日常生活完全被纳入市场化的网络。亚当·阿维德松（Adam Arvidsson）很好地分析了从平台数据中提取价值作为金融化形式的技术方法，但是更基本的做法是对社会本身的挪用。

不过，社交媒体平台获取数据并进行商品化和价值提取只是数据殖民主义将日常生活纳入资本的多种形式中的一种。还有一种是，在人类生产的所有领域中，以数据为导向的物流都实现了大规模增长，无论这种物流是否以牟利为目的。不仅物流本身与全球供应链中的货物移动管理成为同义词，物流的普遍"逻辑"也对所有的产品，以及所有人类和非人类的行为一视同仁，均通过数据对其进行管理。这就将连续的数据收集和大规模的数据处理纳入了许多工作领域，并导致了这些领域的巨大变化。因此数字平台上和围绕着数字平台存在的准劳动力的增长，以及各种形式的低薪劳动力，构成了日常生活被资本占用的第二种方式。

人类的日常生活被新型社会关系所占用的第三种独特的方式是，个体会为了数据获取而主动收集自己的行为信息，这种举动有时是自愿的，但经常（这或许与第二种方式有所重叠）是他们的劳动合同或其他合同的要求，比如保险或社会保障。正如最近的批判数据研究所显示的那样，这种形式的自我数据收集为新的歧视和不平等提供了基础。

常江：日常生活殖民化带来的主要后果是什么？

库尔德利：刚才谈到的那些转变都体现了资本对社会生活所有领域的占有，以及对个人生活的大部分的占有，这种占有构成了当代资本主义的殖民性。然而，关键的一点是，从严格意义上讲，使数据殖民主义成为可能的社会关系不仅仅是劳动关系，还包括各种类型的私人关系。人类生活本身正在以新的方式逐步资本化，其细节、程度和精确度远远超出了早期我们对日常生活资本化的预测。

尼克·库尔德利不仅界定了数据殖民主义与全球社会发展过程之间的关系，也深入阐释了数据殖民主义得以顺畅运转的意识形态机制及其主要通过超级数字平台收集和生产数据的具体方式。数据殖民主义的实践将人的日常生活纳入经济范畴，再以此为基础塑造有利于资本主义制度自我更新的社会关系，这是人类生活进一步资本化和殖民化的集中体现。

马克思主义视野下的数据实践

作为一名倡导将经典马克思主义思想与当代社会分析结合的学者，尼克·库尔德利指出当前的数据实践实际上大大扩展了马克思关于商品的定义。在他看来，数据通过殖民主义的逻辑提取、占用人类的日常生活并将其深度商品化，最终的结果是一种新的资本主义形式的诞生。

常江：您在研究中经常引用马克思的表述。您是否认为我们应该对马克思主义的论断加以发展以适应当前的社会与全球情境？

库尔德利：必须要指出，一些学者对经典马克思主义的反思是正确的——经典马克思主义对历史殖民主义的论证的确不够充分，而更多将目光聚焦于工业资本主义的增长时期。但这一时期恰恰是在历史殖民主义为欧洲各国提供了大量资源供其发展的前提之下才成为现实的。我首先将马克思视为社会理论家而非政治经济学家，他发展出了一套这个世界上最宏观的社会解释体系，清晰地说明了资本主义如何产生，以及如何通过新的社会关系所催生的商品形态将自身确立为全球秩序。正如一些马克思主义思想家，例如莫伊舍·普殊同（Moishe Postone）所坚持的：我们需要在自己所处的时代创造性地运用马克思主义的思想。作为社会理论家的马克思的一系列论断与当代社会的关系越来越密切（在中国也是如此），立足于这一点就要求我们更加重视马克思的社会理论。

常江：具体而言，马克思主义如何帮助我们更好地理解数据殖民主义？

库尔德利：通过借鉴马克思的洞见，我们可以更好地理解这种更广泛的殖民主义及其催生的社会关系形式。我认为，不应该拘泥于所谓的"传统的"马克思主义，而应当从关于马克思主义对全球历史的解释的局限性，及其对殖民主义和奴隶制的相对忽视的弱点开始我们的思考。这使我们可以更加自由地借鉴马克思的社会理论。当然，我们也应该综合马克思主义学者近年来在数据研究方面所做的大量工作，以确定当前劳动剥削的独特形式。

马克思很清楚，在资本主义制度下，商品领域正在不断扩大。因此，我们不应该将商品领域局限于马克思在19世纪中期至晚期所设定的范围内。马克思对于劳动的商品化的阐述十分著名：在资本主义制度下，曾经只是工作或生产活动的东西变成了劳动力，这种劳动力获得了在市场上交换所需的可衡量的维度；这样，工人的劳动力就可以作为商品出售。此外，工人在劳动过程中使用的物品也作为商品获得了交换价值。例如，在资本主义制度下，农民的种子和肥料成为商品，尽管在资本主义制度之前，它们只是土地使用过程的一部分。因此，商品化对社会的变革性影响在于，劳动这一日常活动在工业资本主义下获得了抽象的维度。通过在"后马克思主义世界"对马克思的重新诠释，我们想要强调的是，正是由于商品化这一抽象力量，生活过程才会转化为具有价值的"事物"。而这正是资本主义的基本特征。

常江：将马克思主义运用于大数据时代的社会分析，是否需要我们做更多的理论阐释工作？

库尔德利：在大数据时代我们得以采取一种新的方式从人类的生活流中获取价值，这其实与马克思在工业资本主义时代提出的劳动商品化是同样的逻辑。如今，对于日常生活日益暴露于资本主义数据化力量之下这一现象，学界已有共识。四五十年前，学者们指出资本主义的工作组织已经由工厂扩张至全社会，这就是著名的自治马克思主义者的"社会工厂"（social factory）概念。关于类劳动（quasi-labor）与游戏化劳动（playbor）的剥削的研究也已颇具成效，尤其是在数字平台上的研究，这些新理论往往来源于对马克思主义分析的补充。

马克思主义社会理论能够帮助我们思考商品化在围绕着数据生产和消费所产生的关系中所发挥的新作用。要知道，"数据"是对人类生活过程的抽象化处理。数据的抽象化过程并非自动进行的，而是通过某种我们所允许的社会关系进行的。同时，数据日趋商品化。马克思认为，工业资本主义通过将劳动这一普遍人类活动转变为具有抽象维度的社会形式来改变社会。如今，数据殖民主义通过将人类生活转变为一种新的抽象的社会关系形式来改变社会。我们需要强调，转变的不仅是劳动关系，而且是广义上的商品化的社会关系，或更简单地说，是数据关系。

常江："我们所允许的社会关系"指的是什么呢？

库尔德利：它的意思是，即使是那些最普通的社会互动，也已经像种子或肥料一样，通过数据化来不断从生产要素中创造剩余价值。人们被追踪，并被从他们的社交中提取出数据，即使这些数据可以被占用、提取和商品化，但这并不是一种新型的劳动，因为这个过程不仅包括劳动，还涉及生活的许多其他方面，这些方面直到现在还没有被视为经济上的"关系"，而是被当作一个泛化的生产过程的一部分。这些新型的社会关系将人类纳入数据提取的过程，但是表面上看起来又不具有攫取的色彩。此处有一个关键点：大胆又狡猾的公司试图将所有人的日常生活纳入一个泛化的过程以产生剩余价值，无论其是否被视作产品。从肉体、事物和系统中提取数据为管理所有事物提供了新的可能性。这正是平台和其他的数据提取环境所发挥的新的独特作用。如果这个过程成功的话，这种转变将不会给资本主义生产留下任何明显的"外部":日常生活将直接融入资本主义生产过程。由于这种转变的发生有赖于数据殖民主义的占用行为,因此,从占有的对象——人类的角度来思考被剥夺的感觉就显得至关重要了。

常江: 以马克思主义的理论视角分析数据殖民主义,面对什么样的困难?

库尔德利: 一个阻碍我们理解当前的数据殖民主义的变化,以及它与之前的殖民主义(不仅仅是资本主义)的相似性的因素在于,人们普遍认为,自治主义(autonomism)与其拥趸已经在很大程度上介入了现今的资本主义发展。人们已经发现社会生活全面转向资本主义的取向,但是他们仍然不清楚其机制,除非他们意识到应该将工作的结构与规范拓展至整个社会生活领域。正如罗莎琳德·吉尔(Rosalind Gill)和安迪·普拉特(Andy Pratt)所说的:从社会工厂的视角来看,劳动被区域化、分散化和去中心化,从而整个社会都被置于追求利润的支配之下。克里斯蒂安·马拉齐(Christian Marazzi)也表达了类似的观点:现今,资本主义的工作组织旨在融合工作和工人,使工人的一生都投入工作。但这种观点对于我们理解数据殖民主义毫无帮助,因为无论数据殖民主义是否将生活作为原材料,日常生活实际上都是一种劳动形式,或至少是与劳动相似的(labor-like)。

随着数据在全球范围内的差异化剥削中所发挥作用的加剧,为了解决这个问题,我们需要找到一个新的立足点去抵抗21世纪资本主义独特的资源占有方式。我们的观察和分析工作不应该局限于欧洲过去半个世纪中社会化的资本主义,而应该着眼于全球范围内长达数百年的殖民主义与资本主义的纠缠。如果没有历史殖民主义对广阔的领土、自然资源与肉体的占有,工业资本主义就不会发生。与此相似,我们如今正在亲历另一个长期变革的初始阶段:数据通过包括数字平台在内的各种机制对普遍生活实现殖民性占领,并进一步被资本所吞噬。我们认为平台实际上产生了一种社会资本，也就是说，平台是一种允许数据价值被占有与剥削，并与其他数据互相连接的"社会"形式。与其说劳动的扩大化，不如说资本主义的生产过程的本质就是对自然资源的占有。这种占有方式使资本的所有主体以新的方式呈现出来，所以最有助于我们理解的，正是与资本主义长期发展相关的新阶段的殖民主义。

常江：面对数据殖民主义这种新的殖民主义形式，我们是否需要对"数据后殖民主义"的文化政治体系进行有意识的建构呢？正如爱德华·萨义德（Edward Said）和霍米·巴巴（Homi Bhabha）所做的那样。

库尔德利：我们可以通过回顾秘鲁社会学家阿尼巴尔·基哈诺（Aníbal Quijano）的观点得到启发。对基哈诺来说，理论研究的目的不仅在于通过"后殖民主义"超越殖民主义，而且要通过"去殖民主义"思维从根本上挑战殖民主义的合法性。虽然他专注于历史殖民主义，但他的思想对于我们探讨数据殖民主义也非常重要。特别是，它的"去殖民主义"思想让我们明白，无论是历史形式还是新形式的殖民主义，只有在其核心思想被攻击时它才会奋力反抗；而殖民主义的核心思想恰恰在于：使连续的占有自然化、机制化以及在某种程度上使自身看上去是有助于人类的发展的。我们必须放弃基哈诺所说的"绝对的普遍性"（absolute universality）。仅仅有"后"理论是不足的，我们需要的是"去"理论。尽管我们已经发现了数据殖民主义要创造人类社会新秩序的企图，但也要明白，大数据的逻辑并不是唯一可能的未来愿景。

常江：作为一个长期关注中国数字媒体行业和数字文化的学者，您能否为有志于从事媒介与传播批判研究的中国学者提供一些建议？

库尔德利：对我而言，中国社会可能是当今世界上最有趣的社会，因为我们可以观察到基于数据使用建立的新社会秩序究竟是什么样的。因此从这个意义上讲，我没有办法向中国学者提供建议，因为你们一定比我更了解诸如阿里巴巴和腾讯这样的超级平台。如果一定要我提供建议的话，那么我会说：要创造性地使用历史社会理论来阐释传播行为在建构新的社会秩序中所发挥的作用。这里的传播行为指的是一种社会关系得以重新组织的新的基础形式。中国政府似乎对这一目标很明确：在其所制定的政策文件中，目标始终是推出"改善社会和经济秩序的市场举措"。现在，社会理论和传播研究的责任是阐明随着中国社会的发展，这种实践将意味着什么。这是一个让中国和世界范围内的批判传播学者都备感激动的时刻。

尼克·库尔德利相信我们目前正处于一种新的社会形态产生的初始阶段，而数据殖民主义正在为这种新的社会变动做准备工作。中国传播研究学者和马克思主义学者得以目睹并亲历新的社会关系的形成过程，这为批判理论的发展提供了历史契机。学界"在历史中"创造性地进行着的社会理论构建工作，将是对当前的社会实践最为有效的摹刻。

（资料整理及翻译：田浩）

珍妮特·瓦斯科

新闻不是言之无物的信息碎片
——数字信息霸权批判

珍妮特·瓦斯科（Janet Wasko）是美国俄勒冈大学（University of Oregon）新闻与传播学院教授，主要研究领域为传播政治经济学、媒介理论与国际传播，她尤其关注媒介所有权、信息控制与信息权力相关的问题。她成长于美国圣迭戈，本科和硕士就读于加州州立大学北岭分校（California State University, Northridge），后于1980年在伊利诺伊大学厄巴纳-香槟分校以题为《电影与金钱：美国电影业融资》（"Movies and Money: Financing the American Film Industry"）的论文获得传播学博士学位。其后，她先后在天普大学（Temple University）与加州大学圣塔芭芭拉分校（University of California, Santa Barbara）担任教职，1986年开始任教于俄勒冈大学至今。

瓦斯科深耕批判传播研究领域，是当代传播政治经济学传统的核心研究者之一。她主张借助政治经济学分析挑战关于媒介的既定假设与流行迷思，借此获得对媒介的完整认识，并不断推进传播与媒介系统的民主化。她十分关注美国影视工业及其代表——迪士尼公司，主要借助历史和政治经济学理论框架分析迪士尼的文本与受众，

Janet Wasko

挑战有关沃尔特·迪士尼（Walt Disney）和迪士尼公司的种种神话，相关研究成果广受学界关注。

瓦斯科独著、合著或主编的著作超过20本，并在学术期刊上发表了多篇论文。她的著作大多关于美国电影工业与媒介政治经济学，包括《当代好莱坞电影工业》（*The Contemporary Hollywood Film Industry*）、《跨境文化生产：经济失控还是全球化？》（*Cross-Border Cultural Production: Economic Runaway or Globalization?*）、《市场化时代的媒介》（*Media in the Age of Marketization*）等。她近年出版的著作的主题仍然围绕着其核心研究领域，包括《全球媒体巨头》（*Global Media Giants*）、《传播政治经济学手册》等。

瓦斯科热心于国际学术公共服务工作，着力推动国际学术交流与沟通。她目前担任国际媒介与传播研究学会（International Association for Media and Communication Research, IAMCR）主席一职。此前，她曾长期担任IAMCR政治经济学组的负责人，并在其他职位为该组织服务。她同时担任多本国际知名刊物的编委，拥有广泛的国际学术影响力。

传播政治经济学的内核与前景

珍妮特·瓦斯科是北美传播政治经济学建制学派在当代的代表人物之一,她对这一学科(研究领域)的体系建设做出的贡献不逊于其原创的学术研究成果。我们的对话,就从她对传播政治经济学理论体系的理解开始。

常江: 多年来,您的主要研究兴趣都集中在传播政治经济学上。请问您觉得近些年该领域有哪些变化?

瓦斯科: 在过去的 25 年中,传播政治经济学的研究在学术界取得了巨大的进步。这种进步的一个体现是:传播政治经济学研究的出版物数量,包括著作与集刊的数量都有巨大的增长。在媒介和传播技术不断涌现并引发经济、社会和文化发展的背景下,我认为这种现象是十分正常的。此外,值得欣喜的是,传播政治经济学传统之外的研究者也在不断从这一理论体系中汲取养分,透过历史和当下的关系讨论媒介问题。简言之,在过去 25 年里,在主张于特定的社会语境下研究媒介并尝试为实现社会变革而努力这一问题上,传播政治经济学扮演了日益重要的角色。

常江: 传播政治经济学作为一个理论体系的内涵,以及它所关注的范畴,在过去 25 年里发生了什么变化吗?

瓦斯科: 传播政治经济学的内核并没有发生变化,这体现在三个方面。第一,20 世纪 90 年代中期,文森特·莫斯可就认为,传播政治经济学研究的主要目标在于改变媒介的关注点,强调资本、阶级、矛盾、冲突和抵抗斗争。诚然,这反映了传播政治经济学的马克思主义根源。但我们也必须注意,对媒介和传播的政治经济学研究也受到其他社会理论的影响。人们可以将传播政治经济学的研究方法和理论观点溯源至媒介经济学、文化产业和媒介产业研究,乃至在制度经济学、历史学、社会学、人类学等学科中也可以得到些许启发。第二，在全球视野内，传播政治经济学也强调关注世界范围内的不同的媒介传统，而不仅仅着眼于来自北美和欧洲的案例。目前，传播政治经济学研究在阿根廷、巴西、墨西哥、印度、韩国和其他许多国家也都特别活跃。第三，实践始终是传播政治经济学的一个重要组成部分。许多传播政治经济学学者将与政策和行动主义有关的问题纳入了他们的研究，并在学术机构之外开展工作以促进媒介的变革乃至整个社会的变革。这一点从未发生改变。

常江：但是传播政治经济学似乎也经常受到来自其他传统的批评，对此您怎么看？

瓦斯科： 的确，一些其他领域的学者始终认为传播政治经济学作为一种研究路径存在狭隘的问题，他们批评传播政治经济学仅关注传播过程的经济或生产问题，而忽略了文本、受众和消费环节。但我认为，这是一种误解。另一个常见的误解是，传播政治经济学家只关心所有权和控制权问题。多年来，传播政治经济学学者一直在努力捍卫自己的理论立场和研究实践免受极端和错误的指责，也试图对合理的批评做出回应。其中具有代表性的争论就是发生在传播政治经济学和文化研究之间的理论论争。

不过，这并不意味着传播政治经济学学者不对自己的研究思路进行反思。事实上，在传播政治经济学领域，学者们始终在持续讨论着理论、方法和观念的更新问题，尝试促进这一路径所特有的自我反思过程，比如在媒介/通信领域的技术变化和工业发展的背景下对"受众商品论"等经典概念进行重新思考。传播政治经济学并非研究媒介、传播和信息技术的唯一路径，它只是研究媒介和传播的一种路径，它有自己的优势，也有自己的局限性。

常江：您是否认为传播政治经济学正在经历与其他研究路径整合的过程？

瓦斯科： 这个问题很值得关注。其实，早在20世纪90年代，媒介研究领域内即出现了许多"新"的研究路径，它们提出的问题与政治经济学家所探讨的问题类似。这些"新"路径已在各个范畴内落地生根，包括创意产业、融合文化、生产文化、生产研究、文化经济和媒体产业研究等。这些新兴方法有时会将政治经济学作为研究媒介的可行框架，但它们常常是以不准确的方式理解政治经济学的。实际上，政治经济学可以提供理解媒介的洞察力和至关重要的见解，因为媒介仍然被商业原则和资本主义原则所支配。

由于越来越多的研究成功地整合了各种路径，因此如今不同研究路径之间的关系似乎不再紧张。许多从事文化研究、全球传播、性别研究、种族研究和其他社会研究的学者都将其研究领域与传播政治经济学进行了整合。换言之，他们接受将政治经济学观点作为理解媒介的一种方法。这种研究的趋势已经持续了相当长的时间。对于许多学者而言，政治经济学、文化研究和社会研究之间的概念与方法的鸿沟基本上已经消解，并产生了一种涵盖不同领域的综合学术研究路径。例如，性别研究就与政治经济学进行了很好的融合，有许多性别研究议题都着眼于媒介表征、消费者行为和商品化过程。

常江：您能否简单勾勒一下传播政治经济学未来主要的发展趋势？

瓦斯科：总体上我赞同莫斯可所提出的传播政治经济学的五个主要趋势：研究领域的全球化、对历史研究的持续关注、对另类观点（尤其是性别和劳工问题）的研究兴趣的增长、关注点从旧媒体转向新媒体、与政治经济学传统息息相关的社会行动的兴起。当然，这些都不是新的趋势，而是在传播政治经济学领域内持续存在的。

此外，我也认为，传播政治经济学的另一个有趣的发展趋势在于它不断回归经典理论和概念以解释媒介和传播的当代发展问题。其中，获得"复兴"的最重要的概念之一就是"公共资源"（commons）。再如，许多学者一直呼吁对马克思主义传统的回归，这已成为当前传播政治经济学的一个全球性趋势。众所周知，传播政治经济学研究经常借鉴马克思主义的理论和实践，但是一些媒介研究学者和社会学学者强调,我们必须更明确地运用马克思主义理论。克里斯蒂安·福克斯在这一倡导中特别活跃,而约翰·贝拉米·福斯特(John Bellamy Foster)是一位运用马克思主义理论研究环境和媒介问题的社会学家。

对数字媒体和数字化信息环境的关注也是传播政治经济学发展的一个全球趋势。许多研究都分析了数字劳动过程,并将传播、资本主义和批判等问题综合起来考虑。沿着这些思路,政治经济学家也在讨论大数据和云技术,以及数字化的政策和政治。这些研究从传播政治经济学出发提醒人们,"新"技术通常表现出强大的连续性,尤其是在公司参与、商业化和商品化方面。总之,传播政治经济学认为,科学技术与政治经济之间存在不可分割的关联性,我们需要关注物质与思想的关系、民主与大众知识的关系,以及科学和艺术/人文的关系。

珍妮特·瓦斯科作为传播政治经济学学术建制的代表人物,从历史、理论内核和发展趋势等方面,对这一研究领域的现状和未来做出了全面的阐释。她认为,尽管政治经济学对于媒介现象和传播进程具有强大的解释力,但它终究只是多种研究路径中的一种,应当努力与其他研究传统进行对话与融合。此外,她也十分强调传播政治经济学理论体系发展的延续性,即一种理论体系的当代发展必须要建立在研究者与其经典理论进行不断对话的基础上。

对数字新闻的批判性考察

近年来,珍妮特·瓦斯科十分关注全球新闻行业和新闻研究的发展。在某种程度上,她认为新闻业在全球政治经济结构影响下所呈现出来的变化,体现了"公共性"理念在当代的典型遭遇。对此,她也提出了自己的理论化路径。

常江：近年来，您似乎对新闻研究有浓厚的兴趣。请问您的核心关注点是什么？

瓦斯科：总体上，我认为需要重新思考新闻研究的基本概念，包括"什么是新闻/新闻业"，以及与这个基本概念相关的一些其他问题，诸如"谁是新闻从业者""新闻从业者应该做什么""当今的新闻业应该如何"等。

就拿"什么是新闻/新闻业"来说，每个人都心知肚明：新闻业就是新闻从业者所从事的事业；新闻是由遍布全球的、成千上万的新闻机构生产出来的。同时，独立新闻从业者日益扮演重要的角色——他们时常将自己创作的新闻提供给某些新闻机构并从它们那里获得传播的渠道。在主流之外，还存在一些另类新闻机构，例如另类周刊、民意杂志和独立电台等。有许多新闻工作者甚至觉得这样的问题就不应该问，因为如果非要对新闻进行过于正式的定义，可能会招致更多的麻烦。

但实际上，从定义上来说，新闻可以是任何意图改变现状的事物。新闻本身就可以改变现状，譬如调查性报道就是以此为宗旨。有时，社会现状可以成为新闻，就像那句谚语所说的："没有新闻就是好新闻。"长久以来，几代新闻从业者都对一种俏皮的新闻定义比较熟悉：狗咬人不是新闻，但人咬狗就成了新闻。《牛津英语词典》为新闻提供了一个比较宽泛的定义：对于新近发生的（尤其是重要的或有趣的）重大事件或紧急情况的报道或说明，它能够为人们带来新的消息。那么，那些曾经发生过但未被报道的事件能被称作新闻吗？那些曾经发生过，但未为公众所知的事件能被称为新闻吗？意大利记者蒂齐亚诺·泰尔扎尼（Tiziano Terzani）提出过类似的问题。他说："新闻工作永远使我着迷、令我心醉的地方在于，那些未经报道的事实其实并不存在。"所以说，推动把"事实"变成"存在"这一理念，而不是报道事实这一行为本身，成为新闻业的基础。

常江：您会如何从传播政治经济学的视角出发，对新闻进行重新理解？

瓦斯科：我认为可以将新闻定义为：任何能够改变现状并被报道的事务。沃尔特·李普曼（Walter Lippmann）曾说，那些诸如政治宣传家所鼓吹的理念，那些意在推销的观点和产品都不应该作为新闻被报道。这种精心策划的事件，如果没有任何重要性，应该被弃置于编辑室的地板上。但在我们的社会中，它们常常会成为新闻。除了上面那个定义，新闻的定义还受到另一个因素的影响，那就是新闻消费者。简单来说，得到受众认可的新闻才能被称为新闻。如果有些"新闻"确实发生了并得到了报道，但无人关心这种变化，那么它也很难被称为新闻。

那么，什么不是新闻？新闻不是旧闻。新闻也不是在新闻报道中翻来覆去的那些无足轻重的要素。新闻并不是脱离上下文的概念，也不是言之无物的信息碎片。如果有些故事最终不过是明日报纸底页中的短短一行，那么就不应将消费者的时间浪费在这些故事的发生过程中。所有汲汲于细枝末节的新闻频道和新闻网站都提供随时更新的边栏新闻报道，而这实际上属于"受众聚集业务"（audience-gathering business），而不是"新闻收集业务"（news-gathering business）。点击量并不意味着可信度，也与重要性无必然联系，但它在当前被视作一项重要的指标。吸引人的标题或许能增加《纽约时报》的销量，或许能提升《赫芬顿邮报》的点击量，但最终无法与经受过时间考验的新闻相提并论。许多消费者可能还记得那些惊悚的、有趣的标题，但随着时间的推移，它们对我们的生活又有何助益？

如今，新闻传播者越来越像是集市中吆吆不休的小商贩，不断试图攫取受众的注意力。而在此过程中，他们的商业伙伴就能够借助精妙繁杂的广告来兜售商品。新闻机构总是在没完没了地说着"不要离开我们""更多细节会在广告之后呈现"，而在广告之后所出现的往往是"专家们"的预测和解读。无论媒体使用什么吸引人的方式，观众们实际上都不需要这种形式的信息。观众们真正需要的新闻恰恰不需要长时间的注意力，也无须吸引人的手段。噪音会使我们错过真正的新闻，而我们世界中的噪音甚嚣尘上。

常江：您觉得互联网的发展和普及能够改变新闻的这种商品化和琐碎化的现状吗？

瓦斯科：这个问题很值得思考。总体上我认为，关于技术对新闻业的影响，我们应当持有谨慎的态度。技术通常被认为是"新"新闻的原动力。但是，我们需要仔细考虑这种关系。技术确实对新闻的形态有重大的影响，从电报到打字机再到计算机，再到自动新闻收集装置，再到智能手机，这些创新性的工具一直都在新闻的生产、发行和组织中发挥重要作用。而且随着新工具和技术的出现，这种情况还会持续下去。我想指出的是，新技术可以使新闻收集和新闻分发产生变化，正如在历史中经常发生的那样，但这仅仅是新闻的一部分，而且新闻在不同的地方通常是有差异的。在西方，人们需要不断去寻求一种新的商业模式，利用在线新闻业的利润扶持传统新闻业。而在非洲、南美洲以及亚洲的一些地方，传统新闻业仍然具有活力。

此外，互联网的普及也在一定程度上导致了新闻的去体制化，带来诸多新的可能性、定义与挑战。尽管大多数新闻从业者仍然彼此联系在一起，但新闻从业者已经不必被束缚在现有的媒体机构中。按照一些人的说法，任何人其实都可以成为新闻从业者。专业的职业培训不再是成为新闻从业者的前提条件。诸如博客等在线渠道能够取代耗资甚巨的印刷与广电基础设施，使得面向广大受众的新闻传播成为现实。但我们很难承认"互联网改变了一切"，因为这种说法忽略了历史的细微之处。"什么是新闻"从来都不是一个简单的问题。如果任何人都可以是新闻从业者，那么新闻是什么？新闻业是否有其一套核心理念？这是在任何技术环境下我们都应该不断思考的问题。

常江：在您的理解中，今天的新闻业应该建立什么样的核心理念？

瓦斯科：我不是新闻学的专家，但其他学者的研究给了我很多启发，尽管想要统一观念也很难。例如，媒介社会学认为新闻是一种社会性建构，新闻从业者"制造"新闻。还有学者提出，新闻应当使无声者发声，代表大众提出批评，为公共评论与公共监督提供平台。很多学者认为，新闻应该是独立的，必须服务于公共利益。不过，新闻的这种崇高的理想也可能会被经济诉求所损害。还有人认为，新闻业的属性应该包括中立性、客观性、公正性以及报道的及时性。但也有人提出，"公正"是一个过于抽象与主观的概念，并非切实可行的指标。

常江：所以说，我们对今天的新闻业的理解，其实在很大程度上是历史中的新闻观念的延续。

瓦斯科：的确如此。新闻究竟是什么？这个问题的答案只能在历史中寻找。尽管新闻实践已有数百年历史，但有关新闻的各种论述是近代才产生的。新闻作为一种专业意识形态，直到20世纪中期才在美国和其他西方国家出现。新闻的理念是经历了内部的机构控制斗争和外部的社会合法性斗争才得以发展的。尽管在新闻业中产生了为公共利益服务的主张，但这种新闻业现今正处于危机之中。

常江：您如何看待各种借助互联网技术实现的"用户参与报道"实践，如"公民新闻"？

瓦斯科：很多人认为互联网时代的新闻应该是具有互动功能的"参与式新闻"，包括公民记者的参与、非传统社交媒体的运用以及众包的生产方式。受众不再仅仅是新闻的消费者，还是新闻的生产者。新闻淘汰了传统的"一对多"的传播方式，进入了"多对多"的互动模式。我对此是支持的。但与此同时，我也担心新闻从业者长期以来的专业角色可能会遭受威胁。问题是，如今的新闻是否真正融进了"参与性"这一维度，仍然有待商榷。在大多数情况下，我们看到的是商业利益通过制造"参与"而导致的虚假民主。

常江：您觉得与新闻这个概念相关的"新闻从业者"的概念是否也发生了变化？

瓦斯科：这是一个很有意思的问题。网页制作人、社交媒体经理、网页设计师，以及那些在媒体机构在线部门工作的员工，他们是新闻从业者吗？独立博客作者是新闻从业者吗？当前我们关于谁是新闻从业者和谁不是新闻从业者的争论，其实与早期新闻机构内部的斗争相呼应。比如，在20世纪前期，当时的摄影师不得不竭力宣称自己是新闻工作者，以摆脱那些"真正"的新闻工作者（记者与编辑）为其贴上的"技术人员"的标签。在数十年后的今天，尽管新闻摄影领域产出了大量出色的视觉报道，包括许多普利策奖获奖照片，但摄影师仍然感觉自己是新闻业的"二等公民"。数字化的趋势可能使这个问题更加恶化，因为很多新闻机构已经在大幅度裁撤摄影人员以节约成本。这些新闻机构认为现在可以依靠自由职业者和公民记者来拍照和录像。那么，如果有人想成为新闻从业者，他可以选择"新闻摄影师"这个职业吗？这个问题仅仅关涉新的数字技术吗？如果新闻机构认为它们不再需要为你的服务付费，你还是新闻从业者吗？因此，"谁是新闻从业者"是一个多维度的问题，它不仅是一个"关于技术的权宜之计"（technological expediency），也与自我意识、经济限制、办公室政治与监管限制有关。我们必须要警惕的是权力机构掌握对"新闻从业者"的界定权。如果政府有权通过法律认定谁是新闻从业者，那么它也就可以决定谁能报道新闻、谁不能报道新闻。

新闻工作者的地位正在受到严重的挑战，因为技术和经济因素正在为所有个体创造能够接触海量受众的条件。思考主流新闻从业者以及"数字新闻从业者"当前的职业认同十分具有启发性。例如，珍妮特·富尔顿（Janet Fulton）的一些研究表明，主流新闻从业者仍将自己视为新闻工作者，而数字新闻从业者通常会回避"看门狗"

（Watchdog）、"第四权"（Fourth Estate）等术语。显然，新闻从业者在数字世界中的角色和定义正在经历一场严肃的讨论。

常江：您能否从自己的理解出发，畅想一下未来的"数字新闻业"会是什么样的？

瓦斯科：还记得当年美国在线（AOL）与时代华纳（Time Warner）合并时，人们普遍认为这意味着旧媒体的终结；10年后，这个庞然大物突然分崩离析，商学院的教授们又告诉学生这是有史以来最糟糕的一次合并。还有，谁能预测到《纽约时报》会以超过10亿美元的价格收购《波士顿环球报》（The Boston Globe），并在20年后将其出售？谁能预测到新闻学院会教学生使用推特进行报道？谁能预测到会有那么多人在Facebook上获取新闻？退一步说，谁又能预测到Facebook的崛起？

也许最谨慎的方法是将关于新闻业未来的讨论作为问题而不是预测来对待。例如，如果西方以广告为基础的商业模式崩溃，报社的人员编制进一步削减，那么被削弱后的机构能否有效地调解社会的多元化声音？而这正是新闻的核心功能。如果谁是新闻从业者这个问题持续得不到解决，公共部门是否能够立法以限制报道范围？如果那些控制数字平台的人成为下一个霸权，这会有益于社会吗？谷歌会成为道德的代理人，发布所有适合印刷的新闻吗？

更重要的是，如果新闻从业者不能更好地胜任自己的工作，不能更好地反思自己的工作，这会导致更严重的错误吗？同样，如果新闻生态系统继续过于重视时效性，新闻的准确性会遭受更大的打击吗？如果新闻生产由更多没有新闻从业者身份认同的博客作者完成，这会引发严重的后果吗？如果新闻模式从依赖广告到依赖订阅的转变持续加速，这是否会造成新闻只为精英人士，也就是愿意且有能力付费的人提供服务的后果？这些都是传播政治经济学所关注的问题。

常江：新闻业的数字转型会不会制造新的信息霸权？

瓦斯科：这是毫无疑问的。由于新闻业的商业模式正在发生变化，传统新闻机构的优势地位已经瓦解，新的新闻霸权很可能存在于传统机构之外，存在于那些控制"超级平台"的人之中，例如谷歌或推特。

常江：那么我们应当如何理解和应对这种新霸权呢？

瓦斯科：我们必须要努力确保那些被算法推送到受众的智能手机上的信息是真正重要的。即使对于那些具有历史意义的新闻事件，也不应该让消费者一遍一遍地受到重复图像和不完整的报道的冲击，而这正是数字信息霸权一直在做的事情：灌输和恐吓。人们需要观看多少遍那些客机坠毁在双子塔和受害者跳楼致死的镜头才足够？毫无疑问，观看一遍是必要的，因为恐怖的现实和惊人的技术使那些在数千公里之外的人能够观看到难以想象的画面。观看两遍是可以理解的，因为这是一种出乎意料且难以理解的举动，观看第二遍有助于观众接受现实。但是为什么要一遍又一遍地循环呢？这正是过量的媒体影响。当图像具有悲剧性时，无论痛苦的现实在屏幕上出现多少次，人们都很难移开视线。而媒体公司渴望点击量和高评分以刺激销售。因此，只要耸人听闻的影像能吸引观众不断观看，那就可以不断印刷、广播和发布。数字新闻霸权的宗旨在于"如果流血，便会领先"，因为这能够强烈地攫取观众的注意力。

常江：数字时代的新闻受众（消费者）应该如何应对？

瓦斯科：骇人听闻的新闻虽然引人注意，但是那些重复播放的肤浅细节却是对新闻受众生活的入侵。因此，消费者应该选择那些能够经受住时间考验的新闻报道。虽然人们观看新闻报道的主要目的（甚至是全部目的）在于娱乐，但也应该避免肤浅、重复和不完整的新闻。此外，我也认为新闻消费者不该一味追求新闻的客观性，而应当在新闻报道中寻找公正性、清晰性和准确性。公正性意味着新闻需要尊重那些可信的反对观点，如果没有公正性，新闻就只是一种宣传。它可能很有趣，甚至很有价值，但是它不足以满足人们对于新闻的需求。如果没有清晰的行文，那么新闻就是对时间的浪费。如果没有准确性，或者没有协调一致的努力实现准确性，新闻报道就会提供错误或虚假的信息。

不难发现，珍妮特·瓦斯科主张在传播政治经济学的框架下对数字时代的新闻和新闻业进行重新理解，这种理解不仅包括对新闻的批判性定义和对数字新闻基本价值观的厘定，也包括对信息霸权在当代新闻业中形成的机制进行考察和反思。瓦斯科不赞成新闻研究专注于对未来的预测，而主张追求一种"问题导向"的研究意识，即通过"解决"新闻业现存的问题来推进理论的发展。

国际学术共同体的重要性

除知名传播政治经济学学者的身份之外，珍妮特·瓦斯科最为人所知的成就体现为她在传播学国际学术共同体的组织中扮演的重要角色。目前，她担任媒介与传播研究国际学术组织——国际媒介与传播研究学会的主席一职，并长期致力于推动该组织的非西方化。例如，在她的推动下，中国的清华大学获得了国际媒介与传播研究学会 2020 年度学术年会的主办权（但因新冠肺炎疫情而改变议程）。对她而言，参与学术共同体建设也是一项重要的学术生产工作。

常江：您多年来一直深度参与国际媒介与传播研究学会的建设，这与您的学术研究兴趣有关吗？

詹妮特·瓦斯科：我是在读博士的时候参加首次国际媒介与传播研究学会的学术会议的，那是在英国莱斯特大学。从那时起，我就对国际媒介与传播研究学会的理念产生了认同，并决定深度参与。但实际上，这与我的研究兴趣没有必然的关系。在我最初加入国际媒介与传播研究学会时，还没有"政治经济学组"。不过，当时已有很多学者从事相关的研究。我们在学术会议上谈论马克思主义理论，谈论哈贝马斯，谈论政治经济学。说实话，在美国这样的讨论实在很少。可能国际媒介与传播研究学会的欧洲基因恰恰是它吸引我的地方。所以，我一直认为，与国际同侪进行不断的交流和互动，对于学术生产来说是至关重要的。我一直笃信这一点，也一直坚持这样做。后来，我和其他一些同人提出在国际媒介与传播研究学会体系中成立传播政治经济学小组，但一开始阻力很大。我们今天认为国际媒介与传播研究学会是重视批判性研究的，但在当时情况远非如此。我们最初称自己为"唯物主义小组"（materialist group），当时的成员包括丹麦的罗宾·奇斯曼（Robin Cheesman）、英国的格雷厄姆·默多克，还有法国的阿尔芒·马特拉。后来，我们努力将其更名为"政治经济学组"，由奇斯曼担任首位主任。

常江：又是什么让您决定角逐国际媒介与传播研究学会的主席一职呢？

瓦斯科：就我本人来说，实在没有这个意愿，因为这项工作太忙碌、耗时。但是从我对国际媒介与传播研究学会的认同感出发，我认为自己既然多年来受惠于这一组织，就应该在适当的时候为之承担更多的公共服务。这就是我决定角逐主席一职的原因。你知道，在传播学领域，不同的学术组织之间有着激烈的竞争关系，但在这些组织里，我要说，唯有国际媒介与传播研究学会是真正意义上的"国际组织"，它没有明确的国家色彩，一直致力于促进不同文化和思想体系之间的平等，因此我认为我有义务竭尽自己所能，让它更加壮大。

常江：近年来，中国有越来越多年轻的传播学学者参与到国际学术共同体之中。您对这些正在走向国际舞台的中国青年学者有什么建议？

瓦斯科：首先，保持开放的目光和心态。国际学术共同体存在的目的,就是不同观念体系之间的交流和对话,这也是国际媒介与传播研究学会一直以来的文化。其次,保持批判的精神,通过参与国际学术共同体,实现对于自己的研究和思考的反思。

作为媒介与传播研究最重要的国际学术组织的主席,珍妮特·瓦斯科认为对国际学术共同体的深度参与有助于不同学术和思想体系彼此交流、互相观照,并促进研究者对自己的范式进行批判性反思。她的建议,实际上也是中国新闻传播学界在"走向世界"的过程中正在努力的方向。

(资料整理及翻译:田浩)

后　记

2017年夏天，我和本书的另一位编著者邓树明总编在一次讨论中认为，新闻传播学的发展正在因缺少跨语境的对话而陷入某种理论枯竭。一方面，不同的研究范式自说自话、疏于沟通，导致整个学科的发展缺乏共同的建设性目标；另一方面，因对话机制的缺失和客观存在的语言障碍，国内学界对欧美学界的经典思想和前沿成果缺少充分的了解，致使理论和方法论上的误解、误认长期存在。正是基于这两个考虑，我们合作启动了这个欧美传播学大师的访谈项目，期望用2—3年的时间，对本领域在世的知名学者展开深度访谈，以清晰勾勒出欧美传播学发展的经典脉络和前沿动向，同时对学科的未来展开讨论。

得益于全球化和互联网提供的交流上的便利，这个项目顺利进行，并仍在持续进行当中。通过综合运用面访、电话访问、社交通信工具访问以及电子邮件采访等方式，我们已经与近30位在传播学领域有影响力的资深学者进行了深入的对话。其后，在我所指导的博士生、硕士生团队的协助下，我们将这些珍贵的口述资料整理成文章，从2018年1月开始，以每月一期的频率刊登在学刊《新闻界》上。这些文章在学界产生了良好的反响，不少读者表示它们澄清了自己对欧美传播理论的一些误解，并能帮助自己更好地进行未来的专业学习。因此，我们决定深化这项工作，将业已完成的部分访谈资料结集出版。本书所有访谈文章均首发于《新闻界》；在编辑成书时，我们下了较大功夫加以精心编排。最终呈现给大家的就是这本《从经典到前沿：欧美传播学大师访谈录》。我们期望通过这种富有仪式感的学术生产活动，为未来国内的新闻传播学学术研究和学科发展做出资料上的贡献。

这项工作极为琐碎、浩繁，但在清华大学和《新闻界》两个团队的共同努力下，我们确保了刊载和出版的进度。其中，尤其要感谢所有接受采访的国外学者，他们在无比繁忙的日常工作中抽出宝贵的时间与我进行反复的沟通和交流，并在力所能及的范围内为我的工作提供了大量的帮助。伊莱休·卡茨教授受访时已92岁高龄，仍然十分认真地回复我提出的每一个问题；我向芭比·泽利泽教授发出采访请求时，正值犹太教的逾越节，但她仍然在假期中详细解答了我的疑问；完成对劳拉·穆尔维教授的访谈后许久，我才从我们共同的熟人处得知那段时间她有亲人去世，正处在悲痛之中；大卫·莫利教授不但耐心地回答了我提出的大量问题，而且热情地介绍我认识他在亚洲多个国家的合作伙伴……遥想2001年我刚考入北京大学新闻与传播学院学习时，绝不敢想象自己有一天会和这些名字印在教科书上的大人物"谈笑风生"。对我来说，这项工作带来的成就感绝不仅仅存在于这二十几篇文章和一本书里，更来源于我在这些令人尊敬的前辈身上所学习到的善意、谦卑和奉献精神。我相信忠实而准确地记录他们的思想，是向他们表达敬意的最好方式。

由于精力所限，访谈中涉及的大量资料搜集与翻译工作，主要由我的博士生、硕士生完成，他们是：石谷岩、徐帅、黑龙、田浩、李思雪、何仁亿、胡颖、史凯迪。在此向他们表示感谢。

此外，还要感谢北京大学出版社，尤其是徐少燕、周丽锦和武岳三位编辑老师，她们专业、细致的工作为这项访谈工作赋予了永久的档案价值。

常　江

2020年4月20日